DIREITO DA SAÚDE

Estudo de Questões Brasileiras e Portuguesas

COORDENADORAS

Maristela Figueirêdo Dantas
Natália Carolina Verdi

DIREITO DA SAÚDE

Estudo de Questões Brasileiras e Portuguesas

AUTORES

Agnez Foltran Moniz
Bruno Teixeira Marcelos
Juliano de Aguiar Pessoa
Kelly Paties Pereira de Andrade
Lucas Selingardi
Maíra Pereira Dantas
Mariana Pedroso Wey
Maristela Figueirêdo Dantas
Natália Carolina Verdi
Stefano Cocenza Sternieri

GZ EDITORA

Rio de Janeiro
2020

1ª edição - 2020

Presidente do Conselho Editorial
Nelson Nery Costa

Diagramação
Olga Martins

CIP – Brasil. Catalogação-na-fonte.
Sindicato Nacional dos Editores de Livros, RJ.

M755d

Moniz, Agnez Foltran

Direito da saúde: estudo de questões brasileiras e portuguesas / Agnez Foltran Moniz ... [et al.]; coordenação Maristela Figueirêdo Dantas, Natália Carolina Verdi. - 1. ed. - Rio de Janeiro: GZ, 2020.

326 p.; 23 cm.
Inclui bibliografia e índice
ISBN 978-65-5813-001-7

1. Direito à saúde - Brasil. 2. Direito à saúde - Portugal. I. Dantas, Maristela Figueirêdo. II. Verdi, Natália Carolina. III. Título.

20-65676 CDU: 34:613

contato@editoragz.com.br
www.editoragz.com.br

Av. Erasmo Braga, 299 – Sala 202 – 2º andar – Centro
CEP: 20020-000 – Rio de Janeiro – RJ
Tels.: (0XX21) 2240-1406 / 2240-1416 – Fax: (0XX21) 2240-1511

Impresso no Brasil
Printed in Brazil

AGRADECIMENTOS

A presente obra é resultado de estudos relacionados ao Direito da Saúde – Questões Brasileiras e Portuguesas. Seus autores tiveram um tempo profícuo e intenso de estudos conjunto e reflexões propiciados pelo Centro de Direito Biomédico, na realização do curso de especialização em Direito da Medicina junto à FDUC-Faculdade de Direito, na Universidade de Coimbra.

Já de volta, espalhados pelas mais diversas regiões do Brasil, as pesquisas e estudos não pararam e então surgiu a ideia de convidar alguns colegas para serem os autores da primeira edição deste livro, reunindo algumas de suas experiências profissionais e acadêmicas.

Nestes tempos tão difíceis de pandemia, onde a sociedade constata a importância do Direito da Saúde, torna-se imperativo compartilhar os estudos, as pesquisas, e principalmente, os estudos comparativos, a fim de estimular a solidariedade entre os povos também a partir da Ciência do Direito.

Como nos deixou Mário Quintana:

> "Na convivência, o tempo não importa.
> Se for um minuto, uma hora, uma vida.
> O que importa é o que ficou deste minuto, desta hora, desta vida...
> Lembra que o que importa **é tudo que semeares** colherás. Por
> isso, marca a tua passagem, deixa algo de ti...
> do teu minuto, da tua hora, do teu dia,
> da tua vida."

Na realização desta empreitada, deixamos consignados nossos mais sinceros agradecimentos aos colegas que aceitaram os convites para serem os coautores desta obra, a todos os professores do curso de especialização em Direito da Medicina junto à FDUC-Faculdade de Direito, na Universidade de Coimbra pela acolhida e pelos ensinamentos transmitidos, aos professores orientadores que acompanharam e guiaram os seus então alunos e hoje autores quando da realização de suas pesquisas e, em especial, ao Professor Dr. André Gonçalo Dias Pereira e Professor Eduardo Dantas por todo apoio e incentivo.

Em nome de todos os coautores, rendemos agradecimentos a todos os nossos familiares, responsáveis por nos incentivar nos estudos, nas pesquisas e nos desafios que a vida apresenta.

Por fim, deixamos nosso convite ao leitor para que nos acompanhe nesta desafiadora, mas apaixonante jornada que é o Direito da Saúde, de tão fundamental importância para as nações. Que este trabalho motive futuras novas edições, com contribuições que serão sempre muito bem-vindas!

Maristela Figueirêdo Dantas
Natália Carolina Verdi
Coordenadoras

APRESENTAÇÃO

O livro que agora apresento, o faço com um misto de honra e alegria. Honra, pelo convite a mim formulado, acrescido da responsabilidade que tal ato carrega consigo, em virtude do brilhantismo e da importância dos textos aqui produzidos. E alegria, por ver crescer cada vez mais o interesse pelo Direito Médico, Direito da Saúde, Direito da Medicina, ou qualquer uma de suas denominações, que abracei como caminho de vida profissional já há duas décadas, e que hoje, mais que nunca, mostra sua multifacetada importância para os dias atuais e futuros, para nossa sociedade, para a existência mesmo de uma "sociedade".

Direito da Saúde – Estudo de Questões Brasileiras e Portuguesas, nasce do visionário esforço de coordenação de duas brilhantes advogadas, Maristela Dantas e Natalia Carolina Verdi, que conseguiram arregimentar a companhia de oito outros colegas, sete advogados e uma médica, todos já experientes no trato das questões aqui tratadas, unidos por suas vivências no curso intensivo de especialização desenhado pelo respeitado Centro de Direito Biomédico da Faculdade de Direito da policentenária Universidade de Coimbra.

O resultado destas experiências criou um mosaico único no tocante ao direito comparado. Brasil e Portugal, países com origens jurídicas comuns, mas separados não apenas pelo Atlântico, mas pela atual realidade normativa em que se encontram, muitas vezes desenvolveram os caminhos do Direito da Saúde sob óticas distintas. E os estudos aqui reunidos buscam aproximar as diferenças, entendê-las, apontá-las, de modo a permitir ampliar o horizonte das visões, em busca de soluções jurídicas para construir de maneira mais sólida este novo e desafiador ramo do Direito que, ao buscar acompanhar a frenética evolução das ciências da Saúde, e suas implicações nas mudanças nos hábitos e costumes da humanidade, busca estabelecer segurança jurídico-normativa para as novas relações que nascem e se desenvolvem a partir deste diálogo.

Então, o que temos aqui é um duplo diálogo: além daquele estabelecido entre o Direito e a Saúde, vê-se também o que emerge das comparações entre as realidades (e porque não mundos) distintas entre Brasil e Portugal. E esta união, facilitada pelo compartilhamento da mais bela e poética linguagem humana, o Português.

O resultado é uma obra ágil, dinâmica, leve e atual, que encara sem qualquer receio temas complexos e ao mesmo tempo delicados, afeitos às vulnerabilidades próprias das relações – humanas e jurídicas – estabelecidas em saúde, unindo a teoria (bem pesquisada e aprofundada pelos autores) e a prática (fruto da experiência profissional dos mesmos), tornando a leitura essencial e obrigatória para profissionais de saúde, operadores do direito, estudantes, e todos aqueles que desejem conhecer um pouco mais sobre biodireito, responsabilidade civil em saúde, bioética, perícias, consentimento informado, direitos do paciente, judicialização na saúde, saúde suplementar, e claro, tudo sob o prisma e o relevo da comparação dos sistemas normativos brasileiro e português.

Dentre as diversas lições que o ano de 2020 nos trouxe, estão a solidariedade, a necessidade de compreender que não existem fronteiras para as questões sanitárias, e a importância da valorização da Saúde como bem maior para a preservação da vida em sociedade, e da própria existência da humanidade. Para isso, fortalecer os vínculos com o Direito é medida que se impõe.

E em muito boa hora, se publica esta obra, com qualidade e profundidade, pelo que convido o leitor a mergulhar nas páginas seguintes. Aos iniciantes, uma grande oportunidade de ser apresentado a um dos ramos mais dinâmicos do Direito.

Aos já "convertidos", a possibilidade de desfrutar de novas visões sobre temas clássicos, e testemunhar inovadoras posições em uma ciência ainda em construção.

Boa leitura!

Recife, mês de maio do ano da Pandemia de 2020.

Eduardo Dantas
Advogado no Brasil e em Portugal.
Vice-Presidente da Associação Latinoamericana de Direito Médico
Membro do Board of Governors da World Association for Medical Law

PREFÁCIO

Um convite irrecusável da minha amiga Maristela Dantas e a que respondo em plena pandemia do vírus Covid 19 que assola o mundo e vem colocar em evidência a importância do Direito da Saúde!

Neste livro encontramos dez textos de grande interesse e que tocam em temas muito diversos.

Numo grupo encontramos: BRUNO TEIXEIRA MARCELOS – "Aspctos Jurídicos dos Seguros Saúde no Direito Português e no Direito Brasileiro", MARISTELA DANTAS – "Análise Comparativa do Sistema Privado de Saúde no Brasil e em Portugal – diferenças relevantes" e MAÍRA PEREIRA DANTAS – "Judicialização na Saúde Suplementar e a Natureza Urgente das Ações Judiciais"

Num outro grupo, temos os textos de JULIANO DE AGUIAR PESSOA – "Consentimento Informado e a Prática Médica: Uma Perspetiva Brasileira."; KELLY PATIES PEREIRA DE ANDRADE – "A Capacidade de Consentir e a Teoria da Confiança; Aspetos Legais e Bioéticos nas Garantias ao Paciente", MARIANA PEDROSO WEY – "Aborto: Diferenças entre as Legislações do Brasil e de Portugal" e NATALIA CAROLINA VERDI – "Diretivas Antecipadas de Vontade: Uma Abordagem Sobre Brasil e Portugal".

Num terceiro conjunto podemos ler: AGNEZ FOLTRAN MONIZ – "A Importância da Perícia Médica nas Ações Indenizatórias Decorrentes de Acidente do Trabalho ou Doença Ocupacional e a Vinculação do Juiz ao Laudo Pericial na Justiça Trabalhista Brasileira – Breve Análise da Legislação Portuguesa Pertinente", LUCAS SELINGARDI – "A Teoria da Responsabilidade Civil pela Perda de Uma Chance na Seara Médica" e STÉFANO COCENZA STERNIERI – "Os Limites da Responsabilidade Civil Médica por Erro Médico e Dano Iatrogênico."

Entre estes dez temas encontramos textos sobre os temas clássicos do direito médico e da bioética, como o aborto, o consentimento informado, a capacidade para consentir e as diretivas antecipadas da vontade.

Em segundo lugar, encontramos a análise de problemas práticos e dogmáticos da responsabilidade médica, como a perda de chance, o dano iatrogénico e a importância do laudo pericial.

Outro grupo de textos prendem-se com a matéria dos seguros de saúde e finalmente a magna questão, para o direito brasileiro, da judicialização na saúde suplementar.

O livro que temos em mãos oferece uma grande riqueza de temas e uma diversidade de fontes bibliográficas e um interessante exercício de direito comparado, em especial com o direito português.

Tal deve-se ao facto de estes alunos terem frequentado o *Curso Intensivo de Especialização* (lato senso) no Centro de Direito Biomédico, instituição de investigação e formação no âmbito do Direito Biomédico, sujeita à tutela do Conselho Científico da Faculdade de Direito da Universidade de Coimbra.

Nestes Cursos Intensivos temos vindo a promover um diálogo científico muito frutífero com ilustres juristas do Brasil e de países africanos de língua oficial portuguesa, em especial de Angola e de Moçambique. Cursos que permitem o extraordinário enriquecimento para os auditores, mas também para os professores, maioritariamente da Faculdade de Direito da Universidade de Coimbra, mas contando ainda com outros especialistas de reconhecido mérito de Portugal e do Brasil.

Num relance muito rápido, poderei aqui destacar algumas diferenças entre Portugal e o Brasil que serão aprofundadas nos textos desta obra:

a) Quanto ao *consentimento informado e às declarações antecipadas de vontade*, o legislador português tem tido a capacidade de cumprir o seu papel, aprovando leis gerais e abstratas, com legitimidade democrática.

Assim, temos a Lei nº 25/2012, de 16 de julho sobre Diretivas Antecipadas de Vontade, incluindo o testamento vital e o procurador de cuidados de saúde.

Relativamente ao consentimento informado continua a merecer destaque o Código Penal de 1982, que nos seus artigos 150º, 156º e 157º oferece as linhas mestras deste instituto tão importante.

Já no Brasil, a evolução do Direito resulta sobretudo das resoluções do Conselho Federal de Medicina.

b) No que respeita ao *aborto*, Portugal encontra-se, junto com a maioria dos países europeus, entre aqueles que regulamentam a despenalização da interrupção voluntária da gravidez, não apenas perante certas indicações, mas admite mesmo a IVG a pedido da mulher dentro do prazo de 10 semanas de gestação – o chamado *modelo dos prazos*.

Já no Brasil, tem sido a jurisprudência a esculpir um regime que se adapte a exigências novas, quer do conhecimento da medicina, quer da tutela dos direitos das mulheres, sendo de especial relevo as decisões do Supremo Tribunal Federal.

c) Quanto aos textos sobre responsabilidade civil médica e os problemas da justiça trabalhista, merece nota que a teoria da perda de chance está ainda envolta em forte celeuma na doutrina portuguesa, ao passo que parece pacífica no Brasil.

Sobre a importância do laudo pericial podemos afirmar que, embora vigore o princípio da liberdade de apreciação da prova no processo civil (e no processo do trabalho), naturalmente que a palavra do perito se afigura quase sempre decisiva para a decisão.

d) Relativamente aos seguros de saúde, deve notar-se que estes têm ganho terreno (ou quota de mercado) e começam a merecer atenção. Todavia, a doutrina e jurisprudência brasileira mostram-se claramente mais dinâmicos. A judicialização da saúde, por seu turno, é um fenómeno praticamente inexistente em Portugal

Destas linhas gerais podemos concluir que o direito comparado, feito com seriedade e rigor, tendo ademais a vantagem de partilhar a mesma língua, permite questionar o nosso sistema, problematizar o nosso regime jurídico e dar contributos para o desenvolvimento do direito; neste caso, do direito da saúde, sempre tendo em vista a proteção da dignidade da pessoa humana.

Neste tempo de pandemia global, desejo muita saúde a todos. Penso em todos os desprotegidos, todos aqueles que não terão acesso a medicamentos, a hospitais e a ventiladores.

Que estes estudos visem aperfeiçoar o Direito da Saúde e a construção de uma sociedade mais fraterna!

Coimbra, abril de 2020

André Gonçalo Dias Pereira

SOBRE AS COORDENADORAS E AUTORES

COORDENADORAS

MARISTELA FIGUEIRÊDO DANTAS
Advogada com atuação no Direito Sanitário; Sócia do Escritório Eduardo Dantas Advocacia & Consultoria; Procuradora Jurídica do Conselho Regional de Odontologia de Pernambuco; Graduada pela UNICAP- Universidade Católica de Pernambuco; Pós-graduada em Direito Médico pelo Centro de Direito Biomédico (FDUC-Faculdade de Direito, Universidade de Coimbra); Especialista em Direito da Medicina pelo Centro de Direito Biomédico (FDUC-Faculdade de Direito, Universidade de Coimbra); Secretária Geral da APEDIMES- Associação Pernambucana de Direito Médico e da Saúde; Professora convidada; Palestrante na área de Saúde.

NATÁLIA CAROLINA VERDI
Advogada; Mestre em Gerontologia pela PUCSP; Especialista em Direito da Medicina pelo Centro de Direito Biomédico (FDUC-Faculdade de Direito, Universidade de Coimbra); Especialista em Direito Médico, Odontológico e Hospitalar pela Escola Paulista de Direito; Autora do Blog Direitos do Longeviver; Professora; Palestrante; Autora.

DEMAIS AUTORES

AGNEZ FOLTRAN MONIZ
Agnez Foltran Moniz. Advogada inscrita na OAB/SP. Bacharel em Direito pela PUC-Campinas. Especialista em Direito do Trabalho e Direito Processual do Trabalho pela PUC-Campinas. Especialista em Direito da Medicina pelo Centro de Direito Biomédico (FDUC-Faculdade de Direito, Universidade de Coimbra). Professora na ESAMC.

BRUNO TEIXEIRA MARCELOS
Advogado, Pós Graduado em Responsabilidade Civil e Direito do Consumidor (UCAM-Brasil), Pós Graduado em Direito Médico (UERJ-Brasil), Pós Graduado em Direito Administrativo (EMERJ-Brasil), Especialista em Direito da Medicina pelo Centro de Direito Biomédico (FDUC-Faculdade de Direito, Universidade de Coimbra).

JULIANO DE AGUIAR PESSOA
Advogado e Administrador de Empresas com Especialização em Marketing. Especialista em Direito da Medicina pelo Centro de Direito Biomédico (FDUC-Faculdade de Direito, Universidade de Coimbra). Pós-graduado Direito e

Processo do Trabalho pela Faculdade Damásio de Jesus. Presidente da Comissão Estadual de Direito Médico e da Saúde da OAB-Alagoas. Sócio do Escritório Jurídico Pessoa & Vasco – Advogados Associados.

KELLY PATIES PEREIRA DE ANDRADE
Membro do Comitê de Ética em Pesquisa do Hospital da Criança Santo Antônio (HCSA) e Membro do Núcleo de Segurança do Paciente do Complexo Hospitalar da Santa Casa de Porto Alegre; Especialista em Direito da Medicina pelo Centro de Direito Biomédico (FDUC-Faculdade de Direito, Universidade de Coimbra); Especialista em Direito Público – IDC – Porto Alegre/RS, Brasil; Especialista em Direito Tributário – UNIDERP/LFG - Porto Alegre/RS, Brasil; Professora convidada; Palestrante na área da Saúde.

LUCAS SELINGARDI
Advogado inscrito na OAB/SP. Bacharel em Direito pela Faculdade de Jaguariúna. Especialista em Direito da Medicina pelo Centro de Direito Biomédico (FDUC-Faculdade de Direito, Universidade de Coimbra).

MAÍRA PEREIRA DANTAS
Título de Especialista em Clínica Médica, Terapia Intensiva e Gestão em Saúde. Pós-graduada em Direito Médico pela Universidade Católica do Salvador. Especialista em Direito da Medicina pelo Centro de Direito Biomédico (FDUC-Faculdade de Direito, Universidade de Coimbra). Conselheira Regional de Medicina do Estado da Bahia. Conselheira Federal de Medicina pelo Estado da Bahia. Médica Intensivista concursada pela Universidade Federal da Bahia. Presidente do Comitê de Bioética do Hospital Português em Salvador-Bahia. Médica Assistente da Gerência Técnica do Hospital Português em Salvador-Bahia. Professora. Palestrante. Autora.

MARIANA PEDROSO WEY
Advogada; Especialista em Direito da Medicina pelo Centro de Direito Biomédico (FDUC-Faculdade de Direito, Universidade de Coimbra); Pós-Graduada em Direito Médico, Odontológico e Hospitalar pela Escola Paulista da Direito (EPD-SP); Especialista em Direito Tributário pela Universidade Presbiteriana Mackenzie (Mack-SP); Palestrante; Autora.

STEFANO COCENZA STERNIERI
Advogado com atuação no Direito Sanitário. Especialista em Direito da Medicina pelo Centro de Direito Biomédico (FDUC-Faculdade de Direito, Universidade de Coimbra). Pós-graduando em Direito Médico, Odontológico e da Saúde pelo Instituto Paulista de Estudos Bioéticos e Jurídicos, Conselheiro Jurídico e Científico da Sociedade Brasileira de Direito Médico e Bioética – Anadem. Sócio e Fundador do escritório Stefano Cocenza Advogados.

ÍNDICE SISTEMÁTICO

A IMPORTÂNCIA DA PERÍCIA MÉDICA NAS AÇÕES INDENIZATÓRIAS DECORRENTES DE ACIDENTE DO TRABALHO OU DOENÇA OCUPACIONAL E A VINCULAÇÃO DO JUIZ AO LAUDO PERICIAL NA JUSTIÇA TRABALHISTA BRASILEIRA – BREVE ANÁLISE DA LEGISLAÇÃO PORTUGUESA PERTINENTE

Agnez Foltran Moniz

SUMÁRIO: Introdução; **I.** Conceito de acidente do trabalho e doença ocupacional e breve síntese sobre a responsabilidade civil do empregador; **II.** Noções fundamentais sobre a prova pericial; **III.** Perito: o expert do juízo; **IV.** Requisitos essencias para a elaboração do laudo pericial e a necessidade da realização de uma boa perícia; **V.** Aspectos específicos da perícia médica em casos de acidente do trabalho e/ou doença ocupacional; **VI.** Previsão legal de dispensa da prova pericial e a sua possível aplicação nas ações acidentárias; **VII.** A inversão do ônus da prova em favor do acidentado; **VIII.** A importância da perícia para a definição da sentença e o sistema de valoração da prova pelo juiz: o "livre" convencimento motivado; **IX.** Breve análise sobre a legislação portuguesa; Considerações finais; Referências bibliográficas.

INTRODUÇÃO

A vida e a saúde são direitos humanos fundamentais assim previstos no ordenamento jurídico brasileiro, bem como, reconhecidos internacionalmente.

Dentro deste panorama, estão as normas que consagram a integridade física e psíquica do homem enquanto trabalhador, de modo a garantir condições mínimas – isto é, dignas – de trabalho, levando-se em conta que cerca de um terço das nossas vidas despendemos trabalhando.

A necessidade e existência dessas normas jurídicas garantidoras demonstram de maneira cabal a capacidade socialmente sistêmica e banalizada do ser humano de causar potencial risco à vida e à saúde do seu semelhante por razões puramente econômicas, utilizando-se do outro como mera ferramenta de uma cadeia produtiva.

Não é por outro motivo que ainda sentimos nos dias atuais as repercussões causadas pela Revolução Industrial iniciada no século XVII na Grã-Bretanha, onde as condições de trabalho nas minas e fábricas eram precárias e o tratamento dispensado aos trabalhadores desumano. Fato que levou o Parlamento Inglês, no século XIX, a editar decretos e leis sobre o bem-estar dos cidadãos, especialmente das crianças, que eram empregados das indústrias, na tentativa de remediar a situação.

Na década de 70, quando o Brasil recebeu o título de campeão mundial de acidentes do trabalho, ocorreram diversas alterações legislativas e foram adotados esforços para melhorar a segurança e qualidade nos ambientes laborais, porém ainda estamos longe daquilo que se considera aceitável.

A gravidade do problema desencadeou a mobilização de diversos países e instituições, inclusive, da Organização Internacional do Trabalho (OIT) que, em 2001, instituiu o dia 28 de abril como "Dia Mundial pela Saúde e Segurança do Trabalho".

O Brasil, que promulgou, através do Decreto nº 1.254/1994, a Convenção nº 155 da OIT, a qual versa sobre segurança e saúde dos trabalhadores e o meio ambiente de trabalho, então estabeleceu na mesma data o "Dia Nacional em Memória das Vítimas de Acidentes e Doenças do Trabalho" por meio da Lei nº 11.121/2005.

Atualmente, a Constituição Federal, expressão legislativa máxima no Brasil, assegura aos trabalhadores, em seu artigo 7º, inciso XXII, a "*redução dos riscos inerentes ao trabalho, por meio de normas de saúde, higiene e segurança;*".

Certamente não podemos negar que houveram melhoras nas condições de trabalho atuais comparadas com as de duas ou três gerações passadas, porém existem diversos elementos que continuam em progresso, corroborando com a tese de que o meio ambiente laboral é fator determinante ou desencadeante de agravos psicofísicos ao homem.

Neste contexto, é corriqueiro serem submetidas ao Poder Judiciário questões advindas de declarados danos à saúde e à integridade física e mental decorrentes das relações de trabalho.

De tal modo, o julgador passou a depender de conhecimentos técnicos e científicos, que escapam ao seu campo do saber, especialmente associados a Engenharia e a Medicina do Trabalho, para exercer a árdua tarefa de solucionar os conflitos postos sob sua jurisdição.

A complexificação das demandas judiciais cujo objeto são a saúde e a segurança no trabalho não admitem provas e soluções simplistas, pelo contrário, exigem cada vez mais conhecimentos específicos e sofisticados.

A perícia médica então se torna instrumento de prova fundamental ao convencimento do magistrado e decisiva para o deslinde das ações que envolvam acidente de trabalho e/ou doença ocupacional. E a patogenicidade da ocupação do homem a principal preocupação da medicina do trabalho.

Para que esta atuação conjunta se instale e se expanda, produzindo bons resultados, é indispensável além da competência do profissional da saúde, a observância de diversos critérios e requisitos – que serão abordados no decorrer deste estudo –, a fim de que se possa obter o melhor aproveitamento da prova e, portanto, influenciar o convencimento do Juiz e, consequentemente, resultar numa prestação jurisdicional adequada e justa as partes.

I. CONCEITO DE ACIDENTE DO TRABALHO E DOENÇA OCUPACIONAL E BREVE SÍNTESE SOBRE A RESPONSABILIDADE CIVIL DO EMPREGADOR

Para melhor compreensão do tema, necessário apreender incialmente algumas noções básicas sobre a caracterização do acidente do trabalho e da doença ocupacional e, consequentemente, o cabimento da reparação dos danos à vítima.

A Lei nº 8.213, de 24 de julho de 1991, em seu artigo 19, define o acidente do trabalho típico como:

> Art. 19. Acidente do trabalho é o que ocorre pelo exercício do trabalho a serviço de empresa ou de empregador doméstico ou pelo exercício do trabalho dos segurados referidos no inciso VII do art. 11 desta Lei, provocando lesão corporal ou perturbação funcional que cause a morte ou a perda ou redução, permanente ou temporária, da capacidade para o trabalho.

Também prevê outras hipóteses legais que se equiparam ao acidente típico para os efeitos legais – denominados acidentes do trabalho por equiparação legal – no artigo 21, *in verbis*:

> Art. 21. Equiparam-se também ao acidente do trabalho, para efeitos desta Lei:
> I – o acidente ligado ao trabalho que, embora não tenha sido a causa única, haja contribuído diretamente para a morte do segurado, para redução ou perda da sua capacidade para o trabalho, ou produzido lesão que exija atenção médica para a sua recuperação;
> II – o acidente sofrido pelo segurado no local e no horário do trabalho, em consequência de:
> a) ato de agressão, sabotagem ou terrorismo praticado por terceiro ou companheiro de trabalho;
> b) ofensa física intencional, inclusive de terceiro, por motivo de disputa relacionada ao trabalho;
> c) ato de imprudência, de negligência ou de imperícia de terceiro ou de companheiro de trabalho;
> d) ato de pessoa privada do uso da razão;
> e) desabamento, inundação, incêndio e outros casos fortuitos ou decorrentes de força maior;
> III – a doença proveniente de contaminação acidental do empregado no exercício de sua atividade;

> IV – o acidente sofrido pelo segurado ainda que fora do local e horário de trabalho:
> a) na execução de ordem ou na realização de serviço sob a autoridade da empresa;
> b) na prestação espontânea de qualquer serviço à empresa para lhe evitar prejuízo ou proporcionar proveito;
> c) em viagem a serviço da empresa, inclusive para estudo quando financiada por esta dentro de seus planos para melhor capacitação da mão-de-obra, independentemente do meio de locomoção utilizado, inclusive veículo de propriedade do segurado;
> d) no percurso da residência para o local de trabalho ou deste para aquela, qualquer que seja o meio de locomoção, inclusive veículo de propriedade do segurado.

E, ainda, dispõe no artigo 20, que as doenças provocadas em virtude do labor são consideradas acidente do trabalho (doenças ocupacionais):

> Art. 20. Consideram-se acidente do trabalho, nos termos do artigo anterior, as seguintes entidades mórbidas:
> I – doença profissional, assim entendida a produzida ou desencadeada pelo exercício do trabalho peculiar a determinada atividade e constante da respectiva relação elaborada pelo Ministério do Trabalho e da Previdência Social;
> II – doença do trabalho, assim entendida a adquirida ou desencadeada em função de condições especiais em que o trabalho é realizado e com ele se relacione diretamente, constante da relação mencionada no inciso I.

Vale lembrar que a relação de doenças trazida no Regulamento da Previdência Social – Decreto nº 3.048/1999 – não possui caráter exaustivo, mas tão somente exemplificativo, podendo então ocorrer o enquadramento como acidente do trabalho ainda que não conste o agente patogênico ali listado, conforme deixa clara a redação do §2º do artigo 20, supramencionado:

> § 2º Em caso excepcional, constatando-se que a doença não incluída na relação prevista nos incisos I e II deste artigo resultou das condições especiais em que o trabalho é executado e com ele se relaciona diretamente, a Previdência Social deve considerá-la acidente do trabalho.

Referido dispositivo legal abre espaço para que todas as mesopatias sejam enquadradas como doenças ocupacionais, bastando a constatação do nexo causal entre a enfermidade acometida e as atividades laborais executadas.

A propósito, foi introduzido o artigo 21-A, na aludida Lei nº 8.213/1991, pela Lei nº 11.430/2006:

> Art. 21-A. A perícia médica do Instituto Nacional do Seguro Social (INSS) considerará caracterizada a natureza acidentária da incapacidade quando constatar ocorrência de nexo técnico epidemiológico entre o trabalho e o agravo, decorrente da relação entre a atividade da empresa ou do empregado doméstico e a entidade mórbida motivadora da incapacidade elencada na Classificação Internacional de Doenças (CID), em conformidade com o que dispuser o regulamento.
> § 1º A perícia médica do INSS deixará de aplicar o disposto neste artigo quando demonstrada a inexistência do nexo de que trata o caput deste artigo.
> § 2º A empresa ou o empregador doméstico poderão requerer a não aplicação do nexo técnico epidemiológico, de cuja decisão caberá recurso, com efeito suspensivo, da empresa, do empregador doméstico ou do segurado ao Conselho de Recursos da Previdência Social.

Neste contexto, pode-se inferir que o liame de causalidade entre o acidente ou a doença e as condições de trabalho constitui pressuposto indispensável para a concessão do benefício previdenciário, bem como, para a condenação do empregador por responsabilidade civil.

Importante então discorrermos, ainda que brevemente, sobre o que consiste a responsabilidade civil, cuja essência encontra-se nos três dispositivos do Código Civil, transcritos a seguir:

> Art. 186. Aquele que, por ação ou omissão voluntária, negligência ou imprudência, violar direito e causar dano a outrem, ainda que exclusivamente moral, comete ato ilícito.
>
> Art. 187. Também comete ato ilícito o titular de um direito que, ao exercê-lo, excede manifestamente os limites impostos pelo seu fim econômico ou social, pela boa-fé ou pelos bons costumes.
>
> Art. 927. Aquele que, por ato ilícito (arts. 186 e 187), causar dano a outrem, fica obrigado a repará-lo.

Sintetizando, a responsabilidade civil é, portanto, o dever de reparar o dano causado, utilizando-se assim do patrimônio do causador do dano para restaurar o equilíbrio rompido, ressarcindo aquele que experimentou as consequências do evento danoso.

Em virtude da legislação especial brasileira sobre o acidente do trabalho, travou-se no passado certo embate quanto a responsabilidade civil do empregador, tendo em vista a obrigatoriedade do pagamento do seguro acidentário, dando a impressão de que resultaria em dupla reparação (*bis in idem*) ao trabalhador: o percebimento do benefício e da indenização pelo mesmo fato.

A possibilidade de indenização em virtude de acidente do trabalho ou doença ocupacional, independente dos benefícios garantidos pela Previdência Social, só foi consolidada incontestavelmente a partir do disposto no artigo 7º, inciso XXVIII, da nossa Constituição Federal de 1988, garantindo aos trabalhadores o direito ao "*seguro contra acidentes de trabalho, a cargo do empregador, sem excluir a indenização a que este está obrigado, quando incorrer em dolo ou culpa".*

Em sintonia com o supramencionado preceito constitucional, a Lei nº 8.213/1991, nos artigos 120 e 121, prevê que:

> Art. 120. A Previdência Social ajuizará ação regressiva contra os responsáveis nos casos de:
> I - negligência quanto às normas padrão de segurança e higiene do trabalho indicadas para a proteção individual e coletiva;
> [...]
> Art. 121. O pagamento de prestações pela Previdência Social em decorrência dos casos previstos nos incisos I e II do **caput** do art. 120 desta Lei não exclui a responsabilidade civil da empresa, no caso do inciso I [...]

Importante frisar, contudo, que a decisão administrativa do INSS - Instituto Nacional do Seguro Social, não vincula o Poder Judiciário, isto é, a concessão de um benefício de natureza acidentária pela Previdência Social ao trabalhador não garante, necessariamente, a configuração do nexo causal para fins de responsabilidade civil do empregador, o que deverá ser objeto de consistente atividade probatória em processo trabalhista, especialmente, de realização de perícia judicial, conforme veremos a seguir.

II. NOÇÕES FUNDAMENTAIS SOBRE A PROVA PERICIAL

Numa acepção simples da palavra, podemos afirmar que prova é a demonstração da verdade ou não de uma conjectura. Do latim: *probatio*, que deriva do verbo *probare*, que significa: examinar, persuadir, demonstrar.

O direito à prova em no ordenamento jurídico brasileiro é considerado uma garantia fundamental no âmbito processual, especialmente no que se refere ao princípio do contraditório, bem como, constitui-se direito fundamental para efetividade do princípio do acesso à justiça.

Assim define Mauro Schiavi:

> (...) provas são os instrumentos admitidos pelo Direito como idôneos, a demonstrar um fato ou um acontecimento, ou, excepcionalmente, o direito que interessa à parte no processo, destinados à formação da convicção do órgão julgador da demanda. (SCHIAVI, 2018, p. 689)

Temos assim, que prova é todo meio idôneo através do qual as partes conseguem corroborar suas alegações com a finalidade de convencer o Juiz e, consequentemente, ter sua pretensão reconhecida.

O Código de Processo Civil em seus artigos 369 e 370, preceitua que:

> Art. 369. As partes têm o direito de empregar todos os meios legais, bem como os moralmente legítimos, ainda que não especificados neste Código, para provar a verdade dos fatos em que se funda o pedido ou a defesa e influir eficazmente na convicção do juiz.
> Art. 370. Caberá ao juiz, de ofício ou a requerimento da parte, determinar as provas necessárias ao julgamento do mérito.

E por força do artigo 765, da Consolidação das Leis do Trabalho:

> Art. 765. Os Juízos e Tribunais do Trabalho terão ampla liberdade na direção do processo e velarão pelo andamento rápido das causas, podendo determinar qualquer diligência necessária ao esclarecimento delas.

Todas as espécies probatórias legais são hábeis a demonstrar a veracidade dos fatos, porém, existem alegações que demandam conhecimento técnico ou científico de outras áreas que escapam ao saber jurídico.

Não detém o julgador formação e experiência, por exemplo, na área médica para examinar e mensurar os efeitos das lesões causadas por um acidente do trabalho ou por uma doença ocupacional, razão pela qual terá que socorrer-se do auxílio de um profissional especializado no assunto.

Nesse sentido, afirma Louise Emily Bosschart:

> De acordo com a legislação processual civil brasileira cumpre ao magistrado nomear perito de sua confiança toda vez que a matéria colocada em discussão sobrepujar a sua alçada de conhecimento. (BOSSCHART, 2010, p. 2)

A prova pericial, pois, constitui uma das espécies previstas em nossa legislação processual, podendo se proceder a requerimento das partes ou ser determinada de ofício pelo Juiz, e "*é aquela em que a elucidação do fato se dá com o auxílio de um perito, especialista em determinado campo do saber, que deve registrar sua opinião técnica e científica no chamado laudo pericial*" (DIDIER JR., 2018, 2 v., p. 299).

Na dicção do artigo 156, do Código de Processo Civil: "*O juiz será assistido por perito quando a prova do fato depender de conhecimento técnico ou científico.*".

Por sua vez, o artigo 464, do mesmo diploma define: "*A prova pericial consiste em exame, vistoria ou avaliação.*". Sinteticamente: o exame consiste na inspeção de pessoas e bens móveis, enquanto, a vistoria restringe-se a verificação de bens imóveis. Por sua vez, a avaliação tem a finalidade de estimar o valor de coisas e direitos.

Nos termos do §1º do referido artigo, o Juiz poderá indeferir a realização da perícia quando: "*I – a prova do fato não depender de conhecimento especial de técnico; II – for desne-*

cessária em vista de outras provas produzidas; III – a verificação for impraticável.".

É válido registrar que o atual Código de Processo Civil inovou ao trazer nos §§ 2º a 4º do supracitado dispositivo, um mecanismo mais célere de produção da prova de fatos que exijam especial conhecimento técnico ou científico, prevendo que o Juiz poderá substituir a prova pericial, de ofício ou a requerimento da parte, pela produção da denominada prova técnica simplificada, na hipótese de se tratar de matéria controvertida de menor complexidade, quando então apenas procederá a inquirição de especialista na área do objeto.

Entretanto, na ampla maioria das demandas trabalhistas em que se discute reparação por acidente de trabalho e/ou doença ocupacional, a perícia médica é essencial para o deslinde da causa, haja vista a clara complexidade da investigação.

Assim assevera Sebastião Geraldo de Oliveira:

> Convém esclarecer que a realização da prova pericial nas ações de indenização por acidente do trabalho não é obrigatória, como ocorre quando se pede adicional de insalubridade ou periculosidade. Contudo, na quase totalidade das ações dessa natureza, a perícia torna-se imprescindível para fornecer subsídios técnico-científicos, de modo que o julgador possa dirimir com segurança a controvérsia. (OLIVEIRA, 2018, p. 399)

Por outro lado, se a questão *sub judice* exigir mais de uma área de conhecimento especializado, ou seja, tratando-se de perícia complexa, o Juiz poderá nomear mais de um perito, nos termos do artigo 475, do Código de Processo Civil.

Faz-se mister registrar que é comum nas ações trabalhistas acidentárias ser determinada não somente a perícia médica, como também a perícia técnica, com o intuito de verificar as prováveis causas do acidente do trabalho ou dos fatores desencadeadores ou agravantes da doença ocupacional, de modo a fornecer ao julgador maiores elementos para a definição da responsabilidade e a consequente fixação de indenização.

Sobre a perícia técnica associada a acidente do trabalho ou doença ocupacional, Marcelo Chaim Chohfi esclarece:

> Cada acidente tem suas próprias características, cabendo ao perito avaliar as questões referentes ao processo de trabalho, fatores comportamentais, cultura organizacional da empresa, condições de trabalho quanto a aspectos práticos, riscos existentes e como eram prevenidos ou mitigados, funcionamento de máquinas e equipamentos específicos, análises de risco efetuadas, acidentes anteriores da mesma tipologia ou no mesmo local de trabalho, entre outros. [...]
> Quando se tratar de perícias relacionadas à doença ocupacional [...] a prova pericial produzida será parte de um laudo mais complexo, devendo indicar nível de ruído medido por dosimetria, temperaturas de locais de trabalho, níveis de radiação, concentração de agentes químicos presentes nos ambientes, condições ergonômicas dos postos de trabalho (alturas, distâncias, pesos envolvidos, repetição de tarefas) entre outras condições presentes. (CHOHFI, 2018, p. 31/32)

Portanto, além do Médico do Trabalho (Resoluções nº 1.666/2003 e 2.221/2018 do CFM – Conselho Federal de Medicina), pode ser muito útil a realização da perícia técnica por Engenheiro de Segurança do Trabalho (Lei nº 7.410/85).

O Juiz, ainda, "*determinará, de ofício ou a requerimento da parte, a realização de nova perícia quando a matéria não estiver suficientemente esclarecida.*", conforme o disposto no artigo 480, Código de Processo Civil.

Cumpre ressaltar que a segunda perícia tem a função de corrigir eventual omissão ou inexatidão das conclusões apontadas pela primeira, de modo que "*não substitui a primeira, cabendo ao juiz apreciar livremente o valor de ambas.*" (BEZERRA, 2018, p. 843).

III. PERITO: O *EXPERT* DO JUÍZO

Antes de adentrar nas especificidades da perícia médica, importante lembrar quem é o profissional legalmente habilitado para a realização da prova pericial: o perito.

A palavra perito deriva do prefixo latino: *per, perios*, que se traduz em percorrer, mover através de, mas também significa: experiente, esperto.

O Código de Processo Civil reservou uma parte exclusiva de suas regras para dispor sobre os trabalhos desenvolvidos por profissionais de outros ramos – Livro III: Dos Sujeito do Processo, Título IV: Do Juiz e Dos Auxiliares da Justiça, Capítulo III, Dos Auxiliares da Justiça.

Nos termos do artigo 149, do diploma processual, o perito é considerado verdadeiro auxiliar da Justiça, além de ser o protagonista da prova pericial e o *expert* em determinado campo do saber.

Mais especificamente os artigos 156 a 158 (Seção II), disciplinam a relevante atuação deste profissional, senão vejamos:

> Art. 156. O juiz será assistido por perito quando a prova do fato depender de conhecimento técnico ou científico.
> § 1º Os peritos serão nomeados entre os profissionais legalmente habilitados e os órgãos técnicos ou científicos devidamente inscritos em cadastro mantido pelo tribunal ao qual o juiz está vinculado.
> § 2º Para formação do cadastro, os tribunais devem realizar consulta pública, por meio de divulgação na rede mundial de computadores ou em jornais de grande circulação, além de consulta direta a universidades, a conselhos de classe,

ao Ministério Público, à Defensoria Pública e à Ordem dos Advogados do Brasil, para a indicação de profissionais ou de órgãos técnicos interessados.

§ 3º Os tribunais realizarão avaliações e reavaliações periódicas para manutenção do cadastro, considerando a formação profissional, a atualização do conhecimento e a experiência dos peritos interessados.

§ 4º Para verificação de eventual impedimento ou motivo de suspeição, nos termos dos arts. 148 e 467, o órgão técnico ou científico nomeado para realização da perícia informará ao juiz os nomes e os dados de qualificação dos profissionais que participarão da atividade.

§ 5º Na localidade onde não houver inscrito no cadastro disponibilizado pelo tribunal, a nomeação do perito é de livre escolha pelo juiz e deverá recair sobre profissional ou órgão técnico ou científico comprovadamente detentor do conhecimento necessário à realização da perícia.

Art. 157. O perito tem o dever de cumprir o ofício no prazo que lhe designar o juiz, empregando toda sua diligência, podendo escusar-se do encargo alegando motivo legítimo.

§ 1º A escusa será apresentada no prazo de 15 (quinze) dias, contado da intimação, da suspeição ou do impedimento supervenientes, sob pena de renúncia ao direito a alegá-la.

§ 2º Será organizada lista de peritos na vara ou na secretaria, com disponibilização dos documentos exigidos para habilitação à consulta de interessados, para que a nomeação seja distribuída de modo equitativo, observadas a capacidade técnica e a área de conhecimento.

Art. 158. O perito que, por dolo ou culpa, prestar informações inverídicas responderá pelos prejuízos que causar à parte e ficará inabilitado para atuar em outras perícias no prazo de 2 (dois) a 5 (cinco) anos, independentemente das demais sanções previstas em lei, devendo o juiz comunicar o fato ao respectivo órgão de classe para adoção das medidas que entender cabíveis.

No mais, estabelece o artigo 465, do mesmo Código, que: "*O juiz nomeará perito especializado no objeto da perícia e fixará de imediato o prazo para a entrega do laudo.*". E o artigo 466, preceitua que: "*O perito cumprirá escrupulosamente o encargo que lhe foi cometido, independentemente de termo de compromisso.*"

Desse modo, apreendemos que o perito deve ser profissional com conhecimento especializado na área objeto da perícia, devidamente inscrito no cadastro formado pelo Tribunal ao qual o magistrado encontra-se vinculado – Cadastro Eletrônico de Peritos e Órgãos Técnicos ou Científicos (CPTEC) conforme Resolução nº 233 de 13/07/2016, do Conselho Nacional de Justiça –, além de ser pessoa de confiança do Juiz e imparcial, podendo, assim, escusar-se ou ser recusado por impedimento ou suspeição, bem como, ser substituído quando: "*I- faltar-lhe conhecimento técnico ou científico; II – sem motivo legítimo, deixar de cumprir o encargo no prazo que lhe foi assinado.*", conforme o disposto nos artigos 467 e 468 do Código de Processo Civil.

Neste contexto pontua Marcelo Chaim Chohfi:

> Não é tão simples a compreensão da importância, para o Juiz do Trabalho, da nomeação de um perito de sua confiança e que, naturalmente, desempenhe a contento esse papel árduo de auxiliar no mister de promoção de uma solução justa para cada lide que nos é posta à conciliação (ou tentativa de), instrução e julgamento. (CHOHFI, 2018, p. 62)

A título de informação, existe inclusive um Código de Ética Pericial elaborado pelo Instituto "Del Picchia", com os seguintes dizeres:

> O Perito de documentos (documentólogo ou documentóscopo), ou de qualquer outra especialidade, não deve esquecer que:
> I – Não é Juiz: por conseguinte, não lhe é facultado oferecer conclusões sem fundamentá-la tecnicamente;

> II – Não é testemunha: assim não pode basear seu pronunciamento naquilo que ouviu ou lhe foi confessado;
> III – Apura fatos físicos, com imparcialidade e acuidade, demonstrando ou comprovando-os, devidamente, sempre que possível;
> IV – Analisa e coordena esses fatos, à luz de sua experiência técnica e de seus conhecimentos científicos;
> V – Redige seus laudos com métodos, precisão e clareza, sem esquecer que serão apreciados por pessoas de nível universitário, mas não por especialistas na matéria;
> VI – Não se deixa influenciar por injunções políticas, familiares ou de amigos, ou outras de natureza subalterna;
> VII – Não omite ou silencia sobre fatos que, aparentemente, possam enfraquecer a força da conclusão pericial, explicando-os ou justificando-os, sempre que possível, mesmo que não tenham sido objeto de quesitos;
> VIII – Pleiteia remuneração condigna para seu trabalho, sem estimativa exagerada e sem permitir seu aviltamento;
> IX – Aceita como contingência natural da luta judiciária as críticas e contribuições que forem feitas ao seu laudo, desde que se tratem de ponderações de ordem técnica;
> X – Não recusa encargo judiciário, a não ser por motivos relevantes, de natureza técnica, legal ou ética.
> No Tempo e no Espaço.
> a. José Del Picchia Filho b. Celso Mauro Ribeiro Del Picchia (NETO, 2014, p. 17)

Outrossim, faz-se mister consignar, sem nos aprofundarmos na sistemática de prazos e procedimentos legais, que podem as partes cada qual indicar assistente técnico – selecionado, contratado, custeado livremente e, portanto, sem prestar compromisso de imparcialidade –, que também deve ser profissional detentor de conhecimento específico sobre o objeto da demanda, a fim de que acompanhe os trabalhos periciais, formule quesitos e elabore parecer técnico, de acordo com os artigos 465, §1º; 466, §§ 1º e 2º e 477, §§ 1º a 4º, do Código de Processo Civil.

IV. REQUISITOS ESSENCIAS PARA A ELABORAÇÃO DO LAUDO PERICIAL E A NECESSIDADE DA REALIZAÇÃO DE UMA BOA PERÍCIA

Conforme conceitua Fredie Didier Jr.: *"O laudo pericial é o instrumento escrito apresentado pelo perito, que registra suas respostas aos quesitos, seus raciocínios e suas conclusões."* (DIDIER JR., 2018, 2 v., p. 306).

A elaboração do laudo pericial é atividade complexa que requer a observação de diversos requisitos formais para que cumpra com o seu objetivo, qual seja, o de fornecer o maior número de subsídios à elucidação dos fatos ao Juiz.

O Código de Processo Civil, em seu artigo 473, elenca os critérios essenciais para a elaboração. Vejamos:

> Art. 473. O laudo pericial deverá conter:
> I – a exposição do objeto da perícia;
> II – a análise técnica ou científica realizada pelo perito;
> III – a indicação do método utilizado, esclarecendo-o e demonstrando ser predominantemente aceito pelos especialistas da área do conhecimento da qual se originou;
> IV – resposta conclusiva a todos os quesitos apresentados pelo juiz, pelas partes e pelo órgão do Ministério Público.
> § 1º No laudo, o perito deve apresentar sua fundamentação em linguagem simples e com coerência lógica, indicando como alcançou suas conclusões.
> § 2º É vedado ao perito ultrapassar os limites de sua designação, bem como emitir opiniões pessoais que excedam o exame técnico ou científico do objeto da perícia.
> § 3º Para o desempenho de sua função, o perito e os assistentes técnicos podem valer-se de todos os meios necessários, ouvindo testemunhas, obtendo informações, solicitando documentos que estejam em poder da parte, de terceiros ou em repartições públicas, bem como instruir o laudo com planilhas, mapas, plantas, desenhos, fotografias ou outros elementos necessários ao esclarecimento do objeto da perícia.

Portanto, para elaboração do laudo pericial, o perito precisa ter contato direto com as fontes de prova, procedendo a análise pautado em metodologias técnicas e científicas e em outros elementos que forem necessários.

Neste panorama pontua José Carlos Manhabusco:

> O perito não deve agir ao seu bel prazer. A pesquisa científica, o conteúdo e a conclusão devem ter bases sólidas na literatura médica e na legislação, sendo que a autonomia não significa que não necessite dar as razões e os fundamentos de como avaliou e chegou ao resultado. (MANHABUSCO, 2016, p. 57).

Um bom laudo deve ser devidamente fundamentado, porém objetivo, sem excesso de palavras técnicas e rebuscadas, a fim de que facilite a compreensão por parte dos operadores do Direito, leigos na área do conhecimento objeto da perícia.

De maneira concisa, os autores Antonio Buono Neto e Elaine Arbex Buono, afirmam que o objetivo da perícia pode ser dividido em cinco pontos importantes:

> 1. Que a Perícia esclareça as dúvidas, estabelecendo a verdade, demonstrando tecnicamente a existência ou não da causa alegada.
> 2. Que a conclusão seja fundamentada em dados coerentes e precisos, sem deixar dúvidas.
> 3. Que tenha termos na sua elaboração que seja entendida por Leigos.
> 4. Que a prova técnica seja irrefutável, para fundamentar a sentença pelos Srs. Juízes.
> 5. Que tenha qualidade técnica invulnerável a impugnações, tanto no campo técnico como jurídico. (NETO, 2014, p. 70)

Ressalte-se que não compete ao perito avançar sobre a tarefa hermenêutica, manifestando-se sobre questões jurídicas.

A sua atuação no processo judicial é estritamente técnica e recai sobre fatos, ou seja, se limita a verificar, analisar, apreciar o objeto de prova e só.

Assim, por exemplo, pode o perito, em seu trabalho, afirmar que o empregado foi acometido por doença ocupacional, atestar a sua causa ou concausa e mensurar os danos causados; mas caberá ao Juiz, e tão somente a ele, valorar a prova e deliberar sobre as consequências jurídicas, como o dever de indenizar do empregador.

Porém, não raramente, na prática forense nos deparamos com laudos periciais que opinam sobre qual a versão fática que entendem ser a correta, "julgando" a causa e, por vezes, deixando de consignar eventuais arguições da parte contrária, o que acarreta grave prejuízo ao julgamento da causa, tendo em vista que o Juiz fica sem parâmetros técnicos para decidir conforme a realidade dos fatos.

Sobre a questão Sabrina Moschini sabiamente afirma "*que a imperfeição técnica da perícia pode levar ao perecimento da prova, induzir a erro o magistrado e ensejar a anulação de sentenças que tenham auferido dela a sua fundamentação.*" (MOSCHINI, 2012, p. 2).

Nesse contexto, percebemos que a minuciosa observância dos critérios para a realização da prova pericial é determinante para se evitar uma prestação jurisdicional deficiente.

V. ASPECTOS ESPECÍFICOS DA PERÍCIA MÉDICA EM CASOS DE ACIDENTE DO TRABALHO E/OU DOENÇA OCUPACIONAL

Para introdução ao tópico, faz-se mister tecer algumas considerações sobre qual é o profissional capacitado para realização da perícia médica nas ações que tratam de acidente do trabalho e/ou doença ocupacional.

A Consolidação das Leis do Trabalho prevê em seu artigo 195, que a "*caracterização e a classificação da insalubrida-*

de e da periculosidade, segundo as normas do Ministério do Trabalho, far-se-ão através de perícia a cargo de Médico do Trabalho ou Engenheiro do Trabalho, registrados no Ministério do Trabalho.".

Na mesma linha o artigo 58, §1º, da Lei nº 8.213/1991, estabelece que o laudo técnico de condições ambientais do trabalho, para fins de aposentadoria especial, deve ser "*expedido por médico do trabalho ou engenheiro de segurança do trabalho nos termos da legislação trabalhista.*".

O CFM – Conselho Federal de Medicina, através da Resolução nº 2.183/2018, dispõe que o "*médico perito é aquele designado pela autoridade judicial competente, assistindo-a no que a lei determina*" e que o "*assistente técnico é o médico que assiste a uma das partes em litígio no processo judicial*".

Por conseguinte, a Lei nº 12.842/2013, no artigo 4, inciso XII, define que a realização da perícia médica é ato privativo do médico:

> Art. 4º São atividades privativas do médico:
> [...]
> XII – realização de perícia médica e exames médico-legais, excetuados os exames laboratoriais de análises clínicas, toxicológicas, genéticas e de biologia molecular;

A propósito, vale colacionar a ementa do Parecer CFM nº 09/2006, referente ao Processo-Consulta CFM nº 1.829/06 – Conselheiro Relator Roberto Luiz D'Avila, Brasília/DF, 12/05/2006:

> O exame médico-pericial é um ato médico. Como tal, por envolver a interação entre o médico e o periciando, deve o médico perito agir com plena autonomia, decidindo pela presença ou não de pessoas estranhas ao atendimento efetuado, sendo obrigatórias a preservação da intimidade do paciente e a garantia do sigilo profissional, não podendo,

em nenhuma hipótese, qualquer norma, quer seja administrativa, estatutária ou regimental, violar este princípio ético fundamental.

Foi o Código de Processo Civil de 2015, em seus artigos 156, §5º e 157, §2º, que trouxe a exigência da nomeação de profissional com a atinente especialização na área objeto da perícia:

> Art. 156. [...]
> § 5º Na localidade onde não houver inscrito no cadastro disponibilizado pelo tribunal, a nomeação do perito é de livre escolha pelo juiz e deverá recair sobre profissional ou órgão técnico ou científico comprovadamente detentor do conhecimento necessário à realização da perícia.
> Art. 157. [...]
> § 2º Será organizada lista de peritos na vara ou na secretaria, com disponibilização dos documentos exigidos para habilitação à consulta de interessados, para que a nomeação seja distribuída de modo equitativo, observadas a capacidade técnica e a área de conhecimento.

E, ainda, previu no artigo 148, inciso I, a hipótese de o perito ser substituído caso falte conhecimento técnico ou científico, conforme já explanado anteriormente.

Neste interim, em se tratando de acidente do trabalho e/ou doença ocupacional, o ideal seria que o médico nomeado detivesse formação e especialidade na área da lesão que acomete o trabalhador, a fim de que pudesse avaliar cabalmente a extensão dos danos causados.

No âmbito da Justiça do Trabalho, contudo, o profissional que se encontra disponível e que geralmente é considerado competente pelos magistrados para a realização da perícia, detém basicamente a especialização em Medicina do Trabalho, o que por si só não garante a aptidão sobre a peculiar área do corpo cujo exame pericial recai.

Factualmente teremos que aguardar a fase de adaptação ao novo procedimento estatuído pelo diploma processual para verificar a sua efetivação no plano empírico.

Posto isso, antes de passarmos ao estudo das regras norteadoras para a elaboração do laudo médico pericial, importante dizer que existem dois tipos de prova pericial médica, quais sejam: direta e indireta.

A prova pericial médica direta é aquela em que o exame clínico será realizado no próprio autor da demanda, que aduz ter sofrido danos à saúde e/ou à integridade física e mental.

Já a perícia médica indireta refere-se aos casos em que a vítima dos danos faleceu antes mesmo da propositura da ação ou vem a falecer no curso do processo, de maneira que a análise se restringirá aos documentos médicos do *de cujus*, bem como, às informações sobre o histórico ocupacional.

Pois bem.

O artigo 13, da Resolução nº 2.183/2018, do CFM, estabelece as atribuições e deveres do perito-médico e dos assistentes técnicos:

> Art. 13. São atribuições e deveres do médico perito judicial e assistentes técnicos:
> I – examinar clinicamente o trabalhador e solicitar os exames complementares, se necessários;
> II – o médico perito judicial e assistentes técnicos, ao vistoriarem o local de trabalho, devem fazer-se acompanhar, se possível, pelo próprio trabalhador que está sendo objeto da perícia, para melhor conhecimento do seu ambiente de trabalho e função;
> III – estabelecer o nexo causal, considerando o exposto no artigo 2º e incisos (redação aprovada pela Resolução CFM nº 1940/2010) e tal como determina a Lei nº 12.842/2013, ato privativo do médico.

Note-se que é imprescindível que o perito-médico realize estudo no local de trabalho do trabalhador para constatação do nexo causal, sob pena de ensejar a necessária realização de segunda perícia e, inclusive, de ser decretada a nulidade do exame pericial, sem excluir as demais penalidades previstas em virtude da responsabilidade profissional.

Nesse sentido também dispõe a referida Resolução, em seu artigo 2º, *in verbis*:

> Art. 2º - Para o estabelecimento do nexo causal entre os transtornos de saúde e as atividades do trabalhador, além da anamnese, do exame clínico (físico e mental) e dos exames complementares, é dever do médico considerar:
> I - a história clínica e ocupacional atual e pregressa, decisiva em qualquer diagnóstico e/ou investigação de nexo causal;
> II - o estudo do local de trabalho;
> III - o estudo da organização do trabalho;
> IV - os dados epidemiológicos;
> V - a literatura científica;
> VI - a ocorrência de quadro clínico ou subclínico em trabalhadores expostos a riscos semelhantes;
> VII - a identificação de riscos físicos, químicos, biológicos, mecânicos, estressantes e outros;
> VIII - o depoimento e a experiência dos trabalhadores;
> IX - os conhecimentos e as práticas de outras disciplinas e de seus profissionais, sejam ou não da área da saúde.
> Parágrafo único. Ao médico assistente é vedado determinar nexo causal entre doença e trabalho sem observar o contido neste artigo e seus incisos.

Nas palavras de Primo Brandimiller, a perícia médica tem o objetivo primordial de:

- Diagnosticar as lesões e perturbações funcionais;
- Examinar a compatibilidade entre as características das lesões e alterações funcionais diagnosticadas com as causas alegadas;

> • Avaliar as perdas ou reduções funcionais de órgãos, funções ou segmentos corporais;
> • Avaliar percentualmente o prejuízo do patrimônio físico e psíquico;
> • Indicar a eventual necessidade de tratamentos especializados, próteses e reabilitação profissional e estimar os respectivos custos.
> (BRANDIMILLER, 1996, p. 200)

Antonio Buono Neto e Elaine Arbex Buono relacionam, de forma simples e clara, os elementos estruturais que o laudo médico deve conter:

> 1) preâmbulo: onde devem constar a qualificação da autoridade que faz a consulta e a do parecista, constando seus títulos, o número do processo e da vara civil ou criminal correspondente;
> 2) exposição: informar o motivo da consulta, os quesitos formulados e o histórico do caso a ser analisado. O parecista deve transcrever os quesitos e fazer um resumo cronológico dos fatos e demais elementos dos autos;
> 3) discussão: é a parte do parecer mais importante e mais rica, isto é, a demonstração do parecista quanto à capacidade de análise e poder de argumentação. Na Discussão são apontados os pontos falhos da perícia, de modo sereno e sem excessos de linguagem para não ir de encontro à ética;
> 4) conclusão: deve sintetizar os pontos relevantes da discussão de modo claro e sucinto;
> 5) Depoimento Oral: tanto durante a fase de instrução como durante o julgamento e mesmo após este, os peritos podem ser chamados para prestar esclarecimentos sobre o que viram e descreveram. Comparecendo perante a autoridade judiciária, o perito deve responder às perguntas a ele dirigidas por qualquer uma das partes como também pelo próprio juiz. Termos técnicos devem ser seguidos de explicação. (NETO, 2014, p. 65/66).

Interessante também observar algumas diretrizes específicas sobre a prova pericial em acidente do trabalho e/ou doença ocupacional que foram publicadas em 25/02/2014, pelo Comitê Gestor Nacional do Programa Trabalho Seguro do Tribunal Superior do Trabalho, produto do 1º Fórum Virtual que contou com a participação de quase 100 magistrados trabalhistas:

> Art. 4º A fundamentação a ser utilizada pelo perito para avaliação do nexo causal e da incapacidade deverá pautar-se em critérios técnicos adequados, devendo levar em consideração, especialmente, em relação aos:
> a) acidentes típicos, a Instrução Normativa nº 88/2010 e o Guia de Análise - Acidentes de Trabalho, ambos do Ministério do Trabalho e Emprego;
> b) distúrbios osteomusculares, a Instrução Normativa nº 98/2003 do INSS e as normas regulamentadoras do MTE, notadamente a NR 17 e seu Manual de Aplicação;
> c) transtornos mentais, o Manual de Procedimento para Serviços de Saúde do Ministério da Saúde e a Enciclopédia da Organização Internacional do Trabalho (OIT).
> Art. 5º O perito deverá mencionar no laudo pericial apresentado ao juízo se o agravo à saúde ou a incapacidade possuem natureza acidentária diante da constatação do nexo técnico epidemiológico entre o trabalho e o agravo, decorrente da relação entre a atividade econômica preponderante da empresa segundo a Classificação Nacional de Atividades Econômicas - CNAE e a entidade motivadora da incapacidade elencada na Classificação Internacional de Doenças - CID, com referências nos termos do art. 21-A da Lei nº 8.213/91, conforme a redação da Lei nº 11.430/06 e Decreto nº 6.042/07.
> Parágrafo único - A perícia poderá deixar de considerar o nexo técnico epidemiológico quando dispuser de informações ou elementos circunstanciados e contemporâneos ao exercício da atividade que evidenciem a inexistência de nexo técnico entre o agravo à saúde a as condições de

trabalho, tomando como referência os termos da Lei nº 11.430/06 e art. 6º da IN nº 31/2008 do INSS.

Art. 6º Em seu relatório, o perito apresentará conclusões técnicas pertinentes à sua investigação que possam subsidiar o Juiz, nos limites legais de sua atuação profissional, sem adentrar no mérito das decisões, que são exclusivas às atribuições dos magistrados.

Art. 7º A perícia judicial realizada nas ações indenizatórias ajuizadas perante a Justiça do Trabalho contemplará, para a avaliação do nexo causal entre os agravos à saúde e as condições de trabalho, além do exame clínico físico e mental e dos exames complementares, quando necessários:

I – a história clínica e ocupacional, decisiva em qualquer diagnóstico e/ou investigação de nexo causal;

II – o estudo do local de trabalho;

III – o estudo da organização do trabalho;

IV – os dados epidemiológicos;

V – a literatura técnica específica atualizada;

VI – a ocorrência de quadro clínico ou subclínico em trabalhador exposto a condições agressivas à saúde;

VII – a identificação dos riscos existentes no meio ambiente do trabalho;

VIII – o depoimento e a experiência dos trabalhadores;

IX – os conhecimentos e as práticas de outras disciplinas e de seus profissionais, sejam ou não da área da saúde;

X – A capacitação dos trabalhadores ou outros aspectos de gestão de segurança e saúde do trabalho que influenciaram a ocorrência do evento.

XI – relatar se havia medidas de prevenção que poderiam ter evitado a agressão e/ou lesão ao trabalhador, bem como as medidas de proteção que poderiam ter reduzido as suas consequências;

Parágrafo único. Havendo necessidade de realização de exames complementares, o perito poderá solicitá-los, nos termos do artigo 429 do Código de Processo Civil.

Art. 8º Para fins de investigação das causa dos acidentes de trabalho típicos e das doenças ocupacionais, devem ser analisados os fatores subjacentes e latentes, nos termos da Instrução Normativa nº 88/2010 e o Guia de Análise – Acidentes de Trabalho, ambos do Ministério do Trabalho e Emprego.

§ 1º – Entende-se como fatores imediatos as razões óbvias da ocorrência de um evento adverso, evidenciadas na proximidade das consequências;

§ 2º – Por fatores subjacentes compreendem-se razões sistêmicas ou organizacionais menos evidentes, porém necessárias para que ocorra um evento adverso;

§ 3º – Por fatores latentes, têm-se as condições iniciadoras que possibilitam o surgimento de todos os outros fatores relacionados ao evento adverso. Frequentemente são remotas no tempo e no que se refere à hierarquia dos envolvidos, quando consideradas em relação ao evento. Geralmente envolvem concepção, gestão, planejamento ou organização.

Art. 9º A omissão do perito em proceder à vistoria do local de trabalho, a avaliação e descrição da organização do trabalho, das incapacidades e funcionalidades, dentre outras matérias constantes das normas regulamentadoras e dos documentos técnicos aplicáveis, notadamente os termos da NR 17 e do seu Manual de Aplicação em se tratando de doenças osteomusculares, poderá acarretar a designação de segunda perícia, nos termos do art. 337 e seguintes do CPC.

Art. 10 – Durante a análise de acidentes, as informações prestadas pelas partes devem ser cotejadas com as demais circunstâncias que envolvem o evento, sempre que estiverem presentes, isolada ou conjuntamente, as seguintes situações:

I – ausência de testemunhas;

II – falta de preservação do local da ocorrência;

III – ocorrência em locais onde não existam postos de trabalho fixos, tais como estradas e áreas rurais;

IV – participação determinante de fatores socioambientais, tais como violência urbana ou fenômenos meteorológicos.

Art. 11 – Considera-se agravo à saúde: a lesão, a doença, o transtorno de saúde, o distúrbio, a disfunção ou a síndro-

> me de evolução aguda, subaguda ou crônica, de natureza clínica ou subclínica, inclusive morte, independentemente do tempo de latência.
> Art. 12 – Na avaliação da incapacidade poderão ser utilizados, de forma conjugada, a Classificação Internacional de Doenças (CID-10) e outros documentos nacionais ou internacionais de reconhecida idoneidade e qualificação técnico-científica para este fim, devendo o perito definir se a incapacidade é parcial ou total, permanente ou provisória.
> Parágrafo Único – Se o perito constatar a presença de fator não ocupacional, deverá detalhar o grau o intensidade da contribuição desta para a incapacidade laboral.

Nesse diapasão, podemos concluir que a elaboração do laudo pericial médico consiste no árduo trabalho do perito-médico de avaliar quantitativa e qualitativamente as lesões causadas na integridade física e psíquica do acidentado, fornecendo dessa forma parâmetros técnicos ao julgador para a fixação das reparações cabíveis.

VI. PREVISÃO LEGAL DE DISPENSA DA PROVA PERICIAL E A SUA POSSÍVEL APLICAÇÃO NAS AÇÕES ACIDENTÁRIAS

A Consolidação das Leis do Trabalho, dispõe em seu artigo 852-D, que:

> Art. 852-D. O juiz dirigirá o processo com liberdade para determinar as provas a serem produzidas, considerado o ônus probatório de cada litigante, podendo limitar ou excluir as que considerar excessivas, impertinentes ou protelatórias, bem como para apreciá-las e dar especial valor às regras de experiência comum ou técnica.

Por sua vez o artigo 374, do Código de Processo Civil, estabelece que tão somente os fatos controvertidos serão objeto de prova nos autos, senão vejamos:

> Art. 374. Não dependem de prova os fatos:
> I - notórios;
> II - afirmados por uma parte e confessados pela parte contrária;
> III - admitidos no processo como incontroversos;
> IV - em cujo favor milita presunção legal de existência ou de veracidade.

Mais especificamente quanto a prova pericial, o artigo 472, prevê a possibilidade de dispensa pelo Juiz quando: "*as partes, na inicial e na contestação, apresentarem, sobre as questões de fato, pareceres técnicos ou documentos elucidativos que considerar suficientes.*".

Nos mesmos termos é o Enunciado nº 54, aprovado na 1ª Jornada de Direito Material e Processual do Trabalho - Brasília/DF em 23/11/2007, *in verbis*:

> PROVA PERICIAL. POSSIBILIDADE DE DISPENSA. Aplica-se o art. 427 do Código de Processo Civil no processo do trabalho, de modo que o juiz pode dispensar a produção de prova pericial quando houver prova suficiente nos autos.

Contudo, em se tratando de ação que verse sobre acidente do trabalho e/ou doença ocupacional, a identificação do nexo causal e o estudo da responsabilidade civil do empregador exige maior cuidado.

Na procura de uma solução justa certamente o julgador pode e deve cercar-se das máximas da experiência comum, no entanto, o artigo 375, do Código de Processo Civil, em sua parte final, apresenta ressalva no que tange a prova pericial, advertindo o Juiz de que, ainda que detenha conhecimentos técnicos, se a matéria exige prova pericial, não poderá dispensá-la:

> Art. 375. O juiz aplicará as regras de experiência comum subministradas pela observação do que ordinariamente

> acontece e, ainda, as regras de experiência técnica, ressalvado, quanto a estas, o exame pericial.

Sobre a questão afirma Sebastião Geraldo de Oliveira:

> Todos os meios legais são hábeis a demonstrar a verdade dos fatos, mas a prova de determinadas alegações exige conhecimento técnico ou científico de profissionais especializados que atuam em outros ramos do conhecimento. Não detém o julgador formação ou experiência na área médica para avaliar e mensurar todos os efeitos das lesões causadas pelo acidente ou doença ocupacional, razão pela qual deve valer-se do auxílio de um perito, conforme estabelece o art. 156 do CPC. (...)
> Com efeito, nas ações indenizatória, uma vez formada a relação processual, normalmente será determinada a realização da prova pericial, cujo laudo deverá retratar a extensão dos danos ou da invalidez e todas as variáveis consequentes. Deverá também fornecer informações técnicas a respeito do nexo de causalidade e da eventual conduta culposa do empregador, da própria vítima ou mesmo de terceiros, com o objetivo de proporcionar ao juiz informações completas sobre os fatos controvertidos, para que possa formar sua convicção e proferir o julgamento com segurança. (OLIVEIRA, 2018, p. 396/397)

Assim também ensina Mauro Schiavi:

> Em determinados casos, no entanto, a perícia se mostra obrigatória, como nos de acidente de trabalho e doença profissional, nos quais se torna necessário avaliar a existência do nexo causal (também chamado de nexo técnico) entre a redução da capacidade laborativa e a atividade exercida pelo trabalhador, bem como a porcentagem de comprometimento da capacidade de trabalho. (SCHIAVI, 2018, p. 817)

E, ainda, pontua Viviane Colucci:

> Embora não seja a prova pericial obrigatória em se tratando de ações que visam ao pagamento de indenização por danos decorrentes de acidentes de trabalho e doenças ocupacionais, constitui ela elemento de importância irrefutável na instrução processual para o fim de, nos termos do art. 145 CPC, fornecer dados técnicos e científicos que poderão ser fundamentais para, no escólio de Sebastião Geraldo de Oliveira, possibilitar ao juiz avaliar "a extensão dos danos, a capacidade residual de trabalho, a possibilidade de readaptação ou reabilitação profissional, o percentual de invalidez parcial ou reconhecimento da invalidez total, as lesões estéticas e seus reflexos na imagem da vítima, os membros, segmentos, órgãos ou funções atingidas, os pressupostos da responsabilidade civil, etc. (COLUCCI, 2013, p. 254)

Desse modo, entendemos que nas ações acidentárias é imprescindível a realização da prova pericial, a qual não pode ser dispensada, nem tampouco substituída por prova documental e/ou testemunhal, especialmente no que se refere as mesopatias, haja vista a maior complexidade da percepção do liame causal com as atividades laborais comparado ao acidente de trabalho típico, e as diversas variáveis relacionadas – como, por exemplo, que o trabalho pode ser fator desencadeante da doença ou, tão somente, contributivo; agravante de uma patologia preexistente –, se fazendo necessário um estudo apurado sobre as condições laborais e a dimensão dos danos, o que repercutirá diretamente no arbitramento do *quantum* indenizatório.

VII. A INVERSÃO DO ÔNUS DA PROVA EM FAVOR DO ACIDENTADO

Diante da complexidade do objeto e da dificuldade da prova por parte do empregado nas ações acidentárias, tem-se notado uma tendência de flexibilização no que se refere aos pressupostos da responsabilidade civil com o intuito de proteger a vítima dos danos provocados injustamente.

No Brasil, o Decreto nº 2.681/1912, que regula a responsabilidade civil das estradas de ferro, já previa no artigo 17, que: "*A culpa será sempre presumida, só se admitindo em contrário alguma das seguintes provas: 1ª - Caso fortuito ou força maior; 2ª - Culpa do viajante, não concorrendo culpa da estrada.*".

Na mesma linha o Supremo Tribunal Federal editou a Súmula nº 341: "*É presumida a culpa do patrão ou comitente pelo ato culposo do empregado ou preposto.*".

Por sua vez, o Código de Defesa do Consumidor no artigo 6º, estabeleceu como direito básico do consumidor:

> VIII – a facilitação da defesa de seus direitos, inclusive com a inversão do ônus da prova, a seu favor, no processo civil, quando, a critério do juiz, for verossímil a alegação ou quando for ele hipossuficiente, segundo as regras ordinárias de experiências;

E, ainda, o Código Civil de 2002, consagrou no parágrafo único, do artigo 927, que: "*Haverá obrigação de reparar o dano, independentemente de culpa, nos casos especificados em lei, ou quando a atividade normalmente desenvolvida pelo autor do dano implicar, por sua natureza, risco para os direitos de outrem.*".

Nesse cenário de facilitar a verificação do nexo de causalidade a favor da vítima, foi introduzido pela Lei nº 11.430/2006, o artigo 21-A, na Lei nº 8.213/1991, conforme já transcrito anteriormente, reforçando sobremaneira a inversão do ônus da prova em favor do trabalhador acidentado, na medida em que incorpora o Nexo Técnico Epidemiológico Previdenciário – NTEP, a partir do cruzamento de informações de código de Classificação Internacional de Doenças – CID-10 e do código da Classificação Nacional de Atividade Econômica – CNAE, para fins de benefícios previdenciários.

Não obstante o reconhecimento do afastamento acidentário pela perícia médica do INSS – Instituto Nacional de Seguridade Social, isso não se reflete automaticamente em indenização na esfera jurídica, mas irradia efeitos de presunção relativa nas ações trabalhistas acidentárias.

Sobre referida presunção *juris tatum*, foi aprovado na 1ª Jornada de Direito Material e Processual do Trabalho – Brasília/DF em 23/11/2007, o seguinte verbete:

> 42. ACIDENTE DO TRABALHO. NEXO TÉCNICO EPIDEMIOLÓGICO.
> Presume-se a ocorrência de acidente do trabalho, mesmo sem a emissão da CAT – Comunicação de Acidente de Trabalho, quando houver nexo técnico epidemiológico conforme art. 21-A da Lei nº 8.213/1991.

Logo, pode-se dizer que em todos os casos em que através da adoção do NTEP ocorrer presunção da doença ser ocupacional, o empregador somente poderá se desobrigar da reparação de danos se conseguir comprovar de forma robusta o contrário.

Nesse sentido foi adotado o Enunciado nº 41 da supracitada Jornada:

> RESPONSABILIDADE CIVIL. ACIDENTE DO TRABALHO. ÔNUS DA PROVA. Cabe a inversão do ônus da prova em favor da vítima nas ações indenizatórias por acidente do trabalho.

Bem como, foi aprovada tese no XIV Congresso Nacional de Magistrados da Justiça do Trabalho – Manaus/AM, em 2008, com o seguinte teor:

> COMISSÃO 2 – O MEIO AMBIENTE DE TRABALHO E A DIGNIDADE DA PESSOA HUMANA
> [...]
> Tese 3

> Nas ações indenizatórias por acidente de trabalho, cabe a inversão do ônus da prova em favor da vítima. Presume-se a culpa do empregador, admitindo-se, no entanto, prova em sentido contrário.

Por fim, o Código de Processo Civil de 2015, em seu artigo 373, §1º e a Lei nº 13.467/2017, que promoveu a reforma trabalhista, no artigo 818, §§ 1º a 3º, respectivamente, consolidaram a distribuição dinâmica do ônus da prova em harmonia com a evolução elucidada:

> Art. 373. O ônus da prova incumbe:
> I - ao autor, quanto ao fato constitutivo de seu direito;
> II - ao réu, quanto à existência de fato impeditivo, modificativo ou extintivo do direito do autor.
> § 1º Nos casos previstos em lei ou diante de peculiaridades da causa relacionadas à impossibilidade ou à excessiva dificuldade de cumprir o encargo nos termos do caput ou à maior facilidade de obtenção da prova do fato contrário, poderá o juiz atribuir o ônus da prova de modo diverso, desde que o faça por decisão fundamentada, caso em que deverá dar à parte a oportunidade de se desincumbir do ônus que lhe foi atribuído.
>
> Art. 818. O ônus da prova incumbe
> I - ao reclamante, quanto ao fato constitutivo de seu direito;
> II - ao reclamado, quanto à existência de fato impeditivo, modificativo ou extintivo do direito do reclamante.
> § 1º Nos casos previstos em lei ou diante de peculiaridades da causa relacionadas à impossibilidade ou à excessiva dificuldade de cumprir o encargo nos termos deste artigo ou à maior facilidade de obtenção da prova do fato contrário, poderá o juízo atribuir o ônus da prova de modo diverso, desde que o faça por decisão fundamentada, caso em que deverá dar à parte a oportunidade de se desincumbir do ônus que lhe foi atribuído.

> § 2º A decisão referida no § 1º deste artigo deverá ser proferida antes da abertura da instrução e, a requerimento da parte, implicará o adiamento da audiência e possibilitará provar os fatos por qualquer meio em direito admitido.
> § 3º A decisão referida no § 1º deste artigo não pode gerar situação em que a desincumbência do encargo pela parte seja impossível ou excessivamente difícil.

Todavia, a inversão do ônus probatório e a presunção relativa da ocorrência do acidente ou da existência da doença profissional, não afastam a necessidade da realização da prova pericial, principalmente, para a avaliação dos danos, por tratar-se de matéria fática que demanda conhecimento técnico-científico, isto é, estranha à área de formação e experiência do juiz.

VIII. A IMPORTÂNCIA DA PERÍCIA PARA A DEFINIÇÃO DA SENTENÇA E O SISTEMA DE VALORAÇÃO DA PROVA PELO JUIZ: O "LIVRE" CONVENCIMENTO MOTIVADO

No ordenamento jurídico brasileiro vigora o sistema de valoração da prova pelo Juiz, isto é, num primeiro momento as provas produzidas nos autos não detêm valor pré-determinado, competindo ao órgão julgador, conforme o seu entendimento, atribuir a importância que cada uma merece, de acordo com as circunstâncias do caso concreto.

É aí que vislumbramos o intenso trabalho despendido ao longo da fase instrutória para formação do convencimento do julgador, o qual sopesará a idoneidade ou fragilidade de cada prova produzida, incluindo-se aqui a perícia.

Inegavelmente a valoração da prova consiste em um ato subjetivo do Juiz, todavia, o seu convencimento deve ser racionalmente motivado – princípio do convencimento motivado ou persuasão racional –, não podendo ser íntimo, superficial, retórico, vazio, suscitando um consenso irracional, a fim de serem evitados juízos discricionários e facilitar o controle da decisão.

O antigo Código de Processo Civil, de 1973, no artigo 131, dispunha que cabia ao Juiz apreciar *"livremente a prova"*. Já o diploma processual atual, de 2015, suprimiu a expressão "livremente" e estabeleceu que: *"O juiz apreciará a prova constante dos autos, independentemente do sujeito que a tiver promovido, e indicará na decisão as razões da formação de seu convencimento."*.

Sobre a questão ensina Mauro Schiavi:

> [...] deve o julgador mencionar na fundamentação da sentença qual ou quais provas existentes nos autos lhe formaram a convicção. Outrossim, deverá apreciar todos os elementos de prova constante dos autos e dizer quais provas, em sua avaliação tiveram maior peso em confronto com as demais constantes no processo. [...]
> Além disso, o Juiz do Trabalho deve não só avaliar a qualidade de uma prova isoladamente, mas também confrontá-la com as demais existentes nos autos, e, muitas vezes, escolher, diante de tal confronto, a que lhe é mais coerente e que se aproxima da verdade. (SCHIAVI, 2018, p. 736/737)

Registre-se que com o novo Código de Processo Civil, alcançamos alguns outros avanços: a obrigação da uniformização da jurisprudência (artigo 926), a fundamentação como elemento essencial da sentença (artigo 489, inciso II), bem como, a proibição da denominada decisão surpresa (artigo 10).

Tratam-se de exigências que se justificam na medida em que se configuram verdadeiros consectários do devido processo legal no Estado Democrático de Direito, garantindo a imparcialidade do julgador e o pleno exercício do contraditório pelas partes.

No que concerne a prova pericial em específico, também previa o Código anterior, em seu artigo 436, que o Juiz não se encontrava *"adstrito ao laudo pericial, podendo formar a sua convicção com outros elementos ou fatos provados nos autos."*.

Já o diploma atual, prevê no artigo 479, que:

> Art. 479. O juiz apreciará a prova pericial de acordo com o disposto no art. 371, indicando na sentença os motivos que o levaram a considerar ou a deixar de considerar as conclusões do laudo, levando em conta o método utilizado pelo perito.

De qualquer forma, o magistrado não está vinculado as conclusões do laudo pericial, podendo formar o seu convencimento com os demais elementos de prova dos autos.

Contudo, em que pese a regra autorizadora, não pode o Juiz simplesmente ignorar a perícia produzida – até porque não detém o conhecimento técnico e específico – e, ainda, na hipótese de desconsiderá-la ou contrariá-la, deve apresentar de forma clara e detalhada as razões para a tomada dessa decisão, indicando os pontos do laudo que não o convenceram e os outros elementos de prova que determinaram a sua convicção.

Nesse sentido, destacam José Carlos Manhabusco e Sabrina Moschini:

> O juiz não está vinculado à conclusão do perito, podendo formar sua convicção com os demais elementos de prova contidos no processo, no entanto, se assim o fizer, deverá motivar suas razões de forma clara e objetiva, mesmo porque não possui formação técnica na área objeto do procedimento pericial. (MANHABUSCO, 2016, p. 28).
> A credibilidade da perícia baseia-se no princípio de que a opinião do perito não vincula a do juiz (nem a dele se subordina), ao qual assiste o dever de fundamentar sua divergência e o direito de discordar do laudo pericial, recusando-o em parte ou no todo, e de determinar nova perícia caso a matéria não lhe parecer suficientemente esclarecida. (MOSCHINI, 2012, p. 9)

E assegura Marcelo Chaim Chohfi

> Não é demais também lembrar que, segundo previsão legal expressa (artigo 371 e 479 do CPC), o juiz não está adstrito, em seu julgamento, à adoção do resultado do laudo pericial, já que é plenamente possível que a verdade dos fatos, evidenciada pela prova testemunhal colhida em audiência, seja incompatível com a premissa fática que embasou a conclusão do perito nomeado pelo Juízo. Nesse caso, o julgamento será, naturalmente, contrário ao indicado na parte conclusiva do laudo técnico pericial. (CHOHFI, 2018, p. 75)

É cediço que, na seara trabalhista, há uma clara inclinação em se acolher o resultado do laudo pericial elaborado pelo *expert* do Juízo.

Porém, deve sempre existir uma preocupação por parte do magistrado em extrair da prova dos autos a versão mais próxima da realidade.

Por isso, o Juiz, no exercício de sua incumbência de valorar as provas, deve exercer o controle judicial da perícia antes mesmo da sua realização, competindo avaliar o cabimento (necessidade, utilidade, viabilidade e licitude) da prova pericial no caso *sub judice* e, por conseguinte, pedir a comprovação da qualificação específica do profissional nomeado, a fim de auxiliar na elucidação dos fatos técnico-científicos.

Além disso, o magistrado deve exigir a indicação no laudo do método empregado pelo perito, além de ordenar que sejam prestados os esclarecimentos necessários. Também incumbe ao Juiz, nos casos em que o *expert* ultrapassar os limites da sua atuação ou deixar de cumprir com os seus deveres, oficiar o respectivo Órgão de Classe e o Ministério Público, para que tomem as providências cabíveis.

Tudo isso para conferir a máxima exatidão e confiabilidade às conclusões periciais, garantindo o maior aproveitamento da prova para construção do convencimento do julgador e para evitar a nulidade da decisão pautada em laudo eivado de vício.

Nessa linha afirma Fredie Didier Jr.:

> O CPC estrutura a produção da prova pericial considerando a necessidade de um controle jurisdicional mais efetivo sobre a perícia. Parte-se da premissa de que permitir a avaliação livre do juiz sobre a prova pericial, no que diz respeito a sua cientificidade ou a sua tecnicidade, poderia conduzir ao que se chama de "junk science", isto é, a uma falsa ciência.
>
> Daí o estabelecimento de critério objetivos que auxiliam o juiz no controle da perícia, de modo a assegurar seja trazido ao processo jurisdicional conhecimento seguro e confiável, "no sentido de representar de maneira fidedigna aquilo que é aceito pelos especialistas da área". (DIDIER JR., 2018, 2 v., p. 334/335)

E assevera Sabrina Moschini:

> A função do perito é de tamanha valia, que ao prestar informações inverídicas responderá pelos prejuízos que causar à parte além de estar sujeito a responder um processo criminal, assim a fiscalização da perícia visando evitar abusos ou parcialidades do perito, também como o controle de seu trabalho merecem atenção. (MOSCHINI, 2012, p. 9)

Além disso, frise-se que julgar com equidade é verdadeiro dever do Juiz, nos termos dos artigos 1º a 8º, do Código de Processo Civil, cabendo transcrever este último:

> Art. 8º Ao aplicar o ordenamento jurídico, o juiz atenderá aos fins sociais e às exigências do bem comum, resguardando e promovendo a dignidade da pessoa humana e observando a proporcionalidade, a razoabilidade, a legalidade, a publicidade e a eficiência.

Sobre o assunto brilhantemente pontua Carlos Henrique Bezerra Leite:

> [...] há nítida tendência à socialização do processo, o que permite ao juiz libertar-se do legalismo (forma deturpada do princípio da legalidade) e buscar a promoção da justiça social. Nessa sua nova função promocional, o juiz deixa de ser "escravo da lei" para se transformar em autêntico agente político de transformação social. Político com "P" maiúsculo, isto é, o juiz passa a ser o principal ator estatal cuja missão precípua repousa na promoção da justiça social. (LEITE, 2018, p. 876)

Não se pode negar que nas ações judiciais sobre agravos à saúde e à integridade física e psíquica do trabalhador, a perícia afigura-se instrumento de prova fundamental à construção da convicção do magistrado e, por derradeiro, constitui-se ato processual decisivo para o deslinde da causa, contudo, não é a única fonte probatória que o julgador deve se pautar para a prolação da decisão, nem tampouco, deve ser analisada isoladamente.

Para conferir uma prestação jurisdicional justa e adequada as partes, o Juiz deve proceder a uma análise conjunta das provas, precisa se atentar a prova oral colhida em audiência a ser realizada em momento processual posterior a perícia e não pode descuidar da análise da prova documental existente nos autos, principalmente: exames admissional, periódicos, demissional e médicos em geral, bem como, atestados, consultas, receituários, afastamentos e comprovantes de recebimento de benefício previdenciário, além do CAT – Comunicação de Acidente do Trabalho, fichas técnicas de entrega de EPI – Equipamento de Proteção Individual e respectivo CA – Certificado de Aprovação, registros de treinamento, PGR – Programa de Gestão de Riscos, PPRA – Programa de Prevenção de Riscos Ambientais, PCMSO – Programa de Controle Médico de Saúde Ocupacional, entre outros, cujo teor pode demonstrar a exposição de fatores e agentes de risco determinantes do acidente ou da doença alegada.

Também podem servir como parâmetro ao magistrado as seguintes ferramentas: Normas Regulamentadoras editadas pelo Ministério do Trabalho e Emprego, Resoluções e Instruções do INSS - Instituto Nacional de Seguridade Social, CNAE - Classificação Nacional da Atividade Econômica, CID - Classificação Internacional de Doenças, CIF - Classificação Internacional de Funcionalidade, Incapacidade e Saúde, NTEP - Nexo Técnico Epidemiológico Previdenciário, entre outras.

IX. BREVE ANÁLISE SOBRE A LEGISLAÇÃO PORTUGUESA

Segundo as Estatísticas Europeias dos Acidentes de Trabalho (ESAW), com base em dados colhidos no ano de 2016, Portugal encontra-se em 6º lugar no ranking entre os países europeus que registram o maior número de acidentes de trabalho graves e mortais (PORDATA, 2019).

À semelhança do Brasil, o país também ratificou a Convenção nº 155 da OIT, sobre segurança e saúde do trabalho, através do Decreto nº 1/85, em 16 de janeiro de 1985, e por meio da Resolução da Assembleia da República nº 44/2001, instituiu a data de 28 de abril como "Dia Nacional da Prevenção e Segurança no Trabalho" (DNPST).

Não podemos olvidar que existem diferenças marcantes na tramitação das demandas trabalhistas entre Brasil e Portugal, contudo, os procedimentos e fases do processo não são o objeto de nossos estudo, de modo que restringiremos a abordagem sobre as peculiaridades da legislação portuguesa atinentes à perícia médica nas ações indenizatórias decorrentes de acidente do trabalho ou doença ocupacional. Vejamos:

A Constituição da República Portuguesa em seus artigos 59º e 63º, consagra como direitos fundamentais dos trabalhadores, respectivamente: *"A assistência e justa reparação, quando vítimas de acidente de trabalho ou de doença profissional.*"; e um sistema de seguridade social que os proteja "*na doença [...] invalidez [...] e em todas as outras situações de falta ou diminuição de meios de subsistência ou de capacidade para o trabalho.*".

O Código do Trabalho Português, Lei nº 7/2009, em seu Título II, Capítulo IV, artigos 281º a 284º, por sua vez, dispõe sobre a prevenção e reparação de acidentes de trabalho e doenças profissionais.

O artigo 281º, preceitua que "*1 - O trabalhador tem direito a prestar trabalho em condições de segurança e saúde.*" e que "*2 - O empregador deve assegurar aos trabalhadores condições de segurança e saúde em todos os aspectos relacionados com o trabalho, aplicando as medidas necessárias tendo em conta princípios gerais de prevenção.*".

A legislação portuguesa prevê o direito do trabalhador à indenização em razão de acidente ou doença ocupacional, inclusive em situações não previstas na lista organizada de doenças profissionais, desde que provado o nexo causal do dano experimentado com a atividade exercida.

Nesse sentido, o artigo 283º, *in verbis*:

> 1 - O trabalhador e os seus familiares têm direito à reparação de danos emergentes de acidente de trabalho ou doença profissional.
> 2 - As doenças profissionais constam da lista organizada e publicada no Diário da República.
> 3 - A lesão corporal, perturbação funcional ou a doença não incluídas na lista a que se refere o número anterior são indemnizáveis desde que se prove serem consequência, necessária e directa, da actividade exercida e não representem normal desgaste do organismo.
> 4 - A lei estabelece as situações que excluem o dever de reparação ou que agravam a responsabilidade.

> 5 – O empregador é obrigado a transferir a responsabilidade pela reparação prevista neste capítulo para entidades legalmente autorizadas a realizar este seguro. [...]

No que concerne a regulamentação da prevenção e reparação prevista no artigo 284º, foram editadas duas leis específicas: a Lei nº 102/2009, que regulamenta o regime jurídico da promoção e prevenção da segurança e da saúde no trabalho e a Lei nº 98/2009, que regulamenta o regime de reparação de acidentes de trabalho e doenças profissionais.

Limitando-se a análise desta última, conseguimos identificar quem são os responsáveis pela reparação e quais os conceitos de acidente de trabalho típico, bem como, aqueles que lhe são equiparados, no bojo dos artigos 7º a 9º, transcritos:

> Artigo 7º
> Responsabilidade
> É responsável pela reparação e demais encargos decorrentes de acidente de trabalho, bem como pela manutenção no posto de trabalho, nos termos previstos na presente lei, a pessoa singular ou colectiva de direito privado ou de direito público não abrangida por legislação especial, relativamente ao trabalhador ao seu serviço.
>
> Artigo 8º
> Conceito
> 1 – É acidente de trabalho aquele que se verifique no local e no tempo de trabalho e produza directa ou indirectamente lesão corporal, perturbação funcional ou doença de que resulte redução na capacidade de trabalho ou de ganho ou a morte.
> 2 – Para efeitos do presente capítulo, entende -se por:
> a) «Local de trabalho» todo o lugar em que o trabalhador se encontra ou deva dirigir-se em virtude do seu trabalho e em que esteja, directa ou indirectamente, sujeito ao controlo do empregador;

b) «Tempo de trabalho além do período normal de trabalho» o que precede o seu início, em actos de preparação ou com ele relacionados, e o que se lhe segue, em actos também com ele relacionados, e ainda as interrupções normais ou forçosas de trabalho.

Artigo 9º
Extensão do conceito
1 – Considera -se também acidente de trabalho o ocorrido:
a) No trajecto de ida para o local de trabalho ou de regresso deste, nos termos referidos no número seguinte;
b) Na execução de serviços espontaneamente prestados e de que possa resultar proveito económico para o empregador;
c) No local de trabalho e fora deste, quando no exercício do direito de reunião ou de actividade de representante dos trabalhadores, nos termos previstos no Código do Trabalho;
d) No local de trabalho, quando em frequência de curso de formação profissional ou, fora do local de trabalho, quando exista autorização expressa do empregador para tal frequência;
e) No local de pagamento da retribuição, enquanto o trabalhador aí permanecer para tal efeito;
f) No local onde o trabalhador deva receber qualquer forma de assistência ou tratamento em virtude de anterior acidente e enquanto aí permanecer para esse efeito;
g) Em actividade de procura de emprego durante o crédito de horas para tal concedido por lei aos trabalhadores com processo de cessação do contrato de trabalho em curso;
h) Fora do local ou tempo de trabalho, quando verificado na execução de serviços determinados pelo empregador ou por ele consentidos.

Conforme assinalado na primeira parte do artigo 8º, é considerado acidente de trabalho também a doença que resulte em redução da capacidade laboral ou morte, sendo previstos nos artigos 10º e 11º, os requisitos para a apuração do nexo de causalidade entre a lesão e o trabalho, inclusive tratando-se expressamente de hipóteses de concausas:

> Artigo 10º
> Prova da origem da lesão
> 1 - A lesão constatada no local e no tempo de trabalho ou nas circunstâncias previstas no artigo anterior presume-se consequência de acidente de trabalho.
> 2 - Se a lesão não tiver manifestação imediatamente a seguir ao acidente, compete ao sinistrado ou aos beneficiários legais provar que foi consequência dele.
>
> Artigo 11º
> Predisposição patológica e incapacidade
> 1 - A predisposição patológica do sinistrado num acidente não exclui o direito à reparação integral, salvo quando tiver sido ocultada.
> 2 - Quando a lesão ou doença consecutiva ao acidente for agravada por lesão ou doença anterior, ou quando esta for agravada pelo acidente, a incapacidade avaliar-se-á como se tudo dele resultasse, a não ser que pela lesão ou doença anterior o sinistrado já esteja a receber pensão ou tenha recebido um capital de remição nos termos da presente lei.
> 3 - No caso de o sinistrado estar afectado de incapacidade permanente anterior ao acidente, a reparação é apenas a correspondente à diferença entre a incapacidade anterior e a que for calculada como se tudo fosse imputado ao acidente.
> 4 - Sem prejuízo do disposto no número anterior, quando do acidente resulte a inutilização ou danificação das ajudas técnicas de que o sinistrado já era portador, o mesmo tem direito à sua reparação ou substituição.
> 5 - Confere também direito à reparação a lesão ou doença que se manifeste durante o tratamento subsequente a um acidente de trabalho e que seja consequência de tal tratamento.

Os citados artigos 283º, item 5, do Código do Trabalho e 7º c/c 79º[1], da Lei nº 98/2009, preveem a responsabilização do empregador pelos acidentes de trabalho e a obrigatoriedade de transferir a responsabilidade pela reparação para uma seguradora.

A responsabilidade do empregador em regra é configurada independente de culpa, ou seja, trata-se de responsabilidade objetiva. Entretanto, também existem hipóteses de responsabilidade subjetiva em casos especiais de reparação previstos no artigo 18º, da Lei nº 98/2009:

> Artigo 18º
> Actuação culposa do empregador
> 1 – Quando o acidente tiver sido provocado pelo empregador, seu representante ou entidade por aquele contratada e por empresa utilizadora de mão-de-obra, ou resultar de falta de observação, por aqueles, das regras sobre segurança e saúde no trabalho, a responsabilidade individual ou solidária pela indemnização abrange a totalidade dos prejuízos, patrimoniais e não patrimoniais, sofridos pelo trabalhador e seus familiares, nos termos gerais.
> [...]

Com entendimento semelhante ao praticado no Brasil de que a incapacidade laboral possui natureza complexa, em Portugal, é utilizada a Tabela Nacional de Incapacidades por Acidentes de Trabalho e Doenças Ocupacionais, aprovada pelo Decreto-Lei nº 341/93, com o fito de propiciar bases para avaliação do déficit funcional com perda financeira.

1 "1 – O empregador é obrigado a transferir a responsabilidade pela reparação prevista na presente lei para entidades legalmente autorizadas a realizar este seguro.".

Especificamente sobre a prova pericial nos casos de acidente e doença do trabalho, o Código de Processo do Trabalho, Decreto-Lei nº 480/99, prevê em seus artigos 101º e 102º:

> Artigo 101º
> Processamento nos restantes casos de incapacidade permanente
> 1 – No caso de ter resultado do acidente incapacidade permanente, o Ministério Público solicita aos serviços médico-legais a realização de perícia médica, seguida de tentativa de conciliação.
> 2 – Se com a participação for junto acordo ou se este for apresentado até à data designada, o Ministério Público dispensa a tentativa de conciliação; se, porém, a perícia médica, as declarações do sinistrado, que nessa ocasião deve tomar, e as diligências a que proceder não confirmarem as bases em que o mesmo acordo tenha sido elaborado, designa data para a tentativa de conciliação.
> Artigo 102º
> Processamento noutros casos
> 1 – Se o sinistrado ainda não estiver curado quando for recebida a participação e estiver sem tratamento adequado ou sem receber a indemnização devida por incapacidade temporária, o Ministério Público solicita perícia médica, seguida de tentativa de conciliação, nos termos do artigo 108º; o mesmo se observa no caso de o sinistrado se não conformar com a alta, a natureza da incapacidade ou o grau de desvalorização por incapacidade temporária que lhe tenha sido atribuído, ou ainda se esta se prolongar por mais de 12 meses.
> 2 – Se o sinistrado, quando vier a juízo, se declarar curado sem desvalorização e apenas reclamar a indemnização devida por incapacidade temporária, ou qualquer outra quantia a que acessoriamente tiver direito, pode ser dispensada a perícia médica.

Os artigos 105º a 107º, do referido diploma, tratam da perícia médica, sendo que no artigo 106º, aponta-se dentre outras formalidades que:

> 1 – No relatório pericial, o perito médico deve indicar o resultado da sua observação clínica, incluindo o relato do evento fornecido pelo sinistrado e a apreciação circunstanciada dos elementos constantes do processo, a natureza das lesões sofridas, a data de cura ou consolidação, as sequelas e as incapacidades correspondentes, ainda que sob reserva de confirmação ou alteração do seu parecer após obtenção de outros elementos clínicos ou auxiliares de diagnóstico.

Interessante observar que na Justiça Portuguesa a perícia médica deve ser realizada antes mesmo da tentativa de conciliação entre o empregado ou seus beneficiários legais e a empregadora ou seguradora, e que o Ministério Público deve levar em conta o resultado do laudo para um possível acordo, conforme o disposto no artigo 109º:

> Na tentativa de conciliação, o Ministério Público promove o acordo de harmonia com os direitos consignados na lei, tomando por base os elementos fornecidos pelo processo, designadamente o resultado da perícia médica e as circunstâncias que possam influir na capacidade geral de ganho do sinistrado.

Ademais, é facultado a parte que não se conformar com o resultado da perícia realizada na fase conciliatória, requerer na petição inicial ou na peça defensiva, a feitura de uma nova perícia pela junta médica, conforme previsão do artigo 138º.

A perícia por junta médica é feita "*por três peritos, tem carácter urgente, é secreta e presidida pelo juiz*", nos termos do artigo 139º, que também dispõe:

> 5 - Os peritos das partes devem ser apresentados até ao início da diligência; se o não forem, o tribunal nomeia-os oficiosamente.
> 6 - É facultativa a formulação de quesitos para perícias médicas, mas o juiz deve formulá-los, ainda que as partes o não tenham feito, sempre que a dificuldade ou a complexidade da perícia o justificarem.
> 7 - O juiz, se o considerar necessário, pode determinar a realização de exames e pareceres complementares ou requisitar pareceres técnicos.

A Lei nº 45/2004, por sua vez, estabelece o regime jurídico das perícias médico-legais e forenses em seu artigo 2º, esclarecendo que em regra todas as perícias são realizadas pelo Instituto Nacional de Medicina Legal – ou seja, através de um órgão unificado, diferente do que ocorre na Justiça do Trabalho Brasileira –, enumerando as exceções:

> Artigo 2º
> Realização de perícias
> 1 - As perícias médico-legais são realizadas, obrigatoriamente, nas delegações e nos gabinetes médico-legais do Instituto Nacional de Medicina Legal, adiante designado por Instituto, nos termos dos respectivos estatutos.
> 2 - Excepcionalmente, perante manifesta impossibilidade dos serviços, as perícias referidas no número anterior poderão ser realizadas por entidades terceiras, públicas ou privadas, contratadas ou indicadas para o efeito pelo Instituto.
> 3 - Nas comarcas não compreendidas na área de actuação das delegações e dos gabinetes médico-legais em funcionamento, as perícias médico-legais podem ser realizadas por médicos a contratar pelo Instituto nos termos dos artigos 28º, 29º e 31º da presente lei.
> 4 - As perícias médico-legais solicitadas ao Instituto em que se verifique a necessidade de formação médica especializada noutros domínios e que não possam ser realizadas

> nas delegações do Instituto ou nos gabinetes médico-legais, por aí não existirem peritos com a formação requerida ou condições materiais para a sua realização, poderão ser efectuadas, por indicação do Instituto, em serviço universitário ou de saúde público ou privado.
> 5 – Sempre que necessário, as perícias médico-legais e forenses de natureza laboratorial poderão ser realizadas por entidades terceiras, públicas ou privadas, contratadas ou indicadas pelo Instituto.
> 6 – Quando se verifiquem os casos previstos nos n.os 2, 4 e 5 será dada preferência, em circunstâncias equivalentes, a serviços públicos ou integrados no Serviço Nacional de Saúde.

Os artigos 27º a 29º, definem que são profissionais responsáveis pela realização das perícias os médicos integrantes do quadro do Instituto ou aqueles contratados para o exercício das funções periciais em comarcas não compreendidas na área de atuação das delegações e gabinetes médico-legais, através de seleção feita através de concursos trienais abertos pelo Instituto.

Adentrando-se ao tema central, quanto ao conceito de prova pericial, vale fazer menção ao Código Civil Português, Decreto-Lei nº 47344, de 25 de novembro de 1966, que no Capítulo II, Secção V, artigo 388º, leciona que:

> A prova pericial tem por fim a percepção ou apreciação de factos por meio de peritos, quando sejam necessários conhecimentos especiais que os julgadores não possuem, ou quando os factos, relativos a pessoas, não devam ser objecto de inspecção judicial.

Designadamente sobre a valoração da prova pericial, no âmbito do processo civil o artigo 389º, estabelece que: "*A força probatória das respostas dos peritos é fixada livremente pelo tribunal.*".

Sobre o assunto, o Juiz Desembargador Luís Filipe Pires de Sousa, no artigo "*Valoração da prova pericial*" publicado na Revista Portuguesa do Dano Corporal, ensina que:

> O juiz não é um recetor passivo da opinião do perito, assistindo-lhe o poder/dever de valorar autonomamente tal prova. Neste âmbito, é conhecido o brocardo ***iudex peritus peritorum*** cujo sentido específico merece densificação. A análise crítica que o juiz faz do laudo servirá para adquirir um convencimento sobre o seu resultado, assumindo ou não as conclusões do laudo, das quais extrairá as máximas da experiência necessárias para a apreciação dos factos relevantes. O juiz valora as máximas de experiência especializadas trazidas pelo perito aplicando máximas de experiência comuns para o que não são necessários conhecimentos especializados mas apenas capacidade crítica de entendimento e apreciação.
> O juiz aprecia o rigor do método, a veracidade das suas premissas e a consistência das suas conclusões. O que se exige é que o juiz seja capaz de valorar se está perante uma forma de conhecimento dotada de dignidade e validade científica, e se os métodos de investigação e controlo típicos dessa ciência foram corretamente aplicados no caso concreto. Em suma, trata-se de confirmar se existem condições de cientificidade da prova. (SOUSA, 2016, p. 16/17)

Por outro lado, o Código de Processo Penal, Decreto-Lei nº 78/87, no artigo 151º, dispõe que: "*A prova pericial tem lugar quando a percepção ou a apreciação dos factos exigirem especiais conhecimentos técnicos, científicos ou artísticos.*" e o artigo 163º, preceitua que na seara penal "*1 – O juízo técnico, científico ou artístico inerente à prova pericial presume-se subtraído à livre apreciação do julgador.*" e determina que "*2 – Sempre que a convicção do julgador divergir do juízo contido no parecer dos peritos, deve aquele fundamentar a divergência.*", aproximando-se do "livre" convencimento motivado configurado no Código de Processo Civil Brasileiro.

Na mesma obra citada acima, complementa o autor que:

> [...] o resultado da perícia não é livremente valorável pelo julgador, o qual deve fundamentar a sua divergência em relação às conclusões do perito. O julgador só pode arredar a conclusão inscrita no relatório pericial com fundamento numa crítica material da mesma natureza. Na explicação do Acórdão do Supremo Tribunal de Justiça de 11.2.2004, «Não vale uma crítica material procedente do julgador, alicerçada no seu critério pessoal, na forma particular de subjetivar os resultados, os factos, assente em conhecimentos meramente profanos, tudo sem apoio em conceitos científicos; se o julgador pudesse fundamentar a divergência sem apelo ao critério científico, seria uma forma, clara, de iludir, frustrar o comando imperativo resultante do n° 2, do art. 163°, do CPP, contraditória, até, nos seus termos, caindo-se na proibição a obstar, não se conciliando essa fundamentação própria e interpretação pessoal com a indispensabilidade do apoio científico. (SOUSA, 2016, p. 18)

Vale repisar, que na mesma linha do Brasil, é obrigação do perito desempenhar bem a função que lhe for atribuída, podendo alegar escusa, bem como, ser recusado ou declarado impedido. Ademais, aquele que não desempenhar corretamente a função ou não entregar o laudo no prazo pode ser substituído pela autoridade judiciária. As partes também podem constituir assistentes técnicos, que, no caso do processo penal, são chamados de consultores técnicos, os quais podem formular quesitos, acompanhar a realização da perícia, formulando observações e objeções ao laudo.

Em que pese não existir dispositivo exclusivo sobre o assunto na legislação trabalhista, pela leitura do artigo 109º supracitado, que obriga o *Parquet* a tomar por base o resultado da perícia médica na tentativa de conciliação e o artigo 140º, abaixo transcrito – ambos do Código de Processo do Trabalho –, que dispõe sobre a fase decisória nos casos de acidente ou doença laboral, podemos aferir que tanto em um acordo quanto numa decisão de mérito a ser proferida pelo Juiz, obrigatoriamente devem ser observadas as conclusões periciais. Aliás, o Julgador tão somente pode proferir a decisão de mérito após terem sido realizadas as perícias médicas, isto é, condiciona-se a integração da prova pericial no conjunto probatório para a valoração do magistrado na formação de seu convencimento e respectivo deslinde da causa acidentária:

> Artigo 140º
> Decisão
> 1 - Se a fixação da incapacidade tiver lugar no processo principal, o juiz profere decisão sobre o mérito, realizadas as perícias referidas no artigo anterior, fixando a natureza e grau de incapacidade e o valor da causa, observando-se o disposto no nº 3 do artigo 73º
> 2 - Se a fixação da incapacidade tiver lugar no apenso, o juiz, realizadas as perícias referidas no número anterior, profere decisão, fixando a natureza e grau de incapacidade; a decisão só pode ser impugnada no recurso a interpor da sentença final.
> 3 - A fixação da incapacidade não obsta à sua modificação nos termos do que se dispõe para o incidente de revisão.[2]

CONSIDERAÇÕES FINAIS

Conforme explanado, todos os meios de prova idôneos podem ser manejados pelas partes a fim de corroborar suas alegações e formar o convencimento do Juízo, incluindo-se aí a perícia.

Apreendemos que nas ações que versam sobre acidente do trabalho e/ou doença ocupacional, movidas perante a Justiça

2 Os artigos 145º e 147º, do Código de Processo do Trabalho tratam da possibilidade de revisão da incapacidade ou da pensão em juízo, com fundamento em agravamento ou superveniência de doença física ou mental que afete a capacidade de ganho.

do Trabalho, a prova pericial médica é imperativa para a compreensão do Juiz dos fatos técnico-científicos alegados, bem como, para o estabelecimento de um critério para a solução da infortunística, especialmente para a dimensão dos danos e fixação do *quantum* indenizatório, sendo impossível dispensá-la ou simplesmente desprezá-la.

Considerando o peso desta prova nas demandas acidentárias, é essencial para o alcance do seu objetivo, que seja produzida à luz dos princípios da legalidade, transparência e imparcialidade.

A capacidade técnica-científica e a isenção profissional do *expert* nomeado para atuar como auxiliar do Juízo, elaborando o laudo pericial em observância aos ditames legais e a melhor prática médico-legal, mostra-se imprescindível para a exatidão da prova e, por conseguinte, para uma prestação jurisdicional adequada e justa as partes.

Para o acertado deslinde da causa, não só o perito nomeado deve cumprir com seu compromisso, mas também o julgador precisa exercer o controle judicial da perícia de modo a zelar pela boa condução da prova, garantido credibilidade às conclusões para construção da sua convicção e evitando vício no laudo que possa acarretar deficiência no julgamento.

Não obstante, a notória importância dessa espécie de prova, em especial pelo caráter técnico-científico de sua elaboração, o Juiz não fica adstrito as conclusões do laudo, podendo, ao seu alvitre, acatar ou não as considerações exaradas pelo perito, desde que exponha devidamente as razões de sua decisão – princípio da persuasão racional.

Em resumo, é crucial que o Juiz, na busca da versão mais próxima da realidade dos fatos postos a sua apreciação, ao valorar as provas produzidas nos autos, analise cada uma dentro do conjunto probatório como um todo, sopesando as circunstâncias do caso concreto, a verossimilhança das alegações, a distribuição do ônus da prova, a dificuldade probatória, a razoabilidade e as máximas da experiência, expondo todos os elementos que determinaram a sua convicção, proferindo uma decisão equitativa.

REFERÊNCIAS BIBLIOGRÁFICAS

ASSOCIAÇÃO NACIONAL DOS MAGISTRADOS DA JUSTIÇA DO TRABALHO. *Cadernos da Anamatra. Conamats. Congressos Nacionais dos Magistrados da Justiça do Trabalho – A História dos Conamats de 1990 a 2014 (1a a 17a edições)*. Brasília, DF, 2015. Disponível em: <https://www.anamatra.org.br/images/conamat/Cadernos_Anamatra_Conamats_site.pdf>. Acesso em: 02 nov. 2019.

BOSSCHART, Louise Emily. *Uma análise crítica da prova pericial médica*. Revista do Instituto dos Advogados de São Paulo. São Paulo. v. 25/2010. p. 197-210. jan.-jun. 2010.

BRASIL. Conselho Federal de Medicina. Processo-Consulta CFM nº 1.829/06. Parecer CFM nº 9/06. Conselheiro Relator: Roberto Luiz D'Avila, Brasília, DF, 12 mai. 2006. Disponível em: <http://www.portalmedico.org.br/pareceres/cfm/2006/9_2006.htm>. Acesso em: 02 nov. 2019.

_____. Decreto nº 1.254, de 29 de setembro de 1994, *Promulga a Convenção número 155, da Organização Internacional do Trabalho, sobre Segurança e Saúde dos Trabalhadores e o Meio Ambiente de Trabalho, concluída em Genebra, em 22 de junho de 1981*. Brasília, DF, 29 set. 1994. Disponível em: <http://www.planalto.gov.br/ccivil_03/decreto/1990-1994/D1254.htm>. Acesso em: 02 nov. 2019.

_____. Decreto nº 2.681, de 1912, de 7 de dezembro de 1912. *Regula a responsabilidade civil das estradas de ferro*. Brasília, DF, 07 dez. 1912. Disponível em: <http://www.planalto.gov.br/ccivil_03/decreto/D2681_1912.htm>. Acesso em: 02 nov. 2019.

_____. Decreto nº 3.048/1999, de 6 de maio de 1999. *Aprova o Regulamento da Previdência Social, e dá outras providências*. Brasília, DF, 06 mai. 1999. Disponível em: <http://www.planalto.gov.br/ccivil_03/decreto/d3048.htm>. Acesso em: 02 nov. 2019.

_____. Decreto-Lei nº 5.452, de 1º de maio de 1943. *Aprova a Consolidação das Leis do Trabalho*. Brasília, DF, 01 mai. 1943. Disponível em: <http://www.planalto.gov.br/ccivil_03/decreto-lei/del5452.htm>. Acesso em: 02 nov. 2019.

_____. Lei nº 7.410, de 27 de novembro de 1985. *Dispõe sobre a Especialização de Engenheiros e Arquitetos em Engenharia de Segurança do Trabalho, a*

Profissão de Técnico de Segurança do Trabalho, e dá outras Providências. Brasília, DF, 27 nov. 1985. Disponível em: <http://www.planalto.gov.br/ccivil_03/LEIS/L7410.htm>. Acesso em: 02 nov. 2019.

_____. Lei nº 8.078, de 11 de setembro de 1990. *Dispõe sobre a proteção do consumidor e dá outras providências.* Brasília, DF, 11 set. 1990. Disponível em: <http://www.planalto.gov.br/ccivil_03/leis/l8078.htm>. Acesso em: 02 nov. 2019.

_____. Lei nº 8.213, de 24 de julho de 1991. *Dispõe sobre os Planos de Benefícios da Previdência Social e dá outras providências.* Brasília, DF, 24 jul. 1991. Disponível em: <http://www.planalto.gov.br/ccivil_03/leis/l8213cons.htm>. Acesso em: 02 nov. 2019.

_____. Lei nº 10.406, de 10 de janeiro de 2002. *Institui o Código Civil.* Brasília, DF, 10 jan. 2002. Disponível em: <http://www.planalto.gov.br/ccivil_03/leis/2002/l10406.htm>. Acesso em: 02 nov. 2019.

_____. Lei nº 11.121, de 25 de maio de 2005. *Institui o Dia Nacional em Memória das Vítimas de Acidentes e Doenças do Trabalho.* Brasília, DF, 25 mai. 2005. Disponível em: <http://www.planalto.gov.br/ccivil_03/_Ato2004-2006/2005/Lei/L11121.htm>. Acesso em: 02 nov. 2019

_____. Lei nº 11.430/2006, de 26 de dezembro de 2006. *Altera as Leis nºs 8.213, de 24 de julho de 1991, e 9.796, de 5 de maio de 1999, aumenta o valor dos benefícios da previdência social; e revoga a Medida Provisória nº 316, de 11 de agosto de 2006; dispositivos das Leis nºs 8.213, de 24 de julho de 1991, 8.444, de 20 de julho de 1992, e da Medida Provisória nº 2.187-13, de 24 de agosto de 2001; e a Lei nº 10.699, de 9 de julho de 2003.* Brasília, DF, 26 dez. 2006. Disponível em: <http://www.planalto.gov.br/ccivil_03/_Ato2004-2006/2006/Lei/L11430.htm>. Acesso em: 02 nov. 2019.

_____. Lei nº 12.842/2013, de 10 de julho de 2013. *Dispõe sobre o exercício da Medicina.* Brasília, DF, 10 jul. 2013. Disponível em: <http://www.planalto.gov.br/ccivil_03/_Ato2011-2014/2013/Lei/L12842.htm>. Acesso em: 02 nov. 2019.

_____. Lei nº 13.105, de 16 de março de 2015. *Código de Processo Civil.* Brasília, DF, 16 mar. 2015. Disponível em: <http://www.planalto.gov.br/ccivil_03/_ato2015-2018/2015/lei/l13105.htm>. Acesso em: 02 nov. 2019.

_____. Resolução nº 233, de 13/07/2016. *Dispõe sobre a criação de cadastro de profissionais e órgãos técnicos ou científicos no âmbito da Justiça de primeiro e segundo graus.* Conselho Nacional de Justiça, Brasília, DF, DJe/CNJ, nº 120, de 14/07/2016, p. 3-5. Disponível em: <https://atos.cnj.jus.br/atos/detalhar/atos-normativos?documento=2310>. Acesso em: 02 nov. 2019.

_____. Resolução CFM nº 1.666, de 7 de maio de 2003. *Dispõe sobre a nova redação do Anexo II da Resolução CFM nº 1.634/2002, que celebra o convênio de reconhecimento de especialidades médicas firmado entre o Conselho Federal de Medicina – CFM, a Associação Médica Brasileira – AMB e a Comissão Nacional de Residência Médica – CNRM*. Conselho Federal de Medicina, Brasília, DF, 07 mai. 2003. Disponível em: <http://www.cremesp.org.br/library/modulos/legislacao/versao_impressao.php?id=3125>. Acesso em: 02 nov. 2019.

______. Resolução CFM nº 2.183, de 21 de junho de 2018. *Dispõe de normas específicas para médicos que atendem o trabalhador*. Conselho Federal de Medicina, Brasília, DF, 21 jun. 2018. Disponível em: <http://www.cremesp.org.br/?siteAcao=PesquisaLegislacao&dif=s&ficha=1&id=15430&tipo=RESOLU%C7%C3O&orgao=Conselho%20Federal%20de%20Medicina&numero=2183&situacao=VIGENTE&data=21-06-2018>. Acesso em: 02 nov. 2019.

______. Resolução CFM nº 2.221, de 23 de novembro de 2018. *Homologa a Portaria CME nº 1/2018, que atualiza a relação de especialidades e áreas de atuação médicas aprovadas pela Comissão Mista de Especialidades*. Conselho Federal de Medicina, Brasília, DF, 23 nov. 2018. Disponível em: <http://www.cremesp.org.br/?siteAcao=PesquisaLegislacao&dif=s&ficha=1&id=15736&tipo=RESOLU%C7%C3O&orgao=Conselho%20Federal%20de%20Medicina&numero=2221&situacao=VIGENTE&data=23-11-2018>. Acesso em: 02 nov. 2019.

______. Supremo Tribunal Federal. *Súmula nº 341. É presumida a culpa do patrão ou comitente pelo ato culposo do empregado ou preposto*. Disponível em: <http://www.stf.jus.br/portal/jurisprudencia/menuSumarioSumulas.asp?sumula=2478>. Acesso em: 02 nov. 2019.

BRANDIMILLER, PRIMO A. *Perícia Judicial em acidentes e doenças do trabalho*. São Paulo: Senac, 1996.

COMITÊ GESTOR NACIONAL DO PROGRAMA TRABALHO SEGURO. Diretrizes sobre Prova Pericial em Acidentes do Trabalho e Doenças Ocupacionais. Conselho Superior da Justiça do Trabalho, Brasília, DF, 25 fev. 2014. Disponível em: <http://www.tst.jus.br/documents/1199940/0/DIRETRIZES+SOBRE+PROVA+PERICIAL+EM+ACIDENTES+E+DOEN%C3%87AS+OCUPACIONAIS.pdf>. Acesso em: 02 nov. 2019.

COLUCCI, Viviane. A Prova Pericial relativa aos Danos decorrentes de Acidentes de Trabalho e Doenças Ocupacionais no Cenário Pós-Emenda Constitucional nº 45/2005: a Importância da Atividade do Magistrado em Face do Interesse Público que Permeia a Prestação Jurisdicional Afeta aos Direitos Fundamentais. In: JARDIM, Philippe Gomes; LIRA, Ronaldo José. Coordenadores. Meio ambiente do trabalho aplicado: homenagem aos 10 anos da Codemat. São Paulo: LTr, 2013. p. 252-267.

DIDIER JR., Fredie; BRAGA, Paula Sarno; OLIVEIRA, Rafael Alexandria. Curso de Direito Processual Civil: Teoria da Prova, Direito Probatório, Decisão

Precedente, Coisa Julgada e Tutela Provisória. 13ª ed. Salvador: Ed. Jus Podivm, 2018. 2 v.

JORNADA DE DIREITO MATERIAL E PROCESSUAL DO TRABALHO, 1ª. Enunciados Aprovados. Brasília, DF, 23 nov. 2007. Disponível em: <https://angelotto.jusbrasil.com.br/noticias/147964524/enunciados-aprovados-na-1-jornada-de-direito-material-e-processual-na-justica-do-trabalho>. Acesso em: 02 nov. 2019.

LEITE, Carlos Henrique Bezerra. Curso de Direito Processual do Trabalho. 16ª ed. São Paulo: Saraiva Educação, 2018.

MANHABUSCO, José Carlos. A Efetividade da Prova Pericial na Investigação das Doenças Ocupacionais: Avaliação dos danos causados à saúde do trabalhador. 2ª ed. São Paulo: LTr, 2016.

MOSCHINI, Sabrina. Perícia no Acidente do Trabalho. Revista de Direito do Trabalho. São Paulo. v. 148/2012. p. 231-242. out-dez 2012.

MOTTA, Rubens Cenci. Manual de Iniciação em Perícias Médicas. 2ª ed. São Paulo: LTr, 2014.

NETO, Antonio Buono; BUONO, Elaine Arbex. Perícias Judiciais na Medicina do Trabalho. 4ª ed. São Paulo: LTr, 2014.

OLIVEIRA, Sebastião Geraldo de. Indenizações por Acidente do Trabalho ou Doença Ocupacional – De acordo com a Reforma Trabalhista Lei n. 13.467/2017. 10ª ed. São Paulo: LTr, 2018.

PORDATA, Base de Dados Portugal Contemporâneo. Acidentes de trabalho graves e mortais. 1994-2016. Última atualização: 2019-01-08. Disponível em: <https://www.pordata.pt/Europa/Acidentes+de+trabalho+graves+e+mortais-1355>. Acesso em: 06 nov. 2019.

PORTUGAL. Decreto de aprovação da Constituição. Constituição da República Portuguesa. Diário da República nº 86/1976, Série I de 1976-04-10. Disponível em: <https://dre.pt/legislacao-consolidada/-/lc/34520775/view>. Acesso em: 06 nov. 2019.

_____. Decreto-Lei nº 78/87. Código de Processo Penal. Diário da República nº 40/1987, Série I de 1987-02-17. Disponível em: <https://dre.pt/web/guest/legislacao-consolidada/-/lc/view?cid=124532379>. Acesso em: 06 nov. 2019.

_____. Decreto-Lei nº 341/93. Aprova a Tabela Nacional de Incapacidades por Acidentes de Trabalho e Doenças Profissionais. Diário da República nº 230/1993, Série I-A de 1993-09-30. Disponível em: <https://dre.pt/pesquisa/-/search/645876/details/maximized>. Acesso em: 06 nov. 2019.

_____. Decreto-Lei nº 408/99. Código de Processo do Trabalho. Diário da República nº 261/1999, Série I-A de 1999-11-09. Disponível em: <https://dre.pt/web/guest/legislacao-consolidada/-/lc/56362578/201701182138/ex-

portPdf/normal/1/cacheLevelPage?_LegislacaoConsolidada_WAR_drefrontofficeportlet_rp=indice>. Acesso em: 06 nov. 2019.

_____. Decreto-Lei nº 47344. Código Civil. Diário do Governo nº 274/1966, Série I de 1966-11-25. Disponível em: <https://dre.pt/web/guest/legislacao-consolidada/-/lc/34509075/view?q=c%C3%B3digo+civil>. Acesso em: 06 nov. 2019.

_____. Lei nº 7/2009. Código do Trabalho. Diário da República nº 30/2009, Série I de 2009-02-12. Disponível em: <https://data.dre.pt/eli/lei/7/2009/p/cons/20190904/pt/html>. Acesso em: 06 nov. 2019.

_____. Lei nº 45/2004. Estabelece o regime jurídico das perícias médico-legais e forenses. Diário da República nº 195/2004, Série I-A de 2004-08-19. Disponível em: <https://dre.pt/pesquisa/-/search/480519/details/maximized>. Acesso em: 06 nov. 2019.

_____. Lei nº 98/2009. Regulamenta o regime de reparação de acidentes de trabalho e de doenças profissionais, incluindo a reabilitação e reintegração profissionais, nos termos do artigo 284º do Código do Trabalho, aprovado pela Lei nº 7/2009, de 12 de Fevereiro. Diário da República, 1.ª série, nº 172, de 4 de Setembro de 2009. Disponível em: <https://dre.pt/application/dir/pdf1sdip/2009/09/17200/0589405920.pdf>. Acesso em: 06 nov. 2019.

_____. Lei nº 102/2009. Regime jurídico da promoção da segurança e saúde no trabalho. Diário da República nº 176/2009, Série I de 2009-09-10. Disponível em: <https://dre.pt/pesquisa/-/search/490009/details/maximized>. Acesso em: 06 nov. 2019.

_____. Resolução da Assembleia da República nº 44/2001. Institui o Dia Nacional de Prevenção e Segurança no Trabalho. Diário da República nº 147/2001, Série I-A de 2001-06-27. Disponível em: <https://dre.pt/pesquisa/-/search/349284/details/maximized>. Acesso em: 06 nov. 2019.

REIS, João Pena dos (Coord.) et. al. Acidentes de trabalho e doenças profissionais. Introdução. Coleção Formação Inicial. Centro de Estudos Judiciários, Lisboa, jul. 2013. Disponível em: <http://www.cej.mj.pt/cej/recursos/ebooks/trabalho/Caderno_Acidentes_trabalho.pdf>. Acesso em: 06 nov. 2019.

RIGOLETTO, Ivan de Paula; CHOHFI Marcelo Chaim. Perícia Técnica: Aspectos do Direito e da Engenharia de Segurança do Trabalho. Campinas: Editora Alínea, 2018.

SCHIAVI, Mauro. Manual de Direito Processual do Trabalho: de acordo com a reforma trabalhista. 13ª ed. São Paulo: LTr, 2018.

SOUSA, Luís Filipe Pires de. A valoração da prova pericial. Revista Portuguesa do Dano Corporal, Coimbra, nº 27, ano XXV, dez. 2016. Disponível em: <https://digitalis-dsp.uc.pt/bitstream/10316.2/43557/1/A%20valoracao%20da%20prova%20pericial.pdf>. Acesso em: 06 nov. 2019.

ASPECTOS JURÍDICOS DOS SEGUROS SAÚDE NO DIREITO PORTUGUES E NO DIREITO BRASILEIRO

Bruno Teixeira Marcelos

SUMÁRIO: 1. Introdução; **2.** Sistema brasileiro saúde suplementar; **3.** Seguros saúde em Portugal; **3.** Conclusão; **4.** Referências bibliográficas.

1. INTRODUÇÃO

Um dos temas mais relevantes para qualquer sociedade é a adequada prestação do serviço de saúde a seus nacionais/residentes. Este desafio não seria diferente no Brasil e em Portugal, que possuem previsões constitucionais semelhantes, mas desafios distintos em sua consecução.

A análise das duas nações aponta para a sistemas constitucionais que intentam a promoção da saúde pelo Estado, de forma universal e geral[1], no entanto, existem grandes distinções entre os dois países, a primeira de ordem territorial, o Brasil possui território de aproximadamente 8.515.767,049Km2, 208.494.900 Habitantes[2] e PIB de U$ 3,217 Trilhões[3], enquanto Portugal possui território de aproximadamente 92.256km2[4], 10.291.027 de Habitantes[5] e PIB de U$ 275.997 milhões[6].

Esta diferença traz reflexos relevantes e desafios próprios a cada nação, mas em comum, a necessidade de atingir as me-

1 Art. 196 da Constituição Brasileira; Art. 64º, 2., a, da Constituição Portuguesa

2 Segundo dados do Instituto Brasileiro de Geografia e Estatística – IBGE. Disponível em: www.ibge.gov.br

3 Segundo dados do Instituto Brasileiro de Geografia e Estatística – IBGE. www.ibge.gov.br

4 Segundo dados da Direção Geral do Território. Disponível em: www.dgterritorio.pt

5 Segundo dados do Instituto Nacional de Estatística. Disponível em www.ine.pt

6 Segundo dados do Fundo Monetário Internacional – FMI. Disponível em www.imf.org

tas constitucionais de acesso a saúde da população, por meio de políticas públicas capazes de abranger o máximo de nacionais.

Certo é que, em análise superficial, identificamos que os modelos de saúde privada, que funcionam de forma suplementar ao Estado ganham espaço onde a saúde pública não alcança, ou deixa a desejar. E este fato acentua o relevo de importância das ações de direito privado, porquanto passam a compor ações estratégicas do Estado no manejo da saúde.

No curso deste artigo teremos a oportunidade de explorar parte dos sistemas de saúde, com enfoque nos seguros saúde e seu espaço na realização das metas constitucionais.

2. SISTEMA BRASILEIRO SAÚDE SUPLEMENTAR

A Constituição da República Brasileira determina em seu Art. 196[7] que *a Saúde é um direito de todos e um dever do Estado*. Portanto, a Magna Carta do Estado Brasileiro fixa que o titular primário da prestação do serviço de saúde é o próprio Estado.

O referido artigo constitucional ainda acrescenta o acesso *universal*, portanto, assegurando a todos os cidadãos o acesso indistinto a todos os meios de saúde.

Como forma de assegurar outros meios de acesso a saúde, a Constituição ainda inseriu o Art. 199 (*A assistência à saúde é livre à iniciativa privada*) assegurando acesso a medicina privada, que podem participar de forma complementar ao chamado Sistema Único de Saúde.

No Brasil, as ações em saúde são geridas por meio do Sistema Único de Saúde – SUS, criado pelo Art. 200 da

7 Art. 196. A saúde é direito de todos e dever do Estado, garantido mediante políticas sociais e econômicas que visem à redução do risco de doença e de outros agravos e ao acesso universal e igualitário às ações e serviços para sua promoção, proteção e recuperação.

Constituição, e regulamentado pela Lei nº 8.080/90. O SUS é plataforma governamental ligada ao Ministério da Saúde e dirigido a consecução da ordem Constitucional.

Acontece que é fato público que o SUS não tem a capacidade de atender a todos os 200 milhões de brasileiros, seja por sua ineficiência, seja por seu sub financiamento, temas estes que não compõem o presente trabalho.

Este espaço deixado pelo SUS deixa margem a atuação do privado na atenção a saúde. E neste espaço foram criadas as primeiras Seguradoras de Saúde, ainda em períodos anteriores a Constituição de 1988.

Diante das especificidades e problemas decorrentes destes contratos com as seguradoras, foi criado marco regulatório das Operadoras de Planos de Saúde, por meio da Lei nº 9.656/98, que deu origem a uma nova agência reguladora, a Agência Nacional de Saúde Suplementar - ANS (por meio da Lei nº 9.961/00).

Hoje, os contratos de planos de saúde conferem cobertura a, aproximadamente, 50 milhões de beneficiários, movimentando R$ 500 bilhões de reais, representativo de ¼ do PIB nacional no último ano (2017)[8]. Movimento financeiro extremamente relevante, bem como estratégico para o SUS, posto que não se imagina o retorno destes beneficiários inscritos em Planos de Saúde ao Sistema Único.

Com a nova lei, as Operadoras de Planos de Saúde foram obrigadas a se inscreverem junto a indicada Agência a fim de Operarem seus produtos no mercado de saúde.

As empresas para se inscreverem na ANS passaram a cumprir requisitos legais extremamente rigorosos, dentre eles a necessidade de constituição de fundos garantidores que tem por

8 Pesquisa realizada em 17/7/2018, dados disponíveis em: http://www.ans.gov.br/perfil-do-setor/dados-gerais

base o valor R$ 8milhões[9], bem como fiscalização trimestral da contabilidade das empresas, que deve ser anualmente auditada por empresas de auditoria independente, devidamente cadastradas na Comissão de Valores Mobiliários – CVM.

Além disto, a empresa necessariamente deve se enquadrar em uma das modalidades empresariais definidas pela ANS: seguradoras, medicina de grupo, cooperativas médicas e autogestão.

Diante da nova lei, surgiu a primeira questão relevante a ser saneada: o conceito jurídico do novo contrato que se formava. Esta questão que parece simples, em verdade possui contornos complexos. E isto porque, a natureza jurídica do contrato de plano de saúde, não extrai sua fonte dos contratos aleatórios, como aqueles fixados pelas seguradoras, mas sim, de fundamentos que emanam da Constituição da República.

Inicialmente insta salientar que tanto as Operadoras quanto as Administradoras, possuem como requisito para instalação a necessidade de inscrição nos Conselhos de Medicina, sob pena de fiscalização e imposição de multas.

E este requisito por si demonstra a relevância da atividade destas empresas, afastando-as da simples atividade de corretagem e seguro. Identificamos assim que a atividade das empresas se fundam nos pilares da sociedade brasileira, e estão apoiadas nos princípios fundamentais que organizam nossa vida em sociedade: a dignidade da pessoa humana e a inviolabilidade do direito à vida, inscritos na *Magna Carta* de 1988 em seus arts. 1º, inc. III e 5º, *caput.*

Neste sentir, há que se compreender que apesar de não haver referência direta ao direito a saúde entre os princípios

9 Último valor atualizado conforme dados da Agência. Disponível http://www.ans.gov.br/103-planos-de-saude-e-operadoras/espaco-da-operadora/avisos-para-operadoras/3448-atualizacao-do-capital-base-do-pma

fundamentais da Constituição, é impossível se compreender este afastado da proteção a vida, este expressamente previsto no Art. 5º da Constituição[10].

Diante de sua relevância, o Constituinte Originário previu um capítulo exclusivamente para tratar do tema. Trata-se do título VIII, Capítulo II, Seção II: Da Saúde, onde se identifica no art. 196 que a *saúde é um direito de todos e um dever do Estado*, restando claro que a prestação do serviço de saúde é um serviço público, podendo ser complementado pela iniciativa privada (art. 199).

Dada a relevância conferida pela Constituição de 1988 ao direito a saúde, a atividade da saúde suplementar, como serviço público delegado, assume contornos estratégicos e orientados no sentido da proteção da vida e do resguardo a incolumidade dos cidadãos.

Neste sentir, a natureza jurídica do contrato de plano de saúde, descrita no art. 1º da Lei nº 9.656/98 tem sua atividade direcionada para o atendimento do "mal futuro", ou seja, trata-se de contrato de longa duração, voltado a utilização no momento em que o beneficiário necessitar de atenção a sua saúde.

E esta natureza de contrato/serviço de longa duração foi positivada ao art. 13 da Lei nº 9.656/98[11], de onde se denota da

10 BARROS, Marcia Cristina Cardoso Barros. Contratos de Planos de Saúde: Princípios Básicos da Atividade. Série Aperfeiçoamento de Magistrados 6. Judicialização da Saúde - Parte 1. EMERJ.

11 Art. 13. Os contratos de produtos de que tratam o inciso I e o § 1º do art. 1º desta Lei têm renovação automática a partir do vencimento do prazo inicial de vigência, não cabendo a cobrança de taxas ou qualquer outro valor no ato da renovação
Parágrafo único. Os produtos de que trata o caput, contratados individualmente, terão vigência mínima de um ano, sendo vedadas:
I - a recontagem de carências;
II - a suspensão ou a rescisão unilateral do contrato, salvo por fraude ou não-pagamento da mensalidade por período superior a sessenta dias, con-

leitura atenta do texto da lei, combinado com o já mencionado anteriormente, que a regra é a manutenção do vínculo contratual, da persistência da relação, assegurando a prestação do atendimento à saúde por longa duração.

Asseveramos, por oportuno, que a alia decorrente dos sinistros ocorridos nos contratos de planos de saúde, pelas razões já expostas, não possuem paralelo com a alia convencional dos seguros, que são regidos pela SUSEP, fato este já descrito e caracterizado pela ANS.

Logo, identificamos que o contrato de plano de saúde é aquele constituído por um grupo de beneficiários, que em conjunto suportam as despesas médicas do contrato, diante das regras contratuais e legais, que asseguram a sustentabilidade do contrato.

Identificado o conceito geral relativo ao contrato, passamos a compreender as modalidades e segmentos relacionados a ele.

O marco regulador definido pela Lei nº 9.656/98, define que existem os seguintes segmentos de planos de saúde: ambulatorial, ambulatorial + hospitalar, ambulatorial + hospitalar + obstetrícia, e odontológico (Art. 12), com coberturas que se somam, portanto, não existe um contrato de plano de saúde que preveja apenas cobertura hospitalar, sem que seja conferida cobertura ambulatorial.

Diferentemente do que ocorre com o SUS, as Operadoras de Planos de Saúde não estão obrigadas a Universalidade de coberturas, mas, ao Rol de Procedimentos e Eventos em Saúde

---

secutivos ou não, nos últimos doze meses de vigência do contrato, desde que o consumidor seja comprovadamente notificado até o quinquagésimo dia de inadimplência; e

III – a suspensão ou a rescisão unilateral do contrato, em qualquer hipótese, durante a ocorrência de internação do titular

emitido pela ANS a cada dois anos. Atualmente, o Rol vigente está registrado na Resolução Normativa ANS nº 428/17[12].

Com isto, determina a legislação (Art. 10) que todas as doenças previstas no Código Internacional de Doenças (CID-10) possuem cobertura obrigatória nos contratos de planos de saúde, no entanto, somente os procedimentos e exames descritos no supra indicado Rol possuem cobertura obrigatória.

A lei sempre menciona o termo *cobertura obrigatória* haja visto que é livre as Operadoras de Planos de Saúde definirem coberturas mais amplas que aquelas registradas na regulação.

A intenção da legislação com este movimento é assegurar a capacidade de precificação dos contratos, e com isto, ajustar os prestadores que comporão produto.

Além das segmentações de contrato, a regulação ainda prevê as modalidades de contratação de planos de saúde, ou seja, aqueles que possuem elegibilidade para a contratação de planos, dividindo-os em: contratos de planos individuais ou grupo familiar, coletivo empresarial e coletivo por adesão.

Segundo o disposto na legislação, os planos individuais assim se definem: *Art. 3º Plano privado de assistência à saúde individual ou familiar é aquele que oferece cobertura da atenção prestada para a livre adesão de beneficiários, pessoas naturais, com ou sem grupo familiar.*

Ainda neste sentido, recentemente, a ANS ao reeditar o anexo da Resolução Normativa nº 360/2014, definiu esta modalidade de plano da seguinte forma: *Planos individuais ou familiares: São aqueles contratados diretamente pelo beneficiário, com ou sem seu grupo familiar.*

Portanto, o plano individual, é pode ser definido como aquele em que o consumidor/beneficiário contrata diretamen-

12 Disponível em: http://www.ans.gov.br/component/legislacao/?view=legislacao&task=TextoLei&format=raw&id=MzUwMg==

te com a Operadora de Planos de Saúde, sem a existência de vínculos com terceiros.

Já os planos coletivos, são definidos pelo anexo da supra indicada norma, da seguinte forma:

> *Planos de saúde coletivos: Se dividem em empresarial e coletivo por adesão. Os empresarias são contratados em decorrência de vínculo empregatício para seus funcionários. Os coletivos por adesão são contratados por pessoa jurídica de caráter profissional, classista ou setorial para seus vinculados (associados ou sindicalizados, por exemplo)*

Assim como o plano individual, a resolução normativa define as modalidades de planos coletivos, iniciando pelo coletivo empresarial, que segundo a referida norma, é o plano privado de assistência a saúde *que oferece cobertura da atenção prestada à população delimitada e vinculada à pessoa jurídica por relação empregatícia ou estatutária*[13].

E o coletivo por adesão, como sendo o contrato que oferece cobertura à população que mantenha vínculo com um determinado segmento de Pessoas Jurídicas de caráter profissional, classista ou setorial, definidos pela normativa[14].

Diante da criação da atenção a saúde conferida pelas Operadoras a seus beneficiários, a lei determina que todas as vezes que um beneficiário de planos de saúde for atendido em um hospital pertencente a rede SUS, deverá a Operadora ressarcir o SUS deste atendimento. Este mandamento legal registrado ao Art. 32 da Lei nº 9.656/98[15], que foi julgado recen-

13 Art. 5º da RN/ANS 195/09

14 Art. 9º da RN/ANS 195/09

15 Art. 32. Serão ressarcidos pelas operadoras dos produtos de que tratam o inciso I e o § 1º do art. 1º desta Lei, de acordo com normas a serem definidas pela ANS, os serviços de atendimento à saúde previstos nos respectivos

temente constitucional pelo Supremo Tribunal Federal – STF, possui questões que ainda são extremamente controvertidas, pautadas, dentre outros no *bis in idem* haja visto que os beneficiários de planos contribuem com o sistema previdenciário, e por conseguinte, com o SUS.

E neste sentir, as Operadoras quando retiram o paciente do SUS agem de acordo com sua função social, asseverando-se que preço pago pelo beneficiário considera os repasses que são feitos pela OPS ao Estado, na forma de tributos e demais obrigações. Com isto, a Operadora já "internaliza" o custo social do Ressarcimento ao SUS quando da formação do preço (desoneração do Estado no atendimento do paciente) e no pagamento de tributos e demais obrigações ao Estado.

Apesar disto, no julgamento da Ação Direta de Inconstitucionalidade (ADI) nº 1.931, destacou o Exmo. Relator, Ministro Gilmar Mendes: *o tratamento em hospital público não deve ser negado a nenhuma pessoa, considerada a universalidade do sistema. Porém, observou que, se o Poder Público atende a particular em virtude de situação incluída na cobertura contratual,* ***deve o SUS ser ressarcido tal como faria o plano de saúde em se tratando de hospital privado****. "A norma impede o enriquecimento ilícito das empresas e a perpetuação de modelo no qual o mercado de serviços de saúde submeta-se unicamente à lógica do lucro, ainda que às custas do erário".*

Afastada a controvérsia, o Sistema Único identifica os atendimentos prestados a beneficiários de planos de saúde e os reúne em processos chamados de *Aviso de Beneficiário Identificado* (ABI), notificando as Operadoras para que promovam o paga-

contratos, prestados a seus consumidores e respectivos dependentes, em instituições públicas ou privadas, conveniadas ou contratadas, integrantes do Sistema Único de Saúde - SUS.

mento com base no Índice de Valoração do Ressarcimento[16] ou impugnem o processo.

Como se identifica o sistema de saúde suplementar no Brasil possui contornos complexos, e com números de grandeza que impressionam por seu volume[17]:

Beneficiários	Variação no mês	Taxa de cobertura	Operadoras em Atividade	Operadoras Ativas com beneficiários	Planos Ativos
47.318.948	0,08%	24,39%	779	753	18.849

Beneficiários por tipo de contratação	
Individual ou Familiar	9.122.202
Coletivo	38.043.951
Coletivo Empresarial	31.614.683
Coletivo por adesão	6.427.911
Coletivo não identificado	1.357
Não identificado	152.795

Demandas do consumidor	
Informação	20.504
Reclamação	8.457
Contratos e Regulamentos	1.795
Cobertura	6.007
Outros Temas	39
Mensalidades e Reajustes	616

Operadoras com planos ativos por tipo de contratação	
Individual ou Familiar	491
Coletivo Empresarial	626
Coletivo por adesão	550

Receita/Despesa no Ano	2°Tri/2017	1°Tri/2018
Receita de contraprestações	42.352.477.088	44.867.213.346
Outras receitas operacionais	4.088.236.311	3.975.469.016
Despesa assistencial	34.479.391.165	36.832.458.390
Despesa administrativa	4.476.913.856	4.449.208.983
Despesa comercialização	1.263.135.363	1.272.380.314
Outras despesas operacionais	4.176.623.242	4.286.666.642
Taxa de sinistralidade	81.4%	82.1%

E esta grandeza em números faz da saúde suplementar no Brasil um mercado extremamente regulado e discutido, apesar dos pouquíssimos trabalhos científicos e centros de pesquisa disponíveis.

3. SEGUROS SAÚDE EM PORTUGAL

No que concerne a questão dos seguros de saúde em Portugal, iniciamos nossas colocações pelas semelhanças nos sistemas constitucionais quanto a promoção da saúde, ainda afirmando ser impossível afastar o acesso a saúde ao atendi-

16 Atualmente equivalente a 1,5 vezes o valor da tabela SUS para o procedimento/exame/evento identificado.

17 Dados obtidos na *Sala de Situação* da Agência Nacional de Saúde Suplementar. Disponível em: http://www.ans.gov.br/perfil-do-setor/dados-e-indicadores-do-setor/sala-de-situacao

mento do direito fundamental da defesa da vida, fato este que aproxima os institutos jurídicos de ambos os países.

No entanto, a Magna Carta do Estado Português preconiza que a saúde pública será *tendencialmente gratuita*, abrindo margem para a cobrança de fatores moderadores (co-participações ou franquias). Assim como no Estado Brasileiro, existem questões que precisam ser dirimidas pelo Sistema Nacional de Saúde - SNS, a fim de assegurar a inclusão dos cidadãos nos programas de saúde[18].

E nestes espaços, ganham relevo os prestadores privados, que como no Brasil e tendem a se organizar por meio de contratos de seguros de saúde, com coberturas que preencham o *gap* do Estado.

No entanto, identificamos que em Portugal a relação com estas empresas de promoção a saúde possuem relevo na alia própria das seguradoras, e por conseguinte, submetem-se ao Instituto de Seguros de Portugal, criado pelo Decreto-Lei nº 302/82.

O referido instituto, segundo a referida normativa, possui personalidade jurídica própria com autonomia administrativa, financeira e patrimônio próprio, tal qual as Agências Reguladoras no Brasil.

O Decreto-Lei nº 72/2008 descreve em seu Artigo 213º o que seria o Seguro Saúde, assim determinando: *No seguro de saúde, o segurador cobre riscos relacionados com a prestação de cuidados de saúde.*

A norma que conceitua o contrato merece atenção porque aponta para a completa diferença entre os conceitos de contratos de planos de saúde no Brasil e em Portugal. E isto porque, enquanto aquele tem natureza de *poupança popular para atenção ao mal futuro*, logo depende do conjunto de beneficiários

18 ARNAUT, António. Salvar o SNS uma nova lei de bases da saúde para defender a democracia. Ed. Porto: 2017

inscritos no contrato para seu suporte financeiro, no Estado Portugues, o risco e, por isto, a alia do contrato, pertencem integralmente a Seguradora.

Esta distinção no conceito do contrato explica distinção entre os sistemas jurídicos, e a sua regulação juntamente com a matéria relativa aos seguros gerais. De certo que o legislador tem mais cuidado na formulação do contrato dada a sua relevância, fato este que se identifica do Artigo 214º[19]

A norma portuguesa traz as regras gerais do contrato, fixando clausulas básicas e a atenção ao respeito aos direitos do consumidor e o dever de informação das Seguradoras, fatos estes relevantes e que podem importar na nulidade da disposição contratual.

Chama ainda atenção clausulas de permanência (Artigo 217º, 1), onde se fixa a manutenção do contrato por mais dois anos até *esgotado no último período de vigência do contrato,* fatos estes relevantes e que asseguram direitos dos usuários, bem como demonstram que o contrato pode ser estabelecido pela constituição de um fundo de capital segurado, fato este não previsto ou autorizado na legislação brasileira.

E esta questão tem sua fundamentação em evitar que o segurado fique desguarnecido do seguro em razão de doença que está em tratamento, por ocasião do termo final do contrato[20].

Outro ponto relevante de distinção está na liberdade de fixação das coberturas, onde incumbe ao contrato a fixação das coberturas médicas, não havendo uma regulação que fixe as coberturas mínimas do contrato, ou estabeleça prazo de cobertura, etc. Trata-se de livre pactuação entre as partes do contrato.

19 CORDEIRO, Antonio Menezes. Direitos dos Seguros. 2ª Edição. Ed. Almedina: 2016

20 CORDEIRO, Antonio Menezes. Direitos dos Seguros. 2ª Edição. Ed. Almedina: 2016

Esta liberdade de contratar já teve frente no Brasil, antes da edição da Lei nº 9.656/98, no entanto, dadas as deficiências do SUS, a regulação mostrou-se absolutamente necessária.

Isto nos remete a bem fundamentada colocação de Joao Semedo[21], ao afirmar: *Na saúde, o SNS e os privados funcionam como um sistema de vasos comunicantes: o que o SNS não faz, faz o privado, enquanto o SNS recua e regride, o privado cresce.* E como o já afirmado em linhas anteriores, esta é a lógica dos sistemas de saúde, não sendo diferente em Portugal.

Em continuidade, além das seguradoras, na pesquisa que realizamos identificamos que o Estado Portugues possui o equivalente brasileiro a uma Operadora da modalidade de Autogestão, trata-se da Direção Geral de Proteção Social aos Trabalhadores em Funções Públicas (ADSE – Assistência na Doença aos Servidores Civis do Estado).

Segundo a ADSE[22], o mesmo funciona reunindo os servidores públicos e suportando as despesas médicas decorrentes dos atendimentos médicos relacionados aos seus associados. A ADSE ainda ressarce os atendimentos realizados pela SNS, fato este muito semelhante ao instituto do ressarcimento ao SUS brasileiro.

4. CONCLUSÃO

Identificamos pela legislação que existem grandes distinções entre os sistemas de saúde suplementar/securitário entre os países, e estas diferenças certamente se justificam em razão das diferenças sociais e estruturais entre os países.

21 ARNAUT, António. Salvar o SNS uma nova lei de bases da saúde para defender a democracia. Ed. Porto: 2017

22 Disponível em https://www2.adse.pt/wp-content/uploads/2017/07/RELATORIO-ACTIVIDADES-2016.pdf

Notamos que a legislação brasileira possui maior regulação, controlando os contratos em diversos níveis, reduzindo a liberdade de contratação dos planos com viés a assegurar a longa permanência do contrato.

Diferentemente do Brasil, Portugal possui um sistema de saúde mais organizado, que apesar das críticas identificadas, ainda assegura acesso a saúde pública de forma mais ampla, abrindo poucas margens aos seguros privados, que em verdade, ganham espaço na atenção básica, ou seja, na realização de consultas médicas e exames.

5. REFERÊNCIAS BIBLIOGRÁFICAS

BARROS, Marcia Cristina Cardoso Barros. Contratos de Planos de Saúde: Princípios Básicos da Atividade. Série Aperfeiçoamento de Magistrados 6. Judicialização da Saúde – Parte 1. EMERJ

CORDEIRO, Antonio Menezes. Direitos dos Seguros. 2ª Edição. Ed. Almedina: 2016

ARNAUT, António. Salvar o SNS uma nova lei de bases da saúde para defender a democracia. Ed. Porto: 2017

CONSENTIMENTO INFORMADO E A PRÁTICA MÉDICA: UMA PERSPECTIVA BRASILEIRA

Juliano de Aguiar Pessoa

CONSIDERAÇÕES INTRODUTÓRIAS

Atualmente, a obrigação do médico prestar uma boa e adequada informação ao paciente ou a seu representante, ganhou novos contornos e consiste um dever inescusável que deve ser cuidadosamente observado por este profissional.

Ao cumprir esta tarefa e possibilitar que o enfermo exerça livremente a sua tão necessária autonomia, através de uma escolha livre e esclarecida, o profissional adequa-se a um dos pilares mais importantes atualmente na relação médico-paciente.

O acesso à informação é condição indispensável e resguardada no ordenamento jurídico brasileiro. Sendo assim, não deve ser afastado do enfermo este direito, sob pena do médico se imiscuir, indevidamente, no livre exercício da autonomia de seu paciente.

Não se concebe mais a ultrapassada relação que outrora vigorou em todo o mundo, onde o médico era um ser supremo e jamais poderia ser contestado. Esse formato, cedeu espaço para uma relação mais equilibrada, transparente e horizontalizada.

O foco precípuo passou a ser a melhor prestação de serviço possível, sempre calcada numa compreensível e bem explicitada informação, propiciando ao enfermo participar ativamente do processo decisório envolvendo a sua saúde.

Esta mudança de postura é tão evidente atualmente que, em alguma medida, ao tratarmos dessas questões, parece-nos inevitável a sensação de redundância, haja vista a obviedade destes aspectos na sociedade contemporânea.

Por outro lado, é importante enfatizar que nem sempre foi assim. Em outros tempos não se assimilava facilmente a ideia de que a intervenção médica deveria ser precedida de um consentimento por parte do paciente, bem como que o respeito à sua autodeterminação seria algo tão valorado.

Eduardo Dantas[1] assevera com clareza essa distinção:

> "(...) Nem sempre foi assim. Para compreender o momento atual, é preciso encará-lo, antes, em perspectiva histórica. Os primeiros séculos da história da medicina foram marcados por uma posição de superioridade dos detentores do conhecimento médico sobre os pacientes leigos. A arte médica era vista como algo divino, sobrenatural, e pouco ou quase nenhum questionamento existia com relação às decisões e determinações daqueles agraciados com o dom do conhecimento".
>
> "A ideia de que o paciente possuía direitos atinentes a sua condição de ser humano começou a ganhar corpo a partir das Revoluções Francesa e Industrial. Paulatinamente, o médico foi perdendo o caráter divino e assumindo a forma de um profissional comum, sujeito a falhas e a questiona-

1 DANTAS, Eduardo. Direito Médico / Eduardo Dantas – 4ª ed. rev. ampl. e atual. – Salvador: Editora JusPodium, 2019, p. 107.

> mentos. Ao mesmo tempo, massificação e a despersonalização do atendimento – figuras presentes nas últimas décadas – inseriram de vez no cotidiano da saúde os conceitos de responsabilidade ética, civil e criminal, fazendo com que os conceitos inerentes ao prévio consentimento fossem enraizados e estabelecidos de maneira definitiva na relação médico x paciente."

Percebe-se, ao retroagirmos alguns anos, que a relação médico-paciente era totalmente hierarquizada e permeada por uma autoridade inquestionável do profissional detentor do conhecimento. Do outro lado, estava o leigo (paciente), e restava a este apenas aquiescer a todos os mandamentos de seu médico, sem jamais ousar questioná-lo.

Não havia participação no processo decisório. Ao paciente cabia tão somente aguardar as determinações a serem seguidas, porém, sem existir qualquer tipo de consulta. O profissional não tinha qualquer dever de investigar a vontade do paciente e, em verdade, esta não interessaria muito.

Nesse sentir, discorre com maestria Carlos Emmanuel Joppert Ragazzo[2]:

> "Os médicos enxergavam o paciente como uma verdadeira criança, que deveria ser isolada desse processo decisório para o seu próprio bem."

Paulatinamente este contexto foi se alterando e passando por importantes modificações em países como Inglaterra e França. Essas alterações, naturalmente, impactaram o mundo inteiro, já que, antes mesmo de surgir a doutrina americana, na Europa já se falava na importância de ocorrer a prática da obtenção do consentimento do paciente.

---

2 RAGAZZO, Carlos Emmanuel Joppert. O dever de Informar dos Médicos e o Consentimento Informado. Curitiba: Juruá Editora, 4ª tiragem, 2009, p. 40.

Apesar dessas notáveis e importantes transformações, no Brasil, por exemplo, ainda existem grandes avanços a serem perseguidos no campo do dever de informação e do respeito à autodeterminação do paciente, sob o ponto de vista prático.

Diante de sua dimensão territorial - o que provavelmente traz uma maior dificuldade -, ainda é possível encontrar profissionais resistentes ao cumprimento desta obrigação, aliado ao fato da informação ainda não alcançar satisfatoriamente boa parte da população.

Com os avanços conseguidos nesta área, e diante da massificação de informação que temos hoje, torna-se inconcebível tais práticas ainda perdurarem no tempo e na vida de diversos brasileiros.

Enquanto isso ocorre no Brasil, podemos citar o exemplo de Portugal onde existe previsão no Código Penal Português da aplicação de pena de até 3 (três) anos de prisão para o médico que realizar intervenções ou tratamentos sem o consentimento do paciente.

1. CLASSIFICAÇÃO JURÍDICA DA RELAÇÃO MÉDICO-PACIENTE

1.1. Características Jurídicas da Responsabilidade Civil

Não é de hoje que a doutrina faz considerações acerca da natureza jurídica, sobre a aferição quais seriam contratual ou extracontratual. Nesses ricos debates, há aqueles que asseveram que tal discussão, apesar de relevante, é meramente acadêmica, pois, na prática, independentemente do tipo de caracterização, no caso do médico, havendo comprovação de culpa, ele irá responder pelos danos.

É cediço que, no tocante a Responsabilidade Civil, é necessário que haja a adequação e a união de quatro elementos, que seriam: a ação ou omissão do agente, a culpa ou mesmo o dolo, a relação ou o nexo de causalidade e, por fim, o dano em si.

Quando analisa-se uma relação contratual, o agente é responsabilizado por uma prévia pactuação existente entre as partes, ou seja, por haver um contrato que fora avençado. Portanto, em razão deste vínculo e do descumprimento de uma das cláusulas pactuadas, surgirá a chamada Responsabilidade Civil Contratual.

Doutra banda, no que concerne a Responsabilidade Civil Extracontratual, ou amplamente conhecida no Brasil como aquiliana, não há, entre agente e vítima, um prévio ajuste, mas tão somente uma obrigação que surge após o descumprimento de um dever legal por parte do agente causador do dano, por ação ou omissão, bem como pela junção dos demais elementos caracterizadores.

Ao analisar-se a legislação brasileira atinente ao caso, mas especificamente o artigo 186 do Código Civil Brasileiro, observar-se-á que ambas as responsabilidades lá expendidas, encontram-se genericamente previstas no dispositivo legal que transcreve-se abaixo:

> "Art. 186. Aquele que, por ação ou omissão voluntária, negligência ou imprudência, violar direito e causar dano a outrem, ainda que exclusivamente moral, comete ato ilícito.[3]"

Assim sendo, constata-se que a diferença basilar entre as duas figuras da Responsabilidade Civil reside no fato da Responsabilidade Civil Contratual subsistir de um contrato que fora pactuado e vincula as partes, enquanto que a Responsabilidade Civil Extracontratual surgirá, como exposto, de um dever legal que deve obrigatoriamente ser observado pelo agente.

No Brasil, a doutrina considera possível a responsabilização civil que afronte duas fontes obrigacionais, que seria a

3 BRASIL. Código Civil. Art. 186. Disponível em: http://www.planalto.gov.br/CCivil_03/Leis/2002/L10406.htm. Acesso em 04 de Novembro de 2019, às 11h30m.

inobservância de texto legal e o descumprimento de previsão contratual. Nesse sentir, assevera Eduardo Dantas[4]:

> "Nossa doutrina desenvolveu-se no sentido de considerar passível de responsabilização civil a violação de duas fontes de obrigação; a inobservância de textos legais e o descumprimento da norma contratual.
>
> Posteriormente, com o estabelecimento da indenização por dano moral alçado a elemento constitucional, através do advento da Constituição Federal de 1988, e com a responsabilidade objetiva prevista no Código de Defesa do Consumidor, de 1990, nova era de direitos veio a se estabelecer no país, no tocante à responsabilidade civil, consoante já verificado em trabalhos anteriores, de nossa autoria."

Porém, ainda que o médico não tenha previamente contratado com o enfermo/paciente, como comumente acontece nos mais diversos atendimentos ambulatoriais e de urgência nos hospitais públicos e privados, ele terá que atender com toda a presteza e técnica necessárias, sob pena de responsabilização.

O notável Cretella Júnior assevera, de maneira precisa e detalhada sobre o sentido da obrigação, destacando tratar-se de um compromisso presente que projeta-se para o futuro:

> "Na língua latina, o vacábulo obligatio, formado de ob+ligatio, encerra a ideia de laço, liame, evocando a época primitiva em que duas pessoas se ligaram por um laço. Feito um compromisso, no campo, para ser cumprido momentos depois, na cidade, ou em outro lugar, o credor amarrava a pessoa do devedor à sua própria pessoa, para que o obligatus, ao chegar ao destino, cumprisse o prometido."[5]

---

4 DANTAS, Eduardo. Direito Médico / Eduardo Dantas – 4ª ed. rev. ampl. e atual. – Salvador: Editora JusPodium, 2019, p. 57.

5 CRETELLA JÚNIOR, José. Direito Romano. São Paulo: RT, 1966. p. 171.

Dando continuidade a narrativa, coloca ainda que:

> "Neste instante, desatava-se, desamarrava-se, dissolvia-se (de sólvere, sóluo; em grego luo), o laço concreto que lembrava ao devedor seu compromisso com o credor. O devedor quebrava o ligatio, liberando-se materialmente e, pois, moralmente da obrigação ou ligação assumida."[6]

Aliado a isso, destaque-se algumas mudanças no universo do contrato ao longo do tempo, como, por exemplo, o surgimento e a consequente inclusão da cláusula de boa-fé objetiva. Com ela, várias obrigações assessórias surgiram. Uma delas é extremamente relevante para o tema em debate, que é o dever de informar/esclarecer.

Então, atualmente, percebe-se com facilidade as inúmeras obrigações que permeiam a relação médico-paciente e que cravam de maneira firme e com amplo acervo os deveres e obrigações que devem ser observados e seguidos.

Vale destacar que esta relação está envolta nos preceitos fundamentais contidos na Carta Magna. Hodiernamente, é pacífico o fato de se analisar esta relação sob a ótica constitucional, mas nem sempre foi assim.

É possível destacar o princípio da dignidade da pessoa humana que é um dos grandes pilares da Constituição brasileira, insculpido em seu artigo primeiro, inciso terceiro, logo ao tratar dos princípios fundamentais garantidos a todos.

Além deste, outros artigos da constituição também resguardam diversos direitos, mormente no quesito de ser dever do Estado a defesa e a proteção do consumidor, em clara demonstração de reconhecer a necessidade de prestar-lhe especial tratamento.

---

6 CRETELLA JÚNIOR, José. Direito Romano. São Paulo: RT, 1966. p. 171.

Abaixo, pode-se observar de maneira mais didática alguns artigos que oferecem a referida proteção e que são amplamente utilizados em inúmeras demandas que tramitam no Poder Judiciário. Vejamos:

> "Art. 1º A República Federativa do Brasil, formada pela união indissolúvel dos Estados e Municípios e do Distrito Federal, constitui-se em Estado Democrático de Direito e tem como fundamentos:
>
> III – a dignidade da pessoa humana;"[7]
>
> "Art. 170. A ordem econômica, fundada na valorização do trabalho humano e na livre iniciativa, tem por fim assegurar a todos existência digna, conforme os ditames da justiça social, observados os seguintes princípios:
>
> V – defesa do consumidor;"[8]
>
> "Art. 5º Todos são iguais perante a lei, sem distinção de qualquer natureza, garantindo-se aos brasileiros e aos estrangeiros residentes no País a inviolabilidade do direito à vida, à liberdade, à igualdade, à segurança e à propriedade, nos termos seguintes:
>
> XXXII – o Estado promoverá, na forma da lei, a defesa do consumidor;"[9]

Assim sendo, não permite-se o afastamento destes princípios e garantias, pois, estar-se-ia ferindo frontalmente à Constituição. O entendimento contemporâneo e majoritário é

7 BRASIL. Constituição da República Federativa do Brasil. Disponível em: http://www.planalto.gov.br/ccivil_03/constituicao/constituicao.htm. Acesso em 03 de Novembro de 2019, às 11h20m.

8 BRASIL. Constituição da República Federativa do Brasil. Disponível em: http://www.planalto.gov.br/ccivil_03/constituicao/constituicao.htm. Acesso em 03 de Novembro de 2019, às 11h20m.

9 BRASIL. Constituição da República Federativa do Brasil. Disponível em: http://www.planalto.gov.br/ccivil_03/constituicao/constituicao.htm. Acesso em 03 de Novembro de 2019, às 11h20m.

de oferecer status de norma constitucional à defesa do consumidor, levando em consideração o que fora externado de maneira inequívoca no próprio texto da carta magna.

Quando analisamos a relação médico-paciente, é necessário aplicar todos esses princípios abarcados pelo nosso ordenamento, e não poderia ser diferente, já que, no Brasil, é pacífico o fato desta relação estar amparada pelo código de consumo.

Essa importante evolução da legislação brasileira foi objeto de recentes considerações do professor Eduardo Dantas, na última atualização da 4ª edição de sua obra Direito Médico:

> "No Brasil, as duas últimas décadas do século XX representaram um considerável avanço quando à regulação das relações de consumo e proteção do consumidor, como amadurecimento natural dos meios de proteção da sociedade de massas.
> A Constituição Federal promulgada em 1988, elevou à condição de garantia constitucional a defesa do consumidor. Foi expresso seu artigo 5º, inciso XXXII, ao afirmar: 'O Estado promoverá, na forma da lei, a defesa do consumidor.' Esta foi a primeira manifestação importante do legislador no sentido de reconhecer a vulnerabilidade do cidadão comum nas relações de consumo.
> Também na Carta Magna, foi a defesa do consumidor alçada a condição de princípio da atividade econômica, consubstanciada em seu artigo 170, V.
> Dois anos depois, e em atenção aos princípios constitucionais que assim determinavam, promulgou o Estado o assim chamado Código de Defesa do Consumidor (Lei nº 8.078, de 11 de setembro de 1990). Esta lei tornou-se um marco no sistema jurídico nacional, não só por suas qualidades, mas pela forma como foi absorvida pelo cidadão comum, que nela encontrou instrumento capaz de fazer prevalecer alguns de seus direitos de cidadania mais elementares."[10]

10 DANTAS, Eduardo. Direito Médico / Eduardo Dantas – 4ª ed. rev. ampl. e atual. – Salvador: Editora JusPodium, 2019, p. 62-63.

Outrossim, com destacável precisão, Calado, em sua obra Responsabilidade Civil do Médico e o Consentimento Informado, destaca este conceito de maneira transparente:

> "Assim, ao serem violadas as normas de ordem pública e interesse social contidas no CDC, estar-se-á, na verdade, violando princípios constitucionais fundamentais, noção esta que o operador do direito precisa ter em mente ao interpretar e aplicar o direito do consumidor."[11]

A notável Cláudia Lima Marques, também explana sobre as diferenças contidas na proteção do consumidor brasileiro e ressalta o modelo sui generis adotado, principalmente no que concerne à proteção e ao tratamento diferenciado, defendendo que o Código de Defesa do Consumidor e o Código Civil coexistem e se complementam.

> "Se tivéssemos que utilizar uma figura de linguagem para descrever o modelo **sui generis** brasileiro, o direito privado brasileiro reconstruído pela Constituição de 1988 seria semelhante a um edifício. O Código Civil de 2002 é a base geral e central, é o próprio edifício, em que todos usam o corredor, o elevador, os jardins, é a entrada comum a civis, a empresários e a consumidores em suas relações obrigacionais. Já o CDC é um local especial, só para privilegiados, é como o apartamento de cobertura: lá existem privilégios materiais e processuais para os diferentes, que passam por sua porta e usufruem de seu interior, com piscina, churrasqueira, vista para o rio ou mar e outras facilidades especiais. Na porta da cobertura só entram os convidados: os consumidores, os diferentes, em suas relações mistas com fornecedores. Sustentando conceitualmente o

---

11 CALADO, Vinicius de Negreiros. Responsabilidade Civil do Médico e o Consentimento Informado: um estudo interdisciplinar dos julgados do STJ. Ed. Curitiba: Juruá, 2014, p. 79.

privilégio ou como base do CDC, está o CC/2002, com seus princípios convergentes (boa-fé, combate ao abuso, à lesão enorme, à onerosidade excessiva etc.), sempre prontos a atuar subsidiariamente. (grifo original)"[12]

Nesse tocante, importante destacar que, além do Código de Defesa do Consumidor, o Código Civil também oferece um enfoque direto e expresso na responsabilização do profissional médico, nos casos em que atuar com negligência, imprudência e imperícia. Isto está posto no artigo 951:

> "Art. 951. O disposto nos arts. 948, 949 e 950 aplica-se ainda no caso de indenização devida por aquele que, no exercício de atividade profissional, por negligência, imprudência ou imperícia, causar a morte do paciente, agravar-lhe o mal, causar-lhe lesão, ou inabilitá-lo para o trabalho."[13]

O artigo 15, do mesmo diploma legal, também versa sobre o tratamento médico e destaca que "ninguém pode ser constrangido a submeter-se, com risco de vida, a tratamento médico ou a intervenção cirúrgica."[14]

Como vê-se, o artigo faz erigir a autonomia do paciente no que diz respeito aos procedimentos e intervenções em seu corpo e sua saúde. Em verdade, é direito do paciente consentir, ou não, a tais procedimentos, não podendo ser privado desta escolha, e muito menos ser submetido compulsoriamente.

---

12 MARQUES. Cláudia Lima. Superação das Antinomias pelo Diálogo das Fontes: o modelo brasileiro de coexistência entre o Código de Defesa do Consumidor e o Código Civil de 2002. Revista de Direito do Consumidor. São Paulo: RT, v. 51, jul/set. 2004, p. 34-67. p. 56.

13 BRASIL. Código Civil. Art. 951. Disponível em: http://www.planalto.gov.br/CCivil_03/Leis/2002/L10406.htm. Acesso em 04 de Novembro de 2019, às 11h30m.

14 BRASIL. Código Civil. Art. 15. Disponível em: http://www.planalto.gov.br/CCivil_03/Leis/2002/L10406.htm. Acesso em 04 de Novembro de 2019, às 11h30m.

1.2. O Paternalismo da Medicina

Importante destacar que o enfoque deste tópico não é exaurir ou mesmo desenvolver um estudo amplo e aprofundado sobre a ciência da medicina, mas sim, de maneira objetiva, oferecer uma noção clara da mudança e da quebra de paradigma que os profissionais experimentaram ao longo dos últimos anos.

O universo que cerca o médico e o paciente sempre foi envolvido por uma relação onde o paciente pouco poderia contribuir. Em verdade, não havia espaço para a sua participação, até porque, o detentor de todo o conhecimento técnico e das melhores escolhas era o médico.

O paciente sempre fora historicamente excluído desse processo. Vale ressaltar que, à época, esta era uma postura comum e tudo isso acontecia para o próprio bem do paciente e para a preservação de sua saúde.

Carlos Emmanuel Joppert Ragazzo apregoa com precisão:

> "Os médicos enxergavam o paciente como uma verdadeira criança, que deveria ser isolada desse processo decisório para o seu próprio bem."[15]

Portanto, não tratava-se de postura desidiosa dos profissionais, mas sim de um comportamento adequado ao seu tempo. Naquele período, acreditava-se que a melhor configuração para preservar o paciente e cumprir as determinações da beneficência médica, seria excluí-lo para protegê-lo.

Diante desse contexto, é óbvio que o paciente jamais poderia contestar qualquer estratégia planejada, tendo em vista que a este restava apenas cumprir o que fora prescrito por seu médico.

---

15 RAGAZZO, Carlos Emmanuel Joppert. O dever de Informar dos Médicos e o Consentimento Informado. Curitiba: Juruá Editora, 4ª tiragem, 2009, p. 40.

Para os padrões atuais, algo assim seria totalmente inaceitável pela maioria dos pacientes. Mas, no período, a sociedade estava bem distante, mormente no que concerne às mudanças tecnológicas, que trouxe amplo acesso a informação e propiciou uma verdadeira revolução nessa relação.

Apesar disso, nota-se que ainda existem profissionais que não se desvincularam dessa postura paternalista e tentam, ainda hoje, impor ao paciente uma relação onde ele praticamente não exerce influência sobre as decisões.

Muitos acreditam que o paciente não poderia contribuir muito na parte técnica, mas o que estes profissionais ainda não perceberam, é que não é este tipo de contribuição que busca-se, mas a preservação do exercício da autonomia.

O exercício de libertar-se da cultura paternalista da medicina tem que ser diário. É natural que o detentor do conhecimento se sinta seduzido a determinar os caminhos, mas os tempos são outros e esta mudança de comportamento faz-se extremamente necessária, sob pena de arcar com ônus por agir de modo diverso.

1.3. Mudança no Comportamento dos Pacientes

As alterações na relação médico-paciente são enormes e com consequências práticas e diretas. Se analisarmos da revolução industrial até os dias atuais, as transformações são, em certa medida, espantosas.

Não há dúvidas que a globalização e a vertiginosa expansão das ferramentas tecnológicas trouxeram muita coisa boa para a ciência e para a medicina, mas também ocasionaram um certo distanciamento entre médico e paciente.

Sobre essa perspectiva, assevera com propriedade o douto Carlos Emmanuel Joppert Ragazzo, destacando a postura defensiva de alguns profissionais médicos:

> "O médico tende a substituir a conversa mais extensa com o paciente por pedidos de exames, por vezes excessivos

diante dos sintomas apresentados, até mesmo para se defender de possíveis demandas judiciais, o que comumente se chama de medicina defensiva."[16]

Consoante destaca o autor, existe um receio geral e inconsciente de alguns profissionais sobre a possibilidade de ter que defender-se de um processo judicial. Essa tensão trazida para a relação é mais nociva do que se imagina, e precisa ser bem trabalhada pelas partes.

O paciente atualmente é bem mais informado, atento as mudanças e novidades da ciência contemporânea. Porém, apesar disso, também passou a ser mais imediatista e questionador, por acreditar que detém fácil acesso ao conhecimento que seu médico adquiriu ao longo de anos de estudo.

Nos dias de hoje, não é incomum ouvir, por exemplo, que determinada pessoa sentiu-se mal e recorreu a alguma plataforma digital de pesquisa, antes mesmo de agendar uma consulta com um médico. Por vezes, essa mesma pessoa chega ao consultório sugerindo diagnósticos e possíveis tratamentos.

Este tipo de comportamento tem potencial de causar divergências e insatisfações. O profissional médico, além de todas as habilidades técnicas inerentes à sua atividade, precisa ser dotado mais do que nunca de uma boa habilidade interpessoal, no intuito de mitigar os possíveis conflitos que possam surgir.

No Brasil, há alguns anos, discute-se muito a chamada "judicialização da saúde" e seus reflexos na relação entre médicos e pacientes. Numa primeira análise, é comum pensar que por estar melhor informado, o paciente passou a ter maior facilidade na constatação de possíveis erros. Mas não é bem assim.

Apesar de haver certo sentido no raciocínio, é preciso enxergar o crescente número de pacientes pouco tolerantes, crí-

16 RAGAZZO, Carlos Emmanuel Joppert. O dever de Informar dos Médicos e o Consentimento Informado. Curitiba: Juruá Editora, 4ª tiragem, 2009, p. 46.

ticos e prontos para propor uma demanda, caso julguem que a conduta do profissional foi inadequada, sem necessariamente estar amparado numa opinião de um operador do Direito.

Não se pretende, aqui, afirmar que não há erros por parte dos profissionais. Eles existem. O intuito é chamar a atenção para o fato de que novos componentes passaram a fazer parte desta relação. Essas duas faces, atualmente, existem na sociedade brasileira.

Por conseguinte, independentemente de se estar do lado do médico ou do lado do paciente, uma corrente começa a ganhar força, que é que defende a necessidade de melhora urgente na comunicação entre esses personagens.

Só assim, entendemos, haverá uma verdadeira evolução na prestação dos serviços. Por óbvio, esta postura deve partir inicialmente do profissional que conduz a relação, não podendo transferir este ônus ao paciente, que, na maioria das vezes, chega fragilizado e necessitando de cuidados.

2. OBRIGAÇÃO DE INFORMAR DO PROFISSIONAL MÉDICO

2.1. Aspectos Jurídicos do Dever de Informar do Médico

Atualmente, há um claro consenso no sentido de reconhecer que a distinção entre um aconselhamento profissional - também inerente a relação médico-paciente - e a efetiva prestação da informação adequada e que propicie uma escolha consciente do paciente.

Sobre esse contexto, inclusive, enfatiza Carlos Emmanuel Joppert Ragazzo:

> "o dever de prestar informações diz respeito ao esclarecimento sobre diagnóstico, prognóstico, alternativas de tratamento, riscos e benefícios, entre outros dados, visando a possibilitar ao paciente a tomada de uma decisão informada quanto ao procedimento médico a ser adotado."[17]

17 RAGAZZO, Carlos Emmanuel Joppert. O dever de Informar dos Médicos e o Consentimento Informado. Curitiba: Juruá Editora, 4ª tiragem, 2009, p. 63.

Desta forma, não há mais espaço para omitir informações do paciente. É direito deste participar ativamente do processo que diz respeito à sua saúde e aos procedimentos aos quais será submetido, visando manter intacta a sua autodeterminação.

Além disso, após o reconhecimento da relação de consumo, a prestação de serviços envolvendo médico e paciente passou a ser tratada por uma perspectiva de maior robustez das garantias do paciente, mas, sem com isso eliminar a característica subjetiva da responsabilidade do médico.

Ademais, o fato de informar adequadamente o paciente não pode ser encarado pelos profissionais como uma ferramenta de defesa de uma possível demanda judicial proposta no futuro.

A escolha por informar adequadamente, deve surgir da conscientização do profissional, por ser cumpridor do seu Código de Ética. Quando o profissional compreende este aspecto, naturalmente surge a empatia tão esperada.

2.2. Dever de Informar: Código de Defesa do Consumidor e Código de Ética Médica

O Código de Ética Médica tem como sujeito passivo o profissional médico em todas suas facetas, abrangendo desde a atuação médica mais conhecida, até as relacionadas a atividade de pesquisa, extensão, ensino e a própria relação entre os profissionais da categoria.

Conforme destacou-se anteriormente, entre as mudanças ocorridas na relação médico-paciente tem-se o fato de não ser mais cabível a estrutura hierarquizada de outrora. O paciente é figura central do tratamento, devendo participar ativamente do processo decisório do início ao fim.

Em outros tempos, tal condição inexistia. Os autores Eduardo Dantas e Marcos Coltri discorrem sobre essa perspectiva:

> "Tal atitude representa uma grande mudança na maneira de encarar o papel médico – salvar vidas humanas a qual-

> quer custo –, passando a atribuir ao paciente ou seu representante legal parcela de responsabilidade quanto às decisões e consequências de seu tratamento."[18]

As informações prestadas não resumem-se somente ao procedimento a ser realizado, mas agrega-se a um contexto bem mais amplo, como informar claramente o paciente sobre a estratégia dc tratamento, o prognóstico, o diagnóstico, as alternativas, bem como os seus respectivos riscos e benefícios, tudo isso numa linguagem inteligível.

Como constata-se, o intuito da prestação desta informação adequada é propiciar ao paciente a preservação de sua autonomia, além de possibilitar-lhe uma tomada de decisão nutrida de todos os detalhes relevantes para a realização de tal escolha.

A doutrina, ao dedicar-se a este tema, faz considerações através do víeis constitucional, tendo em vista que o direito à informação é um dos direitos fundamentais resguardados pela carta magna e que dialoga com outros direitos fundamentais, como o da dignidade da pessoa humana.

O notável jurista Paulo Lôbo nos traz importante lição nesse tocante:

> "Na era da informação, justamente a informação é erigida em direito fundamental do consumidor, de cada cidadão, no plano mais elevado que o sistema jurídico pôde desenvolver, de modo a que a tutela jurídica arme-o de condições para o exercício da liberdade de escolha como contrapartida ao mercado massificado que tende a todos submeter à sua lógica".[19]

---

18 DANTAS, Eduardo. COLTRI, Marcos Vinícius. Comentários ao Código de Ética Médica: Resolução CFM 1.931, de 17 de setembro de 2009. Rio de Janeiro: GZ, 2010. p. 34.

19 LÔBO, Paulo Luiz Neto. A Informação como Direito Fundamental do Consumidor. Revista de Direito do Consumidor. São Paulo: RT, v. 37, jan/mar. 2001, p. 59.

Arremata o professor Paulo Lôbo ao fazer um importante contraponto entre o dever de informar do fornecedor e o direito fundamental esculpido na constituição da república, dando ênfase ao fato de que o direito fundamental estará devidamente respeitado somente se o:

> "Dever de informar, por parte do fornecedor, estiver cumprido. É o ônus que se lhe impõe, em decorrência do exercício de atividade econômica lícita".[20]

É possível destacar, ainda, a importância da Convenção Americana de Direitos Humanos, da qual o Brasil é signatário, e, por meio do decreto 678/1992, absolveu o seu conteúdo e determinou o seu cumprimento. Este documento tem importância mundial.

A citada Convenção, em seu artigo 13, 1, enfatiza a liberdade de pensamento e de expressão que cada cidadão deve possuir resguardado e respeitado pelo Estado e por qualquer outro cidadão ou profissional. Vejamos:

> "Toda pessoa tem o direito à liberdade de pensamento e de expressão. Esse direito inclui a liberdade de procurar, receber e difundir informações e ideias de qualquer natureza, sem considerações de fronteiras, verbalmente ou por escrito, ou em forma impressa ou artística, ou por qualquer meio de sua escolha."[21]

Como visto, a proteção do direito à informação, dispõe de diversos dispositivos legais no plano nacional ou mesmo inter-

20 LÔBO, Paulo Luiz Neto. A Informação como Direito Fundamental do Consumidor. Revista de Direito do Consumidor. São Paulo: RT, v. 37, jan/mar. 2001, p. 62.

21 BRASIL. Convenção Americana de Direitos Humanos. Disponível em: http://www.pge.sp.gov.br/centrodeestudos/bibliotecavirtual/instrumentos/sanjose.htm. Acesso em: 05 de Novembro de 2019, às 20h20m.

nacional. Sob essa ótica é que surgem as inúmeras proteções que resguardam os direitos dos pacientes.

O Código de Defesa do Consumidor é cristalino ao determinar, como direitos básicos do consumidor, uma informação clara e adequada. Portanto, não poderá o fornecedor, nesse contexto, o médico, abster-se de prestar seus serviços sem observar essas regras, sob pena de violar todos os conceitos analisados até o presente momento, bem como de ferir garantia fundamental.

Nessa esteira, cumpre reforçar que a relação médico-paciente encontra-se abarcada pelo código de consumo e isto já fora amplamente debatido pelos Tribunais brasileiro, sendo fato que este caracterização está amplamente superada.

Aliado a isso, importante são as considerações feitas por Eduardo Dantas ao diagnosticar com precisão cirúrgica:

> "As regras introduzidas pelo Código de Defesa do Consumidor, pela sua natureza, são normas de ordem pública e de interesse social, e por isso abrangem a sociedade como um todo, coletividade de pessoas indeterminadas, nas suas relações, a afetam todos os membros desta sociedade; estão destinadas à defesa da pessoa que adquire ou utiliza produto ou serviço, consubstanciado numa relação de consumo."[22]

Percebe-se, facilmente, que o intuito do Código de Defesa do Consumidor é o da proteção irrestrita do consumidor no tocante a uma boa informação, haja vista o fato deste ser claramente hipossuficiente.

> "Art. 6º São direitos básicos do consumidor:
> III – a informação adequada e clara sobre os diferentes produtos e serviços, com especificação correta de quanti-

22 DANTAS, Eduardo. Direito Médico / Eduardo Dantas – 4ª ed. rev. ampl. e atual. – Salvador: Editora JusPodium, 2019, p. 185.

> dade, características, composição, qualidade, tributos incidentes e preço, bem como sobre os riscos que apresentem; Parágrafo único. A informação de que trata o inciso III do **caput** deste artigo deve ser acessível à pessoa com deficiência, observado o disposto em regulamento."[23]
>
> "Art. 8º Os produtos e serviços colocados no mercado de consumo não acarretarão riscos à saúde ou segurança dos consumidores, exceto os considerados normais e previsíveis em decorrência de sua natureza e fruição, obrigando-se os fornecedores, em qualquer hipótese, a dar as informações necessárias e adequadas a seu respeito."[24]

Quando analisa-se as lições de Paulo de Tarso Sanseverino, percebe-se que o autor vai ao encontro desse entendimento, resguardando ao paciente-consumidor o direito a uma adequada informação. Segundo o autor, o Código de Defesa do Consumidor:

> "acolheu amplamente o dever de informação do fornecedor. O consumidor deve ser informado clara, objetiva e precisamente sobre o correto funcionamento e advertido sobre os riscos ensejados por um determinado produto ou serviço."[25]

Nesse mesmo sentido, após destacar diversos artigos contidos no Código, assevera a reconhecida e notável Cláudia Lima Marques:

---

23 BRASIL. Código de Defesa do Consumidor. Art. 6º. Disponível em: http://www.planalto.gov.br/ccivil_03/Leis/l8078.htm. Acesso em 05 de Novembro de 2019, às 20h33m.

24 BRASIL. Código de Defesa do Consumidor. Art. 8º. Disponível em: http://www.planalto.gov.br/ccivil_03/Leis/l8078.htm. Acesso em 05 de Novembro de 2019, às 20h33m.

25 SANSEVERINO, Paulo de Tarso Vieira. Responsabilidade civil no Código do Consumidor e a defesa do fornecedor. São Paulo: Saraiva. 2010. p. 152.

> "o primeiro e mais conhecido dos deveres anexos é o dever de informar..."[26]

Alia-se a todas essas previsões o fato de que tal dever deve ser adimplido de maneira correta e abrangente, no sentido de prestar informação em linguagem corrente. Ou seja, de nada adianta haver a prestação da informação se o seu conteúdo não for devidamente compreendido pelo paciente.

Nesse tocante, inclusive, o médico deve estar atento ao fato de que terá que traduzir os termos técnicos para uma linguagem mais simples. Além disso, havendo necessidade, o profissional ainda terá que oferecer esclarecimentos adicionais, caso o paciente ainda não tenha segurança em consentir.

Como vê-se, somente após o atendimento destas etapas, o paciente estará apto a conduzir os seus destinos juntamente com o profissional, prestando-lhe o seu consentimento, por meio de uma escolha consciente.

Assim sendo, nesses casos estar-se-á diante do que comumente intitula-se de tríplice obrigação. O profissional irá comunicar adequadamente, depois terá que checar se o paciente a compreendeu e, por último, obterá o seu consentimento.

Marcelo Boaventura destaca alguns requisitos exigidos nessa comunicação para que ela tenha cumprido o seu mister:

> "As informações ao consumidor devem ser prestadas de forma clara e sucinta, com linguagem de fácil compreensão, visando atingir o objetivo de bem esclarecer o público a que estão sendo direcionadas."[27]

---

26 MARQUES, Cláudia Lima. Comentários do Código de Defesa do Consumidor, São Paulo: Revista dos Tribunais, 2006, p. 178.

27 BOAVENTURA, Marcelo Fonseca. A responsabilidade civil do fornecedor pelo fato do produto no código brasileiro de defesa do consumidor. Revista de Direito Privado, São Paulo, v. 3, n. 9, p. 157-182, jan/mar. 2002. P. 171.

Para tanto, se o profissional médico abster-se de tal responsabilidade e deliberadamente omitir informações importantes ou ainda deixar de informar detalhes imprescindíveis, estará violando o direito à informação do paciente e, consequentemente, estará assumindo o risco de um possível insucesso no tratamento.

Infelizmente, é importante destacar que não é incomum a ausência de adequada informação ou a existência desta de forma incompleta, muitas vezes por receio de que o paciente deixe de realizar o procedimento proposto. E esta é a grande questão. Este direito não pode ser suprimido do paciente.

Independentemente do profissional ter a impressão e o receio de que o paciente possa desistir da realização do procedimento, não poderá este eximir-se do dever de informar de maneira correta, pois, como viu-se, não restará outra opção ao profissional.

O Código de Ética Médica, ao tratar da relação entre o médico, o paciente e seus familiares, destaca ser vedado ao profissional deixar de prestar uma correta informação, sob pena de responsabilização. Vejamos:

> (...) É vedado ao médico:
> "art. 34. Deixar de informar ao paciente o diagnóstico, o prognóstico, os riscos e os objetivos do tratamento, salvo quando a comunicação direta possa provocar-lhe dano, devendo, nesse caso, fazer a comunicação a seu representante legal."[28]

Aliado a isso, apregoam ainda os artigos vinte e dois e vinte e quatro da mesma resolução, ao asseverarem de maneira extremamente objetiva:

> (...) É vedado ao médico:

28 BRASIL. Código de Ética Médica. Disponível em: https://sistemas.cfm.org.br/normas/visualizar/resolucoes/BR/2018/2217. Acesso em: 04 de Novembro de 2019, às 14h20m.

> "art. 22. Deixar de obter o consentimento do paciente ou de seu representante legal após esclarecê-lo sobre o procedimento a ser realizado, salvo em caso de risco iminente de morte"[29]
>
> "art. 24. Deixar de garantir ao paciente o exercício do direito de decidir livremente sobre a sua pessoa ou seu bem estar, bem como exercer sua autoridade para limitá-lo."[30]

Entre os temas mais abordados dentro do Direito da Saúde está a questão da autonomia do paciente. Diante da evolução, não há mais qualquer espaço para oferecer compreensão a um profissional que opte por caminho diferente deste. Do profissional, apera-se somente a correta adequação ao comportamento preconizado.

2.3. Consequências da Omissão da Informação

Inexistindo tal conduta por parte do profissional, ocasionará supressão de um direito fundamental do paciente, além de ferir as determinações da legislação e das normas éticas que permeiam tal situação. Isto é, o profissional está adstrito a esses ditames e, se não segui-los, surgirá, consequentemente, o dever de reparar os prejuízos causados.

Todos esses detalhes parecem extremamente óbvios a quem ler, porém, é importante destacar, como ressaltou-se em tópico anterior, que nem sempre foi assim. Essa ideia de deontologia médica, ou seja, deveres e obrigações dos profissionais

---

29 BRASIL. Código de Ética Médica. Disponível em: https://sistemas.cfm.org.br/normas/visualizar/resolucoes/BR/2018/2217. Acesso em: 04 de Novembro de 2019, às 14h20m.

30 BRASIL. Código de Ética Médica. Disponível em: https://sistemas.cfm.org.br/normas/visualizar/resolucoes/BR/2018/2217. Acesso em: 04 de Novembro de 2019, às 14h20m.

dentro do contexto social, surgiu de maneira mais clara somente a partir do século XV.

No século passado, diante das diversas mudanças ocorridas, juntamente com o número crescente de demandas judiciais em face das instituições de saúde e dos próprios profissionais, aconteceu uma necessária e inevitável adequação dos profissionais aos novos tempos, sob pena de suportarem um preço alto, caso permanecessem atrelados ao passado.

Por oportuno, faz-se mister ressaltar que o consentimento informado livre e esclarecido não configura uma simples formalidade, mas trata-se de uma prática ética e legal muito importante que deve ser observada e tratada com toda a responsabilidade. Do contrário, o profissional poderá suportar, no caso de uma futura demanda judicial, uma prova pré-constituída em seu desfavor, por inobservância de tal obrigação.

Por outro lado, não deve o profissional agir praticando o que comumente chama-se de medicina defensiva, onde o médico busca uma espécie de blindagem mediante a elaboração de documentos que deverão ser assinados pelo paciente.

Enfatize-se que a postura correta e esperada destes profissionais é a aquela realizada à luz da bioética, do reconhecimento do dever de cumprir essas etapas, onde as mencionadas provas passarão a ser simplesmente uma consequência natural de uma boa conduta profissional, e não uma precaução.

Além disso, é por demais importante recordar que o Código de Defesa do Consumidor possibilita a inversão do ônus probatório, podendo ser destinado ao profissional médico o ônus de demonstrar cabalmente que realizou todas as condutas determinadas, bem como que informou e esclareceu adequadamente o paciente.

Importante ressaltar que as demandas que versam e sustentam a ausência de adequada informação por parte do profissional, em sua maioria, são alcançadas pela inversão do ônus, haja vista haver o majoritário entendimento no sentido de ser, o médico, o sujeito com a maior capacidade e possibilidade de produzir prova da informação e do respectivo consentimento.

2.4. Relação Médico-Paciente e a Boa-fé

Ao analisar-se a boa-fé, surgem dois subtipos: a boa-fé subjetiva e boa-fé objetiva. Na subjetiva, há a análise das questões ligadas à intenção do sujeito envolvido na relação jurídica, enquanto que, na objetiva, seria uma questão de ajuste do sujeito a um certo modelo social de conduta que se espera, imbuída de retidão.

A autora Judith Martins-Costa assevera que a boa-fé objetiva seria um "modelo de conduta social, arquétipo ou standard jurídico, segundo o qual cada pessoa deve ajustar a própria conduta a esse arquétipo, obrando como obraria um homem reto: com honestidade, lealdade e probidade."[31]

A boa-fé está inserida como cláusula geral, tendo em vista que o Código de Defesa do Consumidor assim consagrou-a e o mesmo fez o Código Civil, inserindo-a como cláusula geral dentro do direito privado. Não há como concebermos a relação médico-paciente sem a existência e a atuação do princípio da boa-fé, já que a confiança sempre é um dos principais pilares nesta relação.

Vinícius de Negreiros faz interessante destaque da boa-fé e sua função jurídica e social dentro dos mais diversos casos. Vejamos:

> "Nesse sentido, a boa-fé tem funções que são desempenhadas no curso do processo social, histórico e jurídico, adequando o sentido das normas a cada momento, transformando e atualizando o seu conteúdo, verten-

31 MARTINS-COSTA, Judith. A boa-fé no direito privado: sistema e tópica no processo obrigacional. São Paulo: RT, 2000. p. 411.

> do em realidade concreta aquilo que estava amorfo no plano normativo, diante de cada caso individualmente considerado."[32]

Não obstante, vale ilustrar que o direito do paciente ter acesso a uma correta e adequada informação, transpassa a questão da boa-fé objetiva imposta ao médico nesses casos, pois, irá erigir como um desdobramento natural da sua autonomia e do princípio da dignidade da pessoa humana estampado na Constituição Federal. Isto é, todos esses valores e princípios convergirão para perseguir a preservação desse bem maior, qual seja, o direito à autodeterminação que todo paciente detém.

Por conseguinte, para que este objetivo seja alcançado, todos os demais que o precederem terão que ser adimplidos, entre estes, é claro, a boa-fé que deve nortear as relações entre os contratantes, mormente entre os sujeitos em análise, que originariamente estão envolvidos por um contexto de vulnerabilidade de um lado e confiança plena do outro.

3. CONSENTIMENTO INFORMADO E A RESPONSABILIDADE DO MÉDICO

3.1. Coincidências e Diferenças entre Brasil e Portugal

No que concerne à responsabilidade civil do profissional médico, cabe ressaltar as inúmeras obrigações a que este profissional está adstrito, como já discorrido em tópico anterior. Sendo assim, nos casos onde o profissional descumprir os mandamentos, consequentemente, surgirão as consequências que prescritas e impostas pelas normas.

32 CALADO, Vinicius de Negreiros. Responsabilidade Civil do Médico e o Consentimento Informado: um estudo interdisciplinar dos julgados do STJ. Ed. Curitiba: Juruá, 2014, p. 100.

Num passado não tão distante, havia o exacerbado entendimento de que o simples diploma médico seria uma prova cabal e incontestável de amplo conhecimento, competência e idoneidade, sem contar o fato da medicina não ser uma ciência exata, o que, para muitos, por si só já eximia o profissional de inúmeras responsabilidades.

Esse entendimento não vigora atualmente. A organização da sociedade e os diversos avanços trouxeram a criação de normas de conduta para estes profissionais e a inclusão deles num cenário mais comum, igualando-os e classificando-os com seres comuns e passíveis de erros.

E isso não acontece somente aqui no Brasil, mas em todo o mundo. Podemos citar o exemplo de Portugal que é bastante avançado no que diz respeito ao Direito Médico. Lá, como acontece no Brasil, existe um preponderante respeito à dignidade da pessoa humana, e o médico tem o dever de observar isto na sua relação com o paciente.

Mas há algumas diferenças. Os médicos portugueses podem responder penalmente pelo simples fato de realizarem algum tipo de intervenção sem o consentimento do enfermo, consoante prescreve o artigo 156 do Código Penal[33] daquele país:

> "Artigo 156º
> Intervenções e tratamentos médico-cirúrgicos arbitrários
> 1 - As pessoas indicadas no artigo 150º que, em vista das finalidades nele apontadas, realizarem intervenções ou tratamentos sem consentimento do paciente são punidas com pena de prisão até 3 anos ou com pena de multa.
> 2 - O facto não é punível quando o consentimento:

33 PORTUGAL. Código Penal Português. Art. 156. Disponível em: http://www.pgdlisboa.pt/leis/lei_mostra_articulado.php?ficha=101&artigo_id=&nid=109&pagina=2&tabela=leis&nversao=&so_miolo=. Acesso em 06 de Novembro de 2019, às 10h36m.

> a) Só puder ser obtido com adiamento que implique perigo para a vida ou perigo grave para o corpo ou para a saúde; ou
> b) Tiver sido dado para certa intervenção ou tratamento, tendo vindo a realizar-se outro diferente por se ter revelado imposto pelo estado dos conhecimentos e da experiência da medicina como meio para evitar um perigo para a vida, o corpo ou a saúde;
> e não se verificarem circunstâncias que permitam concluir com segurança que o consentimento seria recusado.
> 3 - Se, por negligência grosseira, o agente representar falsamente os pressupostos do consentimento, é punido com pena de prisão até 6 meses ou com pena de multa até 60 dias.
> 4 - O procedimento criminal depende de queixa."

No Brasil, não se tem - até o momento - uma previsão de norma penal atribuindo sanção a este fato. O médico brasileiro estará sujeito a responder infração ética, por clara previsão de seu Código de Ética, conforme extrai-se do artigo 22:

> "Deixar de obter consentimento do paciente ou de seu representante legal após esclarecê-lo sobre o procedimento a ser realizado, salvo em caso de risco iminente de morte."

Em que pese ainda não existir este tipo penal no Brasil, há, por outro lado, um PLS de número 236[34], de 2012, que tramita no Senado Federal, e pretende instituir o novo Código Penal no país. Entre as proposições, existe a inclusão no crime de constrangimento ilegal da intervenção médica ou cirúrgica quando contrárias à manifestação de paciente maior e plenamente.

---

34 BRASIL. Projeto de Lei do Senado, nº 236 de 2012. Novo Código Penal. Disponível em: https://www25.senado.leg.br/web/atividade/materias/-/materia/106404. Acesso em: 06 de Novembro de 2019, às 15h29m.

Sendo aprovada tal proposição, será mais um importante avanço no sentido de oferecer mais segurança no cumprimento deste dever de informação e na efetiva participação do paciente no processo decisório dos tratamentos a que este será submetido.

Analisando o Código Deontológico português, verifica-se a clara preocupação com a preservação da dignidade do ser humano e do respeito que o profissional médico deve conferir a este enquanto estiver sobre os seus cuidados.

Vejamos o que diz o artigo 31 do Código Deontológico da Ordem dos Médicos Portugueses:

> "O médico que aceite o encargo ou tenha o dever de atender um doente obriga-se à prestação dos melhores cuidados ao seu alcance, agindo sempre com correcção e delicadeza, no exclusivo intuito de promover ou restituir a saúde, conservar a vida e a sua qualidade, suavizar os sofrimentos, nomeadamente nos doentes sem esperança de cura ou em fase terminal, no pleno respeito pela dignidade do ser humano."[35]

Além de todos esses aspectos, a questão dos avanços tecnológicos e a influência da área da informática na medicina, obrigando os mais diversos profissionais a conhecerem, além de sua área específica, também um pouco desta, pois precisará utilizar este conhecimento no dia a dia.

Irany Novah Moraes traz importante ilustração desse aspecto e seu impacto na sociedade:

35 PORTUGAL. Código Deontológico da Ordem dos Médicos. Disponível em: http://www.pgdlisboa.pt/leis/lei_mostra_articulado.php?nid=1434&tabela=leis&ficha=1&pagina=1&so_miolo=. Acesso em: 04 de Novembro de 2019, às 20h05m.

> "Na verdade, os conhecimentos próprios da Medicina estão no mundo moderno se mesclando com os de muitas áreas do saber e, particularmente, com os da informática. O avanço do conhecimento nas diversas áreas tem modificado substancialmente as condições da vida individual e em coletividade, tornando cada vez mais difícil aceitar suas limitações em problemas aparentemente comezinhos. Opera-se um feto dentro do útero materno e não se cura o resfriado!"[36]

Como exposto, a relação médico-paciente atualmente é horizontalizada e o devido respeito à autonomia do paciente está mais do que posto em nossa sociedade e ordenamento. Cada vez mais isso será cobrado e exigido pelos pacientes e pelos envolvidos nessa relação. Não há mais espaço, no cenário atual, para a concentração de informação por parte do médico.

Aliado a isso, tem-se sempre a questão dos deveres de conduta que o médico está submetido e não poderá se furtar, sob pena de ensejar as consequências trazidas pelo sistema normativo. Para tanto, a responsabilidade advém do conhecimento daquilo que é justo e necessário por imposição de um sistema de obrigações e deveres.

Portanto, constatando-se uma conduta atípica do profissional que ocasionou prejuízo ao paciente, haverá apuração criteriosa, respeitando-se, por óbvio, o direito de defesa e o contraditório, mas, ao final desta apreciação, poderá, sim, ser este profissional condenado e compelido a reparar.

3.2. Excludentes da Responsabilidade Civil do Médico

Notadamente a responsabilidade civil do fornecedor de serviços ou produtos sofreu uma significativa ampliação com

36 MORAES, Irany Novah. Erro médico e a lei. São Paulo: Lejus, 1998, p. 249.

o advento Código de Defesa do Consumidor nos anos 90, mormente quando analisa-se a responsabilidade civil objetiva. Apesar disso, deve-se registrar que esta responsabilidade poderá ser afastada, não sendo, portanto, uma condição absoluta.

Sendo assim, existem situações que excluem esta responsabilidade por enquadramento em determinado contexto onde há a previsão expressa de tal mecanismo de defesa.

É possível citar, como exemplo, o artigo 14 do Código de Defesa do Consumidor que trata da responsabilidade, independente de culpa, mas oferece uma excludente em seu parágrafo segundo. Vejamos:

> "O fornecedor de serviços responde, independentemente da existência de culpa, pela reparação dos danos causados aos consumidores por defeitos relativos à prestação dos serviços, bem como por informações insuficientes ou inadequadas sobre sua fruição e riscos
>
> § 2º O serviço não é considerado defeituoso pela adoção de novas técnicas."[37]

O autor Vinicius de Negreiros, em sua obra sobre responsabilidade civil do médico, faz algumas observações nesse tocante que são bastante pertinentes ao presente estudo:

> "A prestação de serviço médico realizada de acordo com a boa técnica médica não poderia ser considerada, então, defeituosa, uma vez que seria prestada corretamente quanto ao modo, resultado e riscos esperados de acordo

37 BRASIL. Código de Defesa do Consumidor. Art. 14, §2º. Disponível em: http://www.planalto.gov.br/ccivil_03/Leis/l8078.htm. Acesso em 03 de Novembro de 2019, às 19h33m.

> com o conhecimento técnico-científico do momento da prestação"[38]

A medicina é calcada em protocolos que devem ser observados pelos profissionais no momento da execução dos procedimentos. Portanto, no momento da realização, havendo rigorosa atenção, bem como a execução do exposto na literatura e nos estudos científicos, com técnica adequada, não haverá que se falar em responsabilização.

Por não ser uma ciência exata, é possível ocorrer intercorrências que tragam consequências relevantes e, ao mesmo tempo, desastrosas para o enfermo. Isso pode ocorrer inclusive nos casos onde o profissional seguiu exemplarmente o que determina a literatura e a boa prática médica, mas, ainda assim, por algum motivo imprevisível, o evento adverso ocorreu.

Desta forma, ausente estaria o nexo de causalidade entre a conduta do profissional que realizou o procedimento e o suposto dano ocasionado. Assim, não há como persistir a responsabilização do médico, haja vista ser necessário a demonstração de culpa por negligência, imprudência ou imperícia.

Importante enfatizar também o que prescreve o parágrafo terceiro do artigo 14, do Código de Defesa do Consumidor, ao externar expressamente algumas possibilidades de ausência de responsabilização do fornecedor. Vejamos:

> "§ 3º – O fornecedor de serviços só não será responsabilizado quando provar:
> I – que, tendo prestado o serviço, o defeito inexiste;
> II – a culpa exclusiva do consumidor ou de terceiro."[39]

38 CALADO, Vinicius de Negreiros. Responsabilidade Civil do Médico e o Consentimento Informado: um estudo interdisciplinar dos julgados do STJ. Ed. Curitiba: Juruá, 2014, p. 216.

39 BRASIL. Código de Defesa do Consumidor. Art. 14, §3º. Disponível em: http://www.planalto.gov.br/ccivil_03/Leis/l8078.htm. Acesso em 03 de Novembro de 2019, às 19h33m.

A jurisprudência pátria e a doutrina assentam ainda os casos fortuitos e de força maior. Nestes, por motivos alheios, ocorrem eventos que fogem do alcance do profissional inexistindo igualmente a responsabilização.

3.3. Obrigação de Meio e de Resultado

É comum ocorrer uma distinção quase padrão quando debate-se este tema, no sentido do raciocínio pré-concebido, ou seja, procedimentos estéticos que se persegue o embelezamento, obrigação de resultado, os demais, obrigação de meio.

Porém, mesmo nas especialidades tidas como próprias das obrigações de resultado, como acontece com a cirurgia puramente estética, nota-se uma certa reserva especialmente por parte da doutrina, já que essa visão enrijecida pode não se adequar da melhor forma em determinados casos, o que enseja, para alguns, uma apreciação mais cuidadosa, fundamentada nas circunstâncias do caso concreto.

Até porque, com isso, não há uma permissão para eximir o profissional de responsabilidade, tendo em vista que este irá responder nos casos onde não empregue todos os meios necessários e recomendados para o procedimento realizado. Mas, por outro lado, passa-se a não ter uma presunção, e sim uma adequação que leva em consideração o caso concreto, tendo como cerne à assistência em si, sem, contudo, haver a garantia absoluta de resultado.

Esse pensamento mais cuidadoso tem como um dos defensores o douto Genival Veloso de França:

> "A obrigação do médico é de meio porque o objeto do seu contrato é a própria assistência ao seu paciente, quando se compromete empregar todos os recursos ao seu alcance, sem no entanto pode garantir sempre um sucesso. Só pode ser considerado culpado se ele procedeu sem os devidos

> cuidados, agindo com insensatez, descaso, impulsividade ou falta de observância às regras técnicas."[40]

Eduardo Dantas, também expõe relevantes comentários nesse sentido ao afirma que:

> "Muito se discute na doutrina nacional, quando se trata da natureza jurídica da obrigação médica, sobre obrigação de meio, e obrigação resultado. É consenso que a atividade médica é considerada uma obrigação, ou seja, que o exercício da medicina não promete cura, mas sim tratamento adequado, segundo as normas de prudência, perícia e diligência, e padrão de conduta ético e comprometido por parte do profissional em favor da melhora de seu paciente. Isso ocorre porque a atividade médica, por definição, está sujeita ao acaso, ao improvável comportamento da fisiologia humana, que por vezes insiste em desafiar o sendo comum, os prognósticos mais acurados e às expectativas mais prováveis.
>
> Enfim, além da resposta de cada organismo ser única (ainda que sejam esperados determinados padrões de resposta), ainda se encontra a intervenção médica sujeita ao acaso, ao infortúnio, mas sim ao dever de diligência."[41]

Sendo assim, faz-se mister um olhar mais criterioso nesse tocante para que não estejamos previamente condenando um profissional que pode ter realizado tudo que estava ao seu alcance, utilizando a melhor técnica, seguindo os ditames das evidências científicas, e perseguindo o melhor resultado par ao seu paciente, mas, apesar de cercar-se de todos esses cuidados e atuar dentro dos limites preconizados para o caso, o resultado pode não ter sido o esperado, sem que para isto tenha contribuído o profissional.

---

40 FRANÇA, Genival Veloso de. Direito Médico. Rio de Janeiro: Forense, 2014. p. 270.

41 DANTAS, Eduardo. Direito Médico / Eduardo Dantas – 4ª ed. rev. ampl. e atual. – Salvador: Editora JusPodium, 2019, p. 165-166.

CONSIDERAÇÕES FINAIS

Durante o transcorrer do presente trabalho, constatou-se o quanto a relação médico-paciente alterou-se ao longo do tempo. De início, uma relação amplamente paternalista que, num determinado momento, fora surpreendida com diversos avanços e alterações experimentadas pela sociedade que passaram a efetivar uma verdadeira metamorfose.

Nesse contexto, o avanço tecnológico e os direitos humanos tiveram um protagonismo amplo nessa transformação, pois, como demonstrado no presente estudo, foram essas áreas, em especial, que conseguiram potencializar e alterar o ritmo com o que essas mudanças aconteceram e fizeram surgir um novo cenário.

Atualmente, a dignidade dos pacientes está resguardada e é motivo de atenção dos profissionais. Não se concebe mais a ausência de informação. Ao contrário, hoje questiona-se até a maneira como essa informação foi externada e se conseguiu, de fato, alcançar o seu objetivo principal, que é propiciar uma escolha consciente e devidamente esclarecida.

Ao se estudar e analisar a obrigação de informar do profissional, verifica-se a importância dispensada na sociedade contemporânea, tendo em vista que será a boa e adequada informação que servirá de pilar para que o paciente compreenda com plenitude tudo que irá acontecer e, em seguida, ofereça o seu consentimento para a efetiva realização.

Para tanto, conclui-se, que a ausência de informação por parte do profissional médico fere frontalmente não só os ditames do Código de Ética Médica, mas também os princípios da Constituição Federal e, de maneira ainda mais especializada, do Código de Defesa do Consumidor, por clara ofensa ao direito que o paciente tem de exercer com plenitude a sua autodeterminação.

REFERÊNCIAS BIBLIOGRÁFICAS

BRASIL. Projeto de Lei do Senado, nº 236 de 2012. Novo Código Penal. Disponível em: https://www25.senado.leg.br/web/atividade/materias/-/materia/106404. Acesso em: 06 de Novembro de 2019, às 15h29m.

PORTUGAL. Código Penal Português. Art. 156. Disponível em: http://www.pgdlisboa.pt/leis/lei_mostra_articulado.php?ficha=101&artigo_id=&nid=109&pagina=2&tabela=leis&nversao=&so_miolo=. Acesso em 06 de Novembro de 2019, às 10h36m.

DANTAS, Eduardo. Direito Médico / Eduardo Dantas – 4ª ed. rev. ampl. e atual. – Salvador: Editora JusPodium, 2019, p. 62-63.

DANTAS, Eduardo. Direito Médico / Eduardo Dantas – 4ª ed. rev. ampl. e atual. – Salvador: Editora JusPodium, 2019, p. 107.

DANTAS, Eduardo. Direito Médico / Eduardo Dantas – 4ª ed. rev. ampl. e atual. – Salvador: Editora JusPodium, 2019, p. 165-166.

DANTAS, Eduardo. Direito Médico / Eduardo Dantas – 4ª ed. rev. ampl. e atual. – Salvador: Editora JusPodium, 2019, p. 185.

BOAVENTURA, Marcelo Fonseca. A responsabilidade civil do fornecedor pelo fato do produto no código brasileiro de defesa do consumidor. Revista de Direito Privado, São Paulo, v. 3, n. 9, p. 157-182, jan/mar. 2002. P. 171.

BOAVENTURA, Marcelo Fonseca. A responsabilidade civil do fornecedor pelo fato do produto no código brasileiro de defesa do consumidor. Revista de Direito Privado, São Paulo, v. 3, n. 9, p. 157-182, jan/mar. 2002. P. 177.

BRASIL. Constituição da República Federativa do Brasil. Disponível em: http://www.planalto.gov.br/ccivil_03/constituicao/constituicao.htm. Acesso em 03 de Novembro de 2019, às 11h20m.

BRASIL. Código Civil. Disponível em: http://www.planalto.gov.br/CCivil_03/Leis/2002/L10406.htm. Acesso em 04 de Novembro de 2019, às 19h30m.

BRASIL. Código de Defesa do Consumidor. Disponível em: http://www.planalto.gov.br/ccivil_03/Leis/l8078.htm. Acesso em 05 de Novembro de 2019, às 20h33m.

BRASIL. Código de Ética Médica. Disponível em: https://sistemas.cfm.org.br/normas/visualizar/resolucoes/BR/2018/2217. Acesso em: 04 de Novembro de 2019, às 14h20m.

BRASIL. Procuradoria Geral do Estado de São Paulo. Disponível em: http://www.pge.sp.gov.br/centrodeestudos/bibliotecavirtual/instrumentos/sanjose.htm. Acesso em 04 de Novembro de 2019, às 20h00m.

BRASIL. Convenção Americana de Direitos Humanos. Disponível em: http://www.pge.sp.gov.br/centrodeestudos/bibliotecavirtual/instrumentos/sanjose.htm. Acesso em: 05 de Novembro de 2019, às 20h20m.

CALADO, Vinicius de Negreiros. Responsabilidade Civil do Médico e o Consentimento Informado: um estudo interdisciplinar dos julgados do STJ. Ed. Curitiba: Juruá, 2014, p. 79.

CALADO, Vinicius de Negreiros. Responsabilidade Civil do Médico e o Consentimento Informado: um estudo interdisciplinar dos julgados do STJ. Ed. Curitiba: Juruá, 2014, p. 100.

CALADO, Vinicius de Negreiros. Responsabilidade Civil do Médico e o Consentimento Informado: um estudo interdisciplinar dos julgados do STJ. Ed. Curitiba: Juruá, 2014, p. 216.

CRETELLA JÚNIOR, José. Direito Romano. São Paulo: RT, 1966. p. 171.

DANTAS, Eduardo. COLTRI, Marcos Vinícius. Comentários ao Código de Ética Médica: Resolução CFM 1.931, de 17 de setembro de 2009. Rio de Janeiro: GZ, 2010. p. 34.

FRANÇA, Genival Veloso de. Direito Médico. Rio de Janeiro: Forense, 2014. p. 270.

LÔBO, Paulo Luiz Neto. A Informação como Direito Fundamental do Consumidor. Revista de Direito do Consumidor. São Paulo: RT, v. 37, jan/mar. 2001, p. 59.

LÔBO, Paulo Luiz Neto. A Informação como Direito Fundamental do Consumidor. Revista de Direito do Consumidor. São Paulo: RT, v. 37, jan/mar. 2001, p. 62.

LÔBO, Paulo Luiz Neto. Condições gerais dos contratos e cláusulas abusivas. São Paulo: Saraiva, 1991. p. 145.

MARQUES. Cláudia Lima. Superação das Antinomias pelo Diálogo das Fontes: o modelo brasileiro de coexistência entre o Código de Defesa do Consumidor e o Código Civil de 2002. Revista de Direito do Consumidor. São Paulo: RT, v. 51, jul/set. 2004, p. 34-67. p. 56.

MARQUES, Cláudia Lima. Comentários do Código de Defesa do Consumidor, São Paulo: Revista dos Tribunais, 2006, p. 178.

MARTINS-COSTA, Judith. A boa-fé no direito privado: sistema e tópica no processo obrigacional. São Paulo: RT, 2000. p. 411.

MORAES, Irany Novah. Erro médico e a lei. São Paulo: Lejus, 1998, p. 249.

RAGAZZO, Carlos Emmanuel Joppert. O dever de Informar dos Médicos e o Consentimento Informado. Curitiba: Juruá Editora, 4ª tiragem, 2009, p. 40.

RAGAZZO, Carlos Emmanuel Joppert. O dever de Informar dos Médicos e o Consentimento Informado. Curitiba: Juruá Editora, 4ª tiragem, 2009, p. 46.

RAGAZZO, Carlos Emmanuel Joppert. O dever de Informar dos Médicos e o Consentimento Informado. Curitiba: Juruá Editora, 4ª tiragem, 2009, p. 63.

SANSEVERINO, Paulo de Tarso Vieira. Responsabilidade civil no Código do Consumidor e a defesa do fornecedor. São Paulo: Saraiva. 2010. p. 152.

PORTUGAL. Código Deontológico da Ordem dos Médicos. Disponível em: http://www.pgdlisboa.pt/leis/lei_mostra_articulado.php?nid=1434&tabela=leis&ficha=1&pagina=1&so_miolo=. Acesso em: 04 de Novembro de 2019, às 20h05m.

A CAPACIDADE DE CONSENTIR E A TEORIA DA CONFIANÇA

ASPECTOS LEGAIS E BIOTÉTICOS NAS GARANTIAS AO PACIENTE

Kelly Paties Pereira de Andrade

INTRODUÇÃO

Incontroverso é o entendimento doutrinário e jurisprudencial de que é direito de todo ser humano ter o devido acesso às informações médicas de maneira apta, clara e suficiente, que lhe proporcionem uma adequada compreensão dos fatos para que, livremente, possa exercer a escolha livre e consciente (manifestação de vontade) e isenta de vícios.

Com os avanços da medicina e de outras áreas da saúde, temos que considerar que o perfil do paciente também mudou. Antes, havia na família um médico de escolha e de confiança, capaz de tomar as decisões e julgar (sozinho) as melhores opções terapêuticas, respaldado apenas em sua experiência. O paternalismo médico deu lugar a um novo paciente, conhecedor de seus direitos e muito mais exigente frente aos cuidados com sua saúde e de sua família. Corolário a isso, dentre os princípios da Bioética[1], o da autonomia vem ganhando cada vez mais força, forma e destaque.

1 A Autonomia, Não-Maleficência, Beneficência, Justiça e Equidade – propostos por Beauchamp e Childress, em 1989.

A sociedade também mudou nesse processo, passando a ficar mais contestadora, fruto muito provável, também, das revoluções capitalista-industrial sofridas num mundo, hoje, globalizado. Com isso, aquele direito que foi enfrentado no passado (direito à informação), também passou a ser usado contra o profissional da área da saúde que, observador das mudanças, também sentiu a necessidade de se proteger através de documentos escritos. Sabe-se que no Brasil, a judicialização da saúde (como é chamada) ganhou grande espaço e vem se incorporando no Judiciário, mas nunca se poderá olvidar que o paciente é o sujeito vulnerável na relação médico-paciente, o que justifica a elaboração das normas e dos preceitos norteadores sobre o tema.

Atualmente, conferir ao paciente condições para que ele mesmo possa decidir sobre qualquer terapêutica que diga respeito ao seu corpo, exercendo com autonomia sua vontade no processo decisório da relação médico-profissional versus paciente, é o objetivo dos estudos que hoje são encontrados sobre o tema.

Entretanto, um dos maiores desafios é compreender quando, de fato, o paciente não possui condições plenas de discernimento para exercitar o direito de escolha e, com isso, refletir sobre quem poderá decidir por ele ou auxiliá-lo nesse processo.

1. BREVE HISTÓRICO SOBRE O TERMO DE CONSENTIMENTO LIVRE E ESCLARECIDO

Embora haja registros de que esse assunto já estivesse sendo estudado desde o século XIX[2], essa matéria ganhou

2 Conforme os estudos de C.M. Sannders, M. Baum, J. Hooghton (2) e G. Herranz (4), a idéia do consentimento está presente nos escritos de William Beaumont e Clande Bernard no século XIX. Disponível em http://revistabioetica.cfm.org.br/index.php/revista_bioetica/article/viewFile/430/498.

maior notoriedade, discussões e regulamentação, a partir do final da segunda guerra mundial, inicialmente através do Código de Nuremberg (1947), mais especificamente (de forma direta), relativa à utilização do dever de informação como elemento de ordem ética para comunicação dos principais pontos envolvidos em determinado estudo científico.

Àquela pessoa que eventualmente fosse escolhida para participação em um experimento, passaria a ser sujeito de direitos, havendo o dever da obtenção da anuência e aquiescência (consentimento) do paciente. Assim, como forma indireta, por tratar de assunto de natureza médica, entendeu-se que a aplicação desses preceitos caberia, também, e de uma forma geral, a todas as atividades dos profissionais da saúde em relação aos seus pacientes (seja na prática clínica, seja na prática cirúrgica).

Destarte, o dever-direito de informação deveria se referir a todos os aspectos importantes do estudo científico e que fossem necessários para que a pessoa escolhida pudesse, de uma maneira geral, entender os objetivos do estudo, possíveis consequências, os riscos inerentes, os resultados e eventuais benefícios e proveitos que adviriam dessa participação. Com isso, objetiva-se proporcionar ao indivíduo o exercício da adequada opção em participar ou não daquele evento, pois estaria aquela pessoa, em tese, devidamente informada e esclarecida de todos os principais pontos que estivessem relacionados com o desenvolvimento ou realização daquela pesquisa.

O Código de Nuremberg[3] traz a seguinte relação de preceitos, de ordem ética, a serem observados e praticados:

3 O Código de Nuremberga[(pt)] ou Nuremberg[(pt-BR)] é um conjunto de princípios éticos que regem a pesquisa com seres humanos, sendo considerado como uma das consequências dos Processos de Guerra de Nuremberg, ocorridos no fim da Segunda Guerra Mundial. - https://pt.wikipedia.org/wiki/C%C3%B3digo_de_Nuremberg

"O consentimento voluntário do ser humano é absolutamente essencial. Isso significa que as pessoas que serão submetidas ao experimento devem ser legalmente capazes de dar consentimento; essas pessoas devem exercer o livre direito de escolha sem qualquer intervenção de elementos de força, fraude, mentira, coação, astúcia ou outra forma de restrição posterior; devem ter conhecimento suficiente do assunto em estudo para tomar uma decisão. Esse último aspecto exige que sejam explicados às pessoas a natureza, a duração e o propósito do experimento; os métodos segundo os quais será conduzido; as inconveniências e os riscos esperados; os efeitos sobre a saúde ou sobre a pessoa do participante que eventualmente possam ocorrer devido à participação no experimento. O dever e a responsabilidade de garantir a qualidade do consentimento repousam sobre o pesquisador que inicia ou dirige um experimento ou se compromete nele. São deveres e responsabilidades pessoais que não podem ser delegados a outrem impunemente;

O experimento deve ser tal que produza resultados vantajosos para a sociedade, que não possam ser buscados por outros métodos de estudo, mas não podem ser feitos de maneira casuística ou desnecessariamente;

O experimento deve ser baseado em resultados de experimentação em animais e no conhecimento da evolução da doença ou outros problemas em estudo; dessa maneira, os resultados já conhecidos justificam a condição do experimento;

O experimento deve ser conduzido de maneira a evitar todo sofrimento e danos desnecessários, quer físico, quer materiais;

Não deve ser conduzido qualquer experimento quando existirem razões para acreditar que pode ocorrer morte ou invalidez permanente; exceto, talvez, quando o próprio médico pesquisador se submeter ao experimento;

O grau de risco aceitável deve ser limitado pela importância do problema que o pesquisador se propõe a resolver;

> Devem ser tomados cuidados especiais para proteger o participante do experimento de qualquer possibilidade de dano, invalidez ou morte, mesmo que remota;
> O experimento deve ser conduzido apenas por pessoas cientificamente qualificadas;
> O participante do experimento deve ter a liberdade de se retirar no decorrer do experimento;
> O pesquisador deve estar preparado para suspender os procedimentos experimentais em qualquer estágio, se ele tiver motivos razoáveis para acreditar que a continuação do experimento provavelmente causará dano, invalidez ou morte para os participantes (Código de Nuremberg, 1949)."[4]

Pelo fato de ter sido elaborado de forma casuística e para uma situação imediata (que era o julgamento dos médicos que praticaram atrocidades durante a segunda guerra mundial), o Código de Nuremberg não traz alusão alguma ao pesquisador comum. Acaba por deixar esta lacuna, muito embora, pelas questões ali delineadas e abordadas, de forma interpretativa, era possível o entendimento de que tais regramentos devessem ser observados 'por todos aqueles que tivessem a pretensão de realizar uma pesquisa científica'. Isso porque, em verdade, trazia preceitos gerais aplicáveis à pesquisa (muito embora em seu nascedouro, como acima referido, tivesse o objetivo de ser aplicadas especificamente às práticas médicas ocorridas na segunda guerra), e que, por isso, poderiam ser vistas como preceitos com características e abrangência 'erga omnes'.

Na sequência, veio a Declaração Universal dos Direitos do Homem (1948), que em suas considerações iniciais já traz a referência expressa a 'dignidade inerente a todos os membros da família humana' e a 'na dignidade e no valor da pessoa humana', preceitos estes que, no decorrer do tempo, viriam a ser incor-

4 Disponível em http://efdeportes.com/efd183/codigo-de-nuremberg-e-declaracao-de-helsinki.htm

porados como princípios em diversos ordenamentos legais em diversos países.[5]

Ainda em seu texto, a Declaração Universal dos Direitos do Homem faz alusão aos direitos fundamentais de todo ser humano e que os mesmos devem ser observados, protegidos e respeitados por todos, indivíduos reciprocamente considerados, grupos de indivíduos e estados.

Estes 'direitos fundamentais' somados à 'dignidade de toda pessoa humana', conjuntamente considerados, vieram a se tornar os pilares sobre os quais se erigiram as atuais normatizações éticas e legais referentes à pesquisa com seres humanos e também como referência para vários ordenamentos jurídicos.

Apesar do conhecimento das crueldades que aconteciam nos campos de concentração e do Código de Nuremberg, continuava-se com a realização das pesquisas com seres humanos, que feriam os princípios éticos fundamentais. Destarte, foi criada, então, em 1964 na Finlândia, a Declaração de Helsinki, que é dividida em: princípios básicos, pesquisa médica combinada com cuidados profissionais e pesquisa biomédica não-terapêutica envolvendo seres humanos.[6]

A Declaração de Helsinki (1964) delineou de forma mais clara os princípios que deveriam ser observados por todos os profissionais que viessem a se dedicar a realização de estudos científicos com seres humanos, aprimorando ainda mais os aspectos deontológicos que deveriam guiar esses pesquisadores.

Estes são os princípios básicos (elementares) para a pesquisa envolvendo seres humanos, previstos na Declaração de Helsinki:

> "A pesquisa clínica deve adaptar-se aos princípios morais e científicos que justificam a pesquisa médica e deve ser

5 Disponível em https://www.unicef.org/brazil/pt/resources_10133.htm

6 Disponível em http://efdeportes.com/efd183/codigo-de-nuremberg-e-declaracao-de-helsinki.htm

> baseada em experiências de laboratório e com animais ou em outros fatos cientificamente determinados;
> A pesquisa clínica deve ser conduzida somente por pessoas cientificamente qualificadas e sob a supervisão de alguém medicamente qualificado;
> A pesquisa não pode ser legitimamente desenvolvida, a menos que a importância do objetivo seja proporcional ao risco inerente à pessoa exposta;
> Todo projeto de pesquisa clínica deve ser precedido de cuidadosa avaliação dos riscos inerentes, em comparação aos benefícios previsíveis para a pessoa exposta ou para outros;
> Precaução especial deve ser tomada pelo médico ao realizar a pesquisa clínica na qual a personalidade da pessoa exposta é passível de ser alterada pelas drogas ou pelo procedimento experimental."[7]

Além dos princípios básicos acima elencados, de maneira expressa e objetivamente relacionada ao dever-direito de informação e a utilização do consentimento informado, a Declaração de Helsinki enumera para o pesquisador o dever de observância das seguintes diretrizes na pesquisa clínica combinada *o com cuidado profissional*:

> "No tratamento da pessoa enferma, o médico deve ser livre para empregar novos métodos terapêuticos, se, em julgamento, eles oferecem esperança de salvar uma vida, restabelecendo a saúde ou aliviando o sofrimento.
> Sendo possível, e de acordo com a psicologia do paciente, o médico deve obter o livre consentimento do mesmo, depois de lhe ter sido dada uma explicação completa. Em caso de incapacidade legal, o consentimento deve ser obtido do responsável legal; em caso de incapacidade física, a autorização do responsável legal substitui a do paciente.

7 Disponível em https://www.ufrgs.br/bioetica/helsin1.htm

> O médico pode combinar a pesquisa clínica com o cuidado profissional, desde que o objetivo represente a aquisição de uma nova descoberta médica, apenas na extensão em que a pesquisa clínica é justificada pelo seu valor terapêutico para o paciente."

E, ainda, traz as diretrizes a serem observada na pesquisa clínica não terapêutica:

> "Na aplicação puramente científica da pesquisa clínica, desenvolvida num ser humano, é dever do médico tornar-se protetor da vida e da saúde do paciente objeto da pesquisa;
> A natureza, o propósito e o risco da pesquisa clínica devem ser explicados pelo médico ao paciente;
> A pesquisa clínica em um ser humano não pode ser empreendida sem seu livre consentimento, depois de totalmente esclarecido; se legalmente incapaz, deve ser obtido o consentimento do responsável legal;
> O paciente da pesquisa clínica deve estar em estado mental, físico e legal que o habilite a exercer plenamente seu poder de decisão;
> O consentimento, como é norma, deve ser dado por escrito. Entretanto, a responsabilidade da pesquisa clínica é sempre do pesquisador; nunca recai sobre o paciente, mesmo depois de ter sido obtido seu consentimento;
> O investigador deve respeitar o direito de cada indivíduo de resguardar sua integridade pessoal, especialmente se o paciente está em relação de dependência do investigador;
> Em qualquer momento, no decorrer da pesquisa clínica, o paciente ou seu responsável serão livres para cancelar a autorização de prosseguimento da pesquisa. O investigador ou a equipe da investigação devem interromper a pesquisa quando, em julgamento pessoal ou de equipe, seja a mesma prejudicial ao indivíduo."[8]

8 https://www.ufrgs.br/bioetica/helsin1.htm

Da abordagem acima é crucial para demonstrar a evolução histórica da preocupação e do surgimento das primeiras disposições sobre o consentimento informado e os princípios trazidos pela história, já atualmente inseridos na legislação brasileira, também no campo da bioética, como forma de se tentar alcançar o verdadeiro objetivo do dever de informar, com o uso adequado do termo de consentimento livre e esclarecido (TCLE) na prática profissional e cotidiana.

2. A TEORIA DA CONFIANÇA

O estudo da teoria da confiança encontra-se intimamente ligado com a abordagem teórica a despeito dos princípios da autonomia (ou exercício da autonomia), do dever de informação (Código de Ética Médica brasileira e, ainda, o Código de Defesa do Consumidor), do princípio da dignidade humana (Constituição Federal do Brasil), da necessidade de prestar consentimento e do direito de que este seja devidamente esclarecedor.

Quando um indivíduo (ou até mesmo uma coletividade) não possui condições de compreender com a capacidade necessária para que o consentimento atinja sua real finalidade, o discurso bioético ganha maior espaço na proteção (garantia) dos direitos fundamentais. No Brasil, inúmeros são os pacientes/indivíduos que apresentam limitações reais (vulneração social), tão latente no país, ainda subdesenvolvido e com significativa população carente, pobre, analfabeta, idosa, drogadita e doente.

A autodeterminação frente às decisões que envolvem a saúde ganhou espaço no Direito e marca a necessidade da correta participação do paciente nos atos decisórios que envolvam sua saúde, física ou mental.

E, frente a frente, encontra-se a confiança que deve ser depositada mutuamente na relação, como uma via de mão dupla: de um lado, o paciente que acredita e confia nas orientações que serão passadas pelo seu médico e, do outro, o paciente que deve colaborar com esse processo, prestando o máximo de informações possíveis e importantes, e, ainda, obedecer às recomendações que lhe serão passadas pelo profissional no intuito de atingir o melhor resultado possível da terapêutica proposta.

A confiança não encontra definição na lei, sendo tratada como teoria no discurso jurídico, podendo ser abstraída isoladamente em artigos de lei e normas esparsas. Em especial, o Código de Ética Médica[9], traz um belo apanhado reflexivo quanto às garantias e a confiança necessária nas relações profissionais.

Inclusive, um dos fundamentos do Código de Ética Médica brasileira é, justamente: "*a busca de melhor relacionamento com o paciente e a garantia de maior autonomia à sua vontade.*"[10]

No Capítulo destinado aos direitos humanos e à relação entre médicos, pacientes e familiares é que localizamos o maior conjunto dessas interpretações e reflexões a respeito da confiança.

> Princípios Fundamentais, Capitulo I, XIX[11];
> **Capítulo IV**
> DIREITOS HUMANOS
> É vedado ao médico:
> Art. 22. Deixar de obter consentimento do paciente ou de seu representante legal após esclarecê-lo sobre o procedimento a ser realizado, salvo em caso de risco iminente de morte.
> Art. 23. (...)

9 RESOLUÇÃO CFM Nº1931/2009.

10 RESOLUÇÃO CFM Nº1931/2009 (Publicada no D.O.U. de 24 de setembro de 2009, Seção I, p. 90). (Retificação publicada no D.O.U. de 13 de outubro de 2009, Seção I, p.173)

11 XIX - O médico se responsabilizará, em caráter pessoal e nunca presumido, pelos seus atos profissionais, resultantes de relação particular de confiança e executados com diligência, competência e prudência.

Art. 24. Deixar de garantir ao paciente o exercício do direito de decidir livremente sobre sua pessoa ou seu bem-estar, bem como exercer sua autoridade para limitá-lo.

Capítulo V
RELAÇÃO COM PACIENTES E FAMILIARES
É vedado ao médico:
Art. 31. Desrespeitar o direito do paciente ou de seu representante legal de decidir livremente sobre a execução de práticas diagnósticas ou terapêuticas, salvo em caso de iminente risco de morte.
Art. 32. Deixar de usar todos os meios disponíveis de diagnóstico e tratamento, cientificamente reconhecidos e a seu alcance, em favor do paciente.
Art. 33. Deixar de atender paciente que procure seus cuidados profissionais em casos de urgência ou emergência, quando não haja outro médico ou serviço médico em condições de fazê-lo.
Art. 34. Deixar de informar ao paciente o diagnóstico, o prognóstico, os riscos e os objetivos do tratamento, salvo quando a comunicação direta possa lhe provocar dano, devendo, nesse caso, fazer a comunicação a seu representante legal.
Art. 35. Exagerar a gravidade do diagnóstico ou do prognóstico, complicar a terapêutica ou exceder-se no número de visitas, consultas ou quaisquer outros procedimentos médicos.
Art. 36. Abandonar paciente sob seus cuidados.
§ 1º Ocorrendo fatos que, a seu critério, prejudiquem o bom relacionamento com o paciente ou o pleno desempenho profissional, o médico tem o direito de renunciar ao atendimento, desde que comunique previamente ao paciente ou a seu representante legal, assegurando-se da continuidade dos cuidados e fornecendo todas as informações necessárias ao médico que lhe suceder.
§ 2º Salvo por motivo justo, comunicado ao paciente ou aos seus familiares, o médico não abandonará o paciente por ser este portador de moléstia crônica ou incurável e continuará a assisti-lo ainda que para cuidados paliativos.

> Art. 37. Prescrever tratamento ou outros procedimentos sem exame direto do paciente, salvo em casos de urgência ou emergência e impossibilidade comprovada de realizá-lo, devendo, nesse caso, fazê-lo imediatamente após cessar o impedimento.
> Parágrafo único. O atendimento médico a distância, nos moldes da telemedicina ou de outro método, dar-se-á sob regulamentação do Conselho Federal de Medicina.
> Art. 38. Desrespeitar o pudor de qualquer pessoa sob seus cuidados profissionais.
> Art. 39. Opor-se à realização de junta médica ou segunda opinião solicitada pelo paciente ou por seu representante legal.
> Art. 40. Aproveitar-se de situações decorrentes da relação médico-paciente para obter vantagem física, emocional, financeira ou de qualquer outra natureza.
> Art. 41. Abreviar a vida do paciente, ainda que a pedido deste ou de seu representante legal.
> Parágrafo único. Nos casos de doença incurável e terminal, deve o médico oferecer todos os cuidados paliativos disponíveis sem empreender ações diagnósticas ou terapêuticas inúteis ou obstinadas, levando sempre em consideração a vontade expressa do paciente ou, na sua impossibilidade, a de seu representante legal.
> Art. 42. Desrespeitar o direito do paciente de decidir livremente sobre método contraceptivo, devendo sempre esclarecê-lo sobre indicação, segurança, reversibilidade e risco de cada método.

O Código Deontológico da Ordem do Médico português (Regulamento 707/2016), de forma muito semelhante ao do Brasil, igualmente traz reflexões e previsões sobre a importância da relação de confiança entre profissionais e seus pacientes.

No Capítulo XI – Segredo Médico, artigo 29 (Princípio geral) encontramos: "*O segredo médico é condição essencial ao relacionamento médico-doente, assenta no interesse moral, social, profissional e ético, que pressupõe e permite uma base de verdade e de mútua confiança."*[12]

Assim é a relação jurídica privada médico-paciente: uma relação de direitos e obrigações de via dupla e também considerada uma relação de consumo, amparada e recepcionada pelo Código de Defesa do Consumir.[13]

Como destacado por CALADO, "*objetivando romper com a visão clássica e atingir o equilíbrio nas relações de consumo, o CDC tem como pedra angular o princípio da vulnerabilidade do consumidor"*[14]

O mesmo autor ainda destaca: "*como ente reconhecidamente vulnerável o CDC busca proteger as expectativas dos consumidores que são depositadas nos fornecedores em relação aos seus produtos/serviços. Esta proteção da expectativa dá lugar à proteção da confiança."*[15]

A confiança, portanto, se trata de um componente fundamental, chave, crucial na relação havida entre o profissional e o doente. Aliás, como muito bem colocado por André Gonçalo Dias Pereira: "*o doente é um leigo, um profano, que se apresenta*

12 Disponível em https://dre.pt/pesquisa/-/search/75007439/details/normal?l=1

13 Art. 4º A Política Nacional das Relações de Consumo tem por objetivo o atendimento das necessidades dos consumidores, o respeito à sua dignidade, saúde e segurança, a proteção de seus interesses econômicos, a melhoria da sua qualidade de vida, bem como a transparência e harmonia das relações de consumo, atendidos os seguintes princípios: I - reconhecimento da vulnerabilidade do consumidor no mercado de consumo; (...). Disponível em http://www.planalto.gov.br/ccivil_03/LEIS/L8078.htm

14 CALADO, Vinicius de Negreiros. Responsabilidade Civil do Médico e Consentimento Informado. Juruá Editora, 2014. p. 110.

15 Op. cit. p. 110.

perante um profissional pelo que merece a aplicação das normas de proteção dos consumidores."[16]

CALADO, citando Claudia Lima Marques, diz que *o princípio da confiança garante ao consumidor-paciente a adequação do serviço médico,* no afã de evitar a violação de suas expectativas, cientificando-o dos riscos oriundos dos serviços médicos."[17]

Portanto, nesta relação de consumo, assim majoritariamente considerada pela doutrina e jurisprudência, deverá sempre haver o respeito e ser garantida a confiança de ambas partes envolvias, como corolário de um bom e satisfativo atendimento, em que o doente (vulnerável) possa realmente confiar e consentir que seu médico (ou outro profissional da saúde) execute do tratamento proposto.

3. A CAPACIDADE DE CONSENTIR E A VULNERABILIDADE HUMANA COMO LIMITAÇÃO DA AUTONOMIA

Alinhando a evolução histórica e os princípios norteadores da relação médico-paciente, nas intervenções biomédicas (sejam elas curativa, experimental terapêutica ou experimental não terapêutica) não mais se admite a violação do dever da informação como garantia da eficácia de qualquer tratamento da saúde humana.

A confiança, entretanto, deve ser mútua. A consciência do direito-dever de cada parte na relação médica estabelecida é fundamental. A participação do paciente ganha espaço no cenário, que deverá exercer seu direito de escolha baseado na autonomia que lhe é conferida para tanto.

---

16 PEREIRA. André Gonçalo Dias, *in Consentimento Informado na relação médico-paciente: estudo de Direito Civil.* Coimbra, 2004. p. 354.

17 Op. cit. p. 112.

Por regra, todo paciente pode apresentar algum grau de vulnerabilidade quando simplesmente enquadrado na condição de paciente. Outras vezes, a situação poderá exigir, mesmo que temporariamente, que o processo de escolha e do exercício da autonomia seja transferido ao seu representante legal.

Uma das ideias de vulnerabilidade é apresentada como princípio, em que a vulnerabilidade é parte da vida de todo e qualquer ser humano, ou seja, no sentido ontológico. É universal e inerente à condição humana estar exposta a sofrer danos[18].

Considerando o contexto de pesquisas biomédicas com seres humanos, vulneráveis são aquelas pessoas ou populações que se encontram feridas ou prejudicadas nos seus interesses. Portanto, *"a qualificação de pessoas e populações como vulneráveis impõe a obrigatoriedade ética da sua defesa e proteção"*.[19]

A vulnerabilidade é inerente à condição humana e entra na linguagem filosófica como a própria realidade constitutiva do homem. Na linguagem filosófica, consolida-se como bem inalienável do agir do homem.

Citando Patrão Neves MC. (*in Sentidos da vulnerabilidade: característica, condição, princípio. In: Barchifontaine CP, Zoboli ELCP. (Orgs) Bioética, vulnerabilidade e saúde. Aparecida: Ideias & Letras; São Paulo: Centro Universitário São Camilo; 2007. p. 29-45)*, Rosecler Machado Gabardo[20] destaca o *entendimento de vulnerabilidade como princípio ético*, trazendo o artigo 8º da Declaração Universal sobre Bioética e Direitos Humanos da Organização das Nações Unidas para a Educação, a Ciência e a

18 Kemp P, Rendtorff JD. Vulnerabilidade (princípio de). In: Hottois G, Missa JN. Nova enciclopédia da bioética. Medicina, ambiente, biotecnologia. Lisboa: Instituto Piaget; 2003. p. 687-692.

19 http://repositorio.unb.br/bitstream/10482/13681/1/2013_Rosecler MachadoGabardo.pdf

20 http://repositorio.unb.br/bitstream/10482/13681/1/2013_Rosecler MachadoGabardo.pdf

Cultura (UNESCO), que exprime a obrigatoriedade de respeito pela vulnerabilidade humana e pela integridade pessoal. A vulnerabilidade humana deve ser tomada em consideração como traço permanente da condição humana, finita e frágil.[21]

E é nesse sentir que a condição de vulnerabilidade (universal e inerente à vida) pode se agravar por fatores externos e intrínsecos àquele paciente/indivíduo (ou grupo) que, de alguma forma, encontra-se com suas capacidades limitadas, diminuindo-lhe, com isso, a autonomia.

Assim, comunga-se do entendimento de que o paciente ou um grupo peculiarmente vulnerável deve ser especialmente protegido, pois apresenta sua condição vulnerável agravada (em estado de vulneração) por outras circunstâncias que exigirão maior proteção ética e consciência moral, sob a expressão de um dever.

A vulnerabilidade agravada (ou o estado de vulneração) pode ser identificada em diversas situações em que o paciente exibe preclara diminuição ou carência de discernimento e compreensão no exercício da autonomia no processo de escolha: indivíduos com transtornos mentais, dependentes químicos, ausência ou parca capacidade intelectual e cultural, idade tenra ou avançada.

Essa vulneração, ou estado de vulneração, pode ocasionar a perda da autonomia e o isolamento social, atingindo valores éticos fundamentais da cidadania e do convívio social, que são o respeito à dignidade humana, a proteção dos direitos humanos e o direito de acesso à saúde.

A *"Bioética da Proteção"* dedica-se à população de vulnerados *"os feridos, no amplo sentido da palavra, não apenas os expostos à condição de vulnerabilidade"* explica o professor Fermin Roland Schramm, da Fundação Oswaldo Cruz (Fiocruz).

---

21 http://unesdoc.unesco.org/images/0014/001461/146180por.pdf

Ainda segundo o professor, a Bioética da Proteção se aplica aos sujeitos e às populações desprovidas das condições mínimas para cuidarem sozinhos das próprias vidas. Aqueles que não são plenamente autônomos, já que não contam com recursos necessários para exercer a autonomia plena.[22]

No Brasil, é alarmante o tamanho da população carente e desprovida de capacidade intelectual, a permitir tomadas de decisões quanto à sua condição de saúde, caracterizando-se como indivíduos *vulnerados*. Fermin Roland Schramm (professor suíço que escolheu o Brasil para morar) vincula, de forma muito acertada, a Bioética à questão de saúde pública, referindo que nosso país é *"marcado por profundas desigualdades".* [23]

E não há que se confundir "proteção" com "paternalismo" (autoritário), já que a proteção do indivíduo é um dos pontos cruciais da reflexão bioética contemporânea, a fim de garantir a melhor assistência àqueles menos favorecidos.

Para tanto, a informação prestada ao doente deve ser clara, objetiva e sincera, capaz de permitir ao paciente que esse possa consentir, ou não, de forma efetivamente livre e esclarecida ao tratamento proposto e seus riscos. As informações devem ser ofertadas com tempo hábil para que as dúvidas do doente possam ser sanadas.

Sempre que uma população sofrer certa privação, ficando aquém dos requisitos básicos para seu bem estar físico, mental e social, pode ser considerada uma população excluída, sendo, portanto, definida pela bioética como vulnerável. Todo e qualquer grupo ou ser humano também será considerado vulnerável, quando não apresentar capacidade para decidir, seja

22 Disponível em http://www.bioetica.org.br/?siteAcao=Destaques&id=134

23 Op.cit.

porque ainda não tem idade, seja porque perdeu a capacidade por doença.[24]

Daisy Giffoni de Mello e Marlene Braz, na revista brasileira de bioética[25], citando Kottow, mencionam a distinção entre dois tipos de vulnerabilidade: primária e secundária. A primária é intrínseca da existência humana, comum a todos, por isso universal, chamada por ele de vulnerabilidade existencial. A segunda é secundária, adquirida, marcada pela destituição e privação, causada por deficiências circunstanciais. Suas fontes seriam: a pobreza, a não escolaridade, as dificuldades geográficas, as doenças crônicas, endêmicas e outros infortúnios, que como condições desfavoráveis, exacerbam a condição de vulnerabilidade intrínseca e predispõe a infortúnios suplementares.[26]

Esses indivíduos ou grupos carecem de programas de saúde pública mais atenciosos e eficazes por parte do poder público. Historicamente, definia-se como vulnerável o deficiente mental, a criança, o idoso, o institucionalizado, aqueles com autonomia reduzida provisória ou definitivamente. Atualmente, a vulnerabilidade, do ponto de vista social, também decorre de relações de desigualdade podendo manifestar-se de modo individual ou coletivo, entre indivíduos, entre diferentes grupos, culturas, etnias e até países.[27]

Como visto, fato é que são inúmeros os conceitos apresentados na tentativa de se definir a vulnerabilidade (palavra que

24 Daisy Giffoni de Mello e Marlene Braz, in Vulnerabilidade, autonomia e ética em pesquisa. Disponível em https://rbbioetica.files.wordpress.com/2014/11/rbb_2009-4_1-2.pdf

25 Op.cit.

26 Kottow M. Comentários sobre Bioética, vulnerabilidade e proteção In: Garrafa V, Pessini L (orgs.). Bioética, poder e injustiça. São Paulo: Edições Loyola, 2003

27 Nunes L. Usuários dos Serviços de Saúde e seus direitos. Revista Brasileira de Bioética 2006; 2(2): 201-219

decorre do latim, *vulnus* – ferida) e, ainda, a vulnerabilidade agravada de um indivíduo em estado de vulneração.

O respeito pela autonomia da pessoa foi erguido no Século XX, passando a se tornar reconhecimento perante a Constituição Federal brasileira de 1988, empoderando o indivíduo como senhor e detentor de direitos fundamentais. A ética, assim, reconhece que, mesmo o indivíduo possuindo autonomia, eventualmente ela não poderia ser exercida, eis que obstaculizada por condições que tornaram tais indivíduos desamparados.

A preocupação com a vulnerabilidade e a autonomia, expressa termo de consentimento, culminou com sua transformação em princípio ético reconhecido, no ano de 2005, como *"respeito pela vulnerabilidade humana"* na Declaração Universal sobre Bioética e Direitos humanos, da Unesco[28].

Conforme destacado por Daisy Giffoni de Mello e Marlene Braz na obra acima citada, a Declaração Universal enfoca a vulnerabilidade de três formas. A primeira quando da apresentação geral, quando se enfatiza a necessidade de reforçar o apoio entre nações no campo da bioética e se solicita o reconhecimento das necessidades específicas das populações vulneráveis. A segunda, como princípio do respeito pela vulnerabilidade humana, considerada na aplicação do conhecimento científico, das práticas médicas, das tecnologias e seus avanços, chamando a atenção para a vulnerabilidade de indivíduos, grupos e sua respectiva proteção. A última alude à cooperação internacional, buscando fomentar a promoção da solidariedade entre Estados, indivíduos e grupos. [29]

E é nesse sentir que se mostra a preocupação latente do Documento de proteger o vulnerável, garantindo-lhe a auto-

28 Unesco. Declaração Universal sobre Bioética e Direitos Humanos. Paris: Unesco, 2005.

29 Revista Brasileira de Bioética 2008; 4(1-2):49-68.

nomia, trazendo inclusive como proceder em casos em que o indivíduo não tenha preservada a capacidade de consentir. A proteção clareia-se também com a importância dada à criação dos Comitês de Ética em Pesquisa com seres humanos.

No Brasil, a Resolução CNS 196/96, que dispõe sobre a ética em pesquisa envolvendo seres humanos exige o Termo de Consentimento Livre e Esclarecido (TCLE) por parte dos sujeitos da pesquisa e define a vulnerabilidade como *"o estado de pessoas ou grupos, que por múltiplas razões ou motivos, tenham sua capacidade de autodeterminação reduzida, sobretudo, no que se refere ao consentimento livre e esclarecido".*[30]

O Código de Ética Médica[31] brasileiro fundamenta-se em quatro princípios: Princípio da Autonomia, da Beneficência, da Não Maleficência e o da Privacidade. Assim, o princípio da autonomia é o princípio, na relação médico-paciente, mais relevante, na medida em que se prioriza o consentimento esclarecido dos seus pacientes, se eles de fato estiverem aptos e cientes de aceitar tais procedimentos e atitudes, garantindo que a confiança possa ser instalada.

De acordo com este princípio, todo indivíduo tem o direito de receber um esclarecimento, dentro do seu nível intelectual, sobre seu quadro clinico e sobre as devidas precauções e tratamento, tendo a opção de escolha de seguir ou não.[32]

---

30 Brasil. Resolução CNS nº 196/96, de 10/10/1996. Diretrizes e normas regulamentadoras de pesquisas envolvendo seres humanos. Brasília: Ministério da Saúde, 1996.

31 Resolução CFM nº 2.217, de 27 de setembro de 2018, modificada pelas Resoluções CFM nº 2.222/2018 e 2.226/2019

32 Disponível em https://gilbianca.jusbrasil.com.br/artigos/334423877/relacao-medico-paciente-dever-de-informacao-e-responsabilidade-civil-pela-perda-de-uma-chance

Indivíduos com pouca ou nenhuma alfabetização não devem apenas ser informados e sim *esclarecidos*[33]. Esse é o real objetivo do termo de consentimento, a fim de que desigualdades sociais possam ser abrandadas no intuito de proporcionar que a autonomia possa ser efetivamente exercida no consentimento.

4. O EXERCÍCIO DA AUTONOMIA EXPRESSADA ATRAVÉS DO TCLE À LUZ DA JURISPRUDÊNCIA

No acordão cuja ementa vai abaixo transcrita (Superior Tribunal de Justiça, 2018), sobreveio a responsabilidade civil do profissional da saúde por violação do consentimento informado e ofensa à autodeterminação, entendimento já há muito reforçado naquela Corte Superior Especial:

> *RECURSO ESPECIAL. VIOLAÇÃO AO ART. 535 DO CPC/1973. NÃO OCORRÊNCIA.*
> *RESPONSABILIDADE CIVIL DO MÉDICO POR INADIMPLEMENTO DO DEVER DE INFORMAÇÃO.* ***NECESSIDADE DE ESPECIALIZAÇÃO DA INFORMAÇÃO E DE CONSENTIMENTO ESPECÍFICO. OFENSA AO DIREITO À AUTODETERMINAÇÃO. VALORIZAÇÃO DO SUJEITO DE DIREITO****. DANO EXTRAPATRIMONIAL CONFIGURADO. INADIMPLEMENTO CONTRATUAL.* ***BOA-FÉ OBJETIVA****. ÔNUS DA PROVA DO MÉDICO. 1. Não há violação ao artigo 535, II, do CPC, quando, embora rejeitados os embargos de declaração, a matéria em exame foi devidamente enfrentada pelo Tribunal de origem, que emitiu pronunciamento de forma fundamentada, ainda que em sentido contrário à pretensão da recorrente.*

33 Braz M. Autonomia: onde mora a vontade livre? In: Carneiro F. A moralidade dos atos científicos. Rio de Janeiro, Fundação Oswaldo Cruz, 1999.

2. É uma prestação de serviços especial a relação existente entre médico e paciente, cujo objeto engloba deveres anexos, de suma relevância, para além da intervenção técnica dirigida ao tratamento da enfermidade, entre os quais está o dever de informação.

3. O dever de informação é a obrigação que possui o médico de esclarecer o paciente sobre os riscos do tratamento, suas vantagens e desvantagens, as possíveis técnicas a serem empregadas, bem como a revelação quanto aos prognósticos e aos quadros clínico e cirúrgico, salvo quando tal informação possa afetá-lo psicologicamente, ocasião em que a comunicação será feita a seu representante legal.

4. O princípio da autonomia da vontade, ou autodeterminação, com base constitucional e previsão em diversos documentos internacionais, é fonte do dever de informação e do correlato direito ao consentimento livre e informado do paciente e preconiza a valorização do sujeito de direito por trás do paciente, enfatizando a sua capacidade de se autogovernar, de fazer opções e de agir segundo suas próprias deliberações.

5. Haverá efetivo cumprimento do dever de informação quando os esclarecimentos se relacionarem especificamente ao caso do paciente, não se mostrando suficiente a informação genérica. Da mesma forma, para validar a informação prestada, não pode o consentimento do paciente ser genérico (blanket consent), necessitando ser claramente individualizado.

6. O dever de informar é dever de conduta decorrente da boa-fé objetiva e sua simples inobservância caracteriza inadimplemento contratual, fonte de responsabilidade civil per se. A indenização, nesses casos, é devida pela privação sofrida pelo paciente em sua autodeterminação, por lhe ter sido retirada a oportunidade de ponderar os riscos e vantagens de determinado tratamento, que, ao final, lhe causou danos, que poderiam não ter sido causados, caso não fosse realizado o procedimento, por opção do paciente.

> *7. O ônus da prova quanto ao cumprimento do dever de informar e obter o consentimento informado do paciente é do médico ou do hospital, orientado pelo princípio da colaboração processual, em que cada parte deve contribuir com os elementos probatórios que mais facilmente lhe possam ser exigidos.*
> *8. A responsabilidade subjetiva do médico (CDC, art. 14, §4º) não exclui a possibilidade de inversão do ônus da prova, se presentes os requisitos do art. 6º, VIII, do CDC, devendo o profissional demonstrar ter agido com respeito às orientações técnicas aplicáveis. Precedentes.*
> *9. Inexistente legislação específica para regulamentar o dever de informação, é o Código de Defesa do Consumidor o diploma que desempenha essa função, tornando bastante rigorosos os deveres de informar com clareza, lealdade e exatidão (art. 6º, III, art. 8º, art. 9º).*
> *10. Recurso especial provido, para reconhecer o dano extrapatrimonial causado pelo inadimplemento do dever de informação.*[34]

Vejamos que na decisão acima citada, o dever de informação é trazido como direito fundamental de todo e qualquer paciente à orientação devida, clara e satisfativa quanto ao tratamento médico proposto e, mais do que isso, diz que o dever de informação decorre do exercício de boa-fé do profissional.

O Superior Tribunal de Justiça reconhece o direito à informação como fonte garantidora do exercício do livre arbítrio, da autodeterminação. E, para que a informação possa atingir sua finalidade, deve ser prestada de forma precisa, e não genérica, através de um TCLE objetivo e eficaz, sob pena de responsabilidade civil. Destacaram os Ministros a necessidade da *"especia-*

34 STJ 2018 REsp 1540580/DF, Rel. Ministro LÁZARO GUIMARÃES (Desembargador Convocado do TRF 5ª Região), Rel. p/ Acórdão Ministro LUIS FELIPE SALOMÃO, Quarta Turma, julgado em 02/08/2018, DJe 04/09/2018.

lização da informação e de consentimento específico, sob pena de ofensa ao direito à autodeterminação, com a valorização do sujeito de direito."

O acordão ainda traz sedimentada a característica da relação médico-paciente como uma prestação de serviços, abarcada pela proteção do Código de Defesa do Consumidor, e ainda destaca o *princípio da autonomia da vontade como fonte do dever de informação e correlato ao termo de consentimento esclarecido* do paciente, parte vulnerável nesta relação. Assim, a confiança sendo quebrada, incidirá a responsabilização pessoal do profissional.

A par do quanto segue, no acordão a seguir ementado, lavrado em 2010, houve por bem a Corte Especial (STJ) absolver o médico que comprovadamente orientou seu paciente sobre os riscos possíveis do tratamento cirúrgico proposto:

> RECURSO ESPECIAL. RESPONSABILIDADE CIVIL. ERRO MÉDICO. ART. 14 DO CDC. CIRURGIA PLÁSTICA. OBRIGAÇÃO DE RESULTADO. CASO FORTUITO. EXCLUDENTE DE RESPONSABILIDADE.
> 1. Os procedimentos cirúrgicos de fins meramente estéticos caracterizam verdadeira obrigação de resultado, pois neles o cirurgião assume verdadeiro compromisso pelo efeito embelezador prometido.
> 2. Nas obrigações de resultado, a responsabilidade do profissional da medicina permanece subjetiva. Cumpre ao médico, contudo, demonstrar que os eventos danosos decorreram de fatores externos e alheios à sua atuação durante a cirurgia.
> *3. Apesar de não prevista expressamente no CDC, a eximente de caso fortuito possui força liberatória e exclui a responsabilidade do cirurgião plástico, pois rompe o nexo de causalidade entre o dano apontado pelo paciente e o serviço prestado pelo profissional.*
> *4. Age com cautela e conforme os ditames da boa-fé objetiva o médico que colhe a assinatura do paciente em termo de consentimento informado, de maneira a alertá-lo acer-*

> *ca de eventuais problemas que possam surgir durante o pós-operatório.*
> *RECURSO ESPECIAL A QUE SE NEGA PROVIMENTO.*[35]

Mais uma vez se observa o instituto da boa-fé como balizador do ato médico, a condenar ou a absolver o profissional da saúde.

De modo geral, o que se pode observar é que o julgador levará em consideração a cautela tomada pelo profissional que busca orientar (satisfatoriamente) seu paciente acerca dos riscos inerentes ao tratamento, deixando-o capaz de exercer livremente a escolha pelo procedimento proposto.

Em ambos recursos em destaque, a boa-fé encontra espaço no campo da responsabilidade médica, na medida em que é considerada e tratada como dever, e, não sendo seguida, é capaz de gerar a responsabilização civil, pela quebra do dever de informação e orientação ao paciente.

Ainda, colaciona-se a seguinte ementa, lavrada de julgamento cujo Relator foi o Ministro Ruy Rosado de Aguiar, do ano de 2002, *in verbis:*

> *RESPONSABILIDADE CIVIL. Médico. Consentimento informado. A despreocupação do facultativo em obter do paciente seu consentimento informado pode significar - nos casos mais graves - negligência no exercício profissional. As exigências do princípio do consentimento informado devem ser atendidas com maior zelo na medida em que aumenta o risco, ou o dano. Recurso conhecido.*[36]

---

35 STJ, REsp 1180815/MG, Rel. Ministra NANCY ANDRIGHI, Terceira Turma, julgado em 19/08/2010, DJe 26/08/2010.

36 STJ, REsp 436827/ SP, Rel. Ministro RUY ROSADO DE AGUIAR, Quarta Turma, julgado em 01/10/2002, DJ 18/11/2002 p. 228, LEXSTJ vol. 160 p. 146.

Veja a importância do profissional buscar de seu paciente seu consentimento, e, como destacado no v. acórdão, com maior zelo *"na medida em que aumenta o risco ou o dano".*

No Brasil, o Conselho Federal de Medicina apresenta a Recomendação nº 1/2016, que dispõe sobre o processo de obtenção de consentimento livre e esclarecido na assistência médica. Nele, é trazida uma série de recomendações para servirem como um verdadeiro guia aos médicos na obtenção do consentimento livre e esclarecido dos seus pacientes.

Neste sentir, o Professor e Doutor André Gonçalo Dias Pereira, in *A consagração do direito ao consentimento informado na jurisprudência portuguesa recente,* revista Direito da Saúde, Vol III, de 23-03-2016, página 168, traz a importância do Acórdão de 2 de junho de 2015 do Supremo Tribunal de Justiça português, ao tratar da responsabilidade civil por violação do consentimento informado.

> "A partir desta decisão torna-se claro que a Jurisprudência reconhece todos os efeitos da violação do consentimento informado, condenando em indemnização por danos patrimoniais e não patrimoniais, decorrentes da violação do direito à autonomia nos cuidados de saúde e do direito à integridade física."

Na mesma obra, ao citar o acórdão de 18 de março de 2010 (Relator: Pires da Rosa), menciona o autor que:

> "O Supremo Tribunal de Justiça afirmou com clareza que pode haver responsabilidade civil pelos danos causados por uma intervenção médica não precedida da necessária informação, sejam os danos derivados da violação do bem jurídico liberdade, sejam os danos correspondentes à violação do bem jurídico integridade físico-psíquica. Trata-se, neste aspecto, de um Acórdão muito importante e que saudamos vivamente. O STJ reconheceu que a violação do

dever de informar conduz a um consentimento inválido, pelo que as lesões causadas à integridade física e à liberdade são ilícitas, donde gera-se uma obrigação de indemnizar os danos patrimoniais e não patrimoniais sofridos pelo doente.[37]

Nas Cortes Superiores de ambos países (Portugal e Brasil), observa-se na doutrina e na jurisprudência o respeito à informação clara, que, uma vez desrespeitada pelo profissional, acarretará a invalidação do termo de consentimento e, com isso, a responsabilização civil daquele que tem o dever de zelar pelo paciente.

A (boa) relação médico-paciente é um dos pontos cruciais nos cuidados para com o doente na prática da medicina, constituindo atualmente um dos embasamentos da ética médica contemporânea.

CONCLUSÃO

Corolário ao todo acima exposto, muito bem concluiu o Professor Dr. André Gonçalo Dias Pereira, em sua obra Alguns Aspetos do Consentimento Informado: *"Importa, pois, desenvolver e compreender o consentimento informado, enquanto um diálogo, um processo, que se estabelece entre o médico e a pessoa, o doente concreto que – na sua vulnerabilidade – deve poder exercer a sua autonomia."*[38]

Resta claro que para a doutrina e jurisprudência dominante e existente sobre a matéria, todo ser humano, na condição de

37 Op.cit. p.164.

38 PEREIRA. André Gonçalo Dias. *Alguns Aspetos do Consentimento Informado, in Anatomia do Crime* (Diretora: Maria Fernanda Palma, Instituto de Direito Penal e Ciências Criminais da Faculdade de Direito de Lisboa), Nº 0, Almedina, 2014, p. 178.

paciente, por si só já deve ser considerado e tratado de maneira especial, em vista da condição de vulnerabilidade que passa a se encontrar, de modo definitivo ou temporário na relação médico--paciente. Quando essa vulnerabilidade é agravada por fatores externos como a analfabetização, o comprometimento mental, dificuldades geográficas, a idade avançada ou tenra (dentre outros como visto alhures), permeando um estado de vulneração, a bioética ganhará mais espaço, garantindo que este doente seja visto de maneira ainda mais cuidadosa e especial.

A todo paciente deve ser segurado o devido acesso às informações médicas de maneira clara e suficiente, a fim de lhe garantir uma boa compreensão a permitir que possa participar do processo de decisão ou escolha de seu tratamento médico. As informações, repassadas através do TCLE (escrito), por vezes podem e devem ser repassadas (também) oralmente, a fim de garantir que o doente tenha efetivamente compreendido o plano terapêutico proposto, a consentir, ou não, a intervenção médica.

Parafraseando William Osler (médico canadense, 1898), concluímos com o conhecido ensinamento: *"Tão importante quanto conhecer a doença que o homem tem, é conhecer o homem que tem a doença"*, ou, ainda *'it is much more important to know what sort of patient has a disease than what sort of disease a patient has'.*[39]

REFERÊNCIAS BIBLIOGRÁFICAS

BRASIL. Resolução CNS no. 196/96, de 10/10/1996. Diretrizes e normas regulamentadoras de pesquisas envolvendo seres humanos. Brasília: Ministério da Saúde, 1996.

BRAZ M. Autonomia: onde mora a vontade livre? In: Carneiro F. A moralidade dos atos científicos. Rio de Janeiro, Fundação Oswaldo Cruz, 1999.

39 Disponível em https://www.ncbi.nlm.nih.gov/pmc/articles/PMC3670719/

CALADO, Vinicius de Negreiros. Responsabilidade Civil do Médico e Consentimento Informado. Juruá Editora, 2014

CFM Nº1931/2009 (Publicada no D.O.U. de 24 de setembro de 2009, Seção I, p. 90) (Retificação publicada no D.O.U. de 13 de outubro de 2009, Seção I, p.173

PEREIRA, André G. D., *"Alguns aspetos do consentimento informado", in Anatomia do Crime* (Diretora: Maria Fernanda Palma, Instituto de Direito Penal e Ciências Criminais da Faculdade de Direito de Lisboa), Nº 0, Almedina, 2014.

_____.*"A consagração da responsabilidade médica por violação do consentimento informado no STJ"* - Ac. do STJ de 2.6.2015, Proc. 1263/06.3TVPRT.P1.S1 (Anotação), in *Cadernos de Direito Privado*, nº 53, 2016, pp. 78 ss.

_____.*"Consentimento Informado na relação médico-paciente: estudo de Direito Civil."* Coimbra, 2004.

KOTTOW M. Comentários sobre Bioética, vulnerabilidade e proteção In: Garrafa V, Pessini L (orgs.). Bioética, poder e injustiça. São Paulo: Edições Loyola, 2003

NUNES L. Usuários dos Serviços de Saúde e seus direitos. Revista Brasileira de Bioética 2006

STJ, REsp 1540580/DF.

STJ, REsp 1180815/MG.

STJ, REsp 436827/ SP.

UNESCO. Declaração Universal sobre Bioética e Direitos Humanos. Paris: Unesco, 2005.

Revista Brasileira de Bioética 2008;4(1-2):49-68.

Resolução CFM nº 2.217, de 27 de setembro de 2018, modificada pelas Resoluções CFM nº 2.222/2018 e 2.226/2019

http://revistabioetica.cfm.org.br/index.php/revista_bioetica/article/viewFile/430/498.

http://efdeportes.com/efd183/codigo-de-nuremberg-e-declaracao-de-helsinki.htm

https://www.unicef.org/brazil/pt/resources_10133.htm

https://www.ufrgs.br/bioetica/helsin1.htm

https://dre.pt/pesquisa/-/search/75007439/details/normal?l=1

http://www.planalto.gov.br/ccivil_03/LEIS/L8078.htm

http://repositorio.unb.br/bitstream/10482/13681/1/2013_RoseclerMachadoGabardo.pdf

http://unesdoc.unesco.org/images/0014/001461/146180por.pdf

http://www.bioetica.org.br/?siteAcao=Destaques&id=134

https://rbbioetica.files.wordpress.com/2014/11/rbb_2009-4_1-2.pdf

https://gilbianca.jusbrasil.com.br/artigos/334423877/relacao-medico-paciente-dever-de-informacao-e-responsabilidade-civil-pela-perda-de-uma-chance

https://www.ncbi.nlm.nih.gov/pmc/articles/PMC3670719/

https://pt.wikipedia.org/wiki/C%C3%B3digo_de_Nuremberg

A TEORIA DA RESPONSABILIDADE CIVIL PELA PERDA DE UMA CHANCE NA SEARA MÉDICA

Lucas Selingardi

INTRODUÇÃO

O presente trabalho possui como principal objetivo o entendimento da Teoria da responsabilidade civil pela perda de uma chance e a possibilidade de sua aplicação em nosso ordenamento pátrio e o estudo do direito comparado, especificamente no que concerne à seara médica.

A evolução da humanidade nos faz observar as situações novas e invenções incríveis no seio de nossa sociedade. Em consequência, os acontecimentos obtiveram uma característica de extrema peculiaridade, qual seja, a aleatoriedade de nosso cotidiano. E assim, o direito, cuja evolução deve acompanhar o desenvolvimento social, teve de regulamentar os casos em que versam sobre tal aleatoriedade.

A teoria da perda de uma chance, portanto, sobreveio ao mundo jurídico para dar cabimento as diversas situações cotidianas e os seus respectivos resultados danosos. Assim, através da aplicação desta teoria há a hipotética indenização advinda de uma conduta que faz desaparecer a possibilidade de um evento que traria benefício futuro à vitima ou evitaria o risco de determinado prejuízo, como por exemplo o fato de o advogado perder o prazo de interposição de eventual recurso.

Em uma analise fática, não podemos afirmar com uma inequívoca certeza, que, em sendo o recurso devidamente interposto, o provimento seria certo. Porém, indispensável é discorrer que há uma possiblidade das reais chances do provimento do recurso, sendo que compete ao juízo analisar a qualidade dessa chance, sendo ínfima ou séria. Veja que no exemplo mencionado, em que pese a aleatoriedade envolvida, estamos diante de uma questão mais factível, diferentemente de qualquer situação derivada da relação médico-paciente.

Tendo em vista a impossibilidade da certeza acima exposta, pode se questionar se há a presença de um dano certo causado pelo advogado, e assim, sujeito a indenização? Neste questionamento reside a aplicação da teoria.

Ao longo dos tempos, o dano decorrente de uma perda de evitar um prejuízo ou de um aferimento de lucro foi inerte pelo Direito. Com o advento do estudo das probabilidades e da observação da aleatoriedade, podemos valorar um dano entregue à própria sorte, definindo a sua importância pecuniária e lhe concedendo certa independência do resultado posterior. Contudo, deve se ater ao caso posto perante a tutela jurisdicional. No caso do advogado acima descrito podemos verificar que a matéria é concreta e mais objetiva, embora também rodeada de incertezas.

Na seara médica não há objetividade diante de todas as nuances que envolvem a ciência da medicina. A objetificação do corpo humano, dos tratamentos adotados, da chance de dura ou de sobrevivência colide frontalmente com os preceitos técnicos médicos e até mesmo legais e, com o devido respeito, não há o que se falar em aplicação desta teoria em uma seara totalmente subjetiva e atrelada a aleatoriedades não mensuráveis.

É necessário esclarecer que há a possibilidade de questionamento de erros médicos e sua apuração mediante a responsabilidade civil pura, através da qual há a ocorrência de uma lesão advinda de uma conduta médica. Neste entendimento estamos diante da aferição de responsabilidade quanto ao dano constatado por si e não de uma suposição de perda de uma chance aleatória e vaga.

Por fim, propõe-se através deste estudo a compreensão da teoria da perda de uma chance no cenário médico e uma reflexão sobre a vida humana.

CAPÍTULO 1. DA RESPONSABILIDADE CIVIL

1.1. Contexto Histórico

A palavra "responsabilidade" tem sua origem no latim, da palavra *respondere,* que significa responder, prometer em troca, sendo o afixo "*re*" - de volta, para trás, e o radical "*spondere*" - garantir, prometer.

Significa, basicamente, o fato de ter alguém se tornado garantidor de algo ou de alguma coisa, ou seja, contém a ideia de segurança ou garantia da restituição ou de compensação. Na Língua Portuguesa compreende a obrigação de responder pelas ações próprias ou de outros. É caráter ou estado de quem é responsável.

Nos primórdios, reinava o costume de que ao agressor caberia a vigança coletiva, deste modo, todo clã de determinado território confrontava com o agressor.

Em uma fase posterior, sob a influência da Lei de Talião, houve uma reação particular para com o agressor. Sob esse entendimento, o mal deveria ser combatido com o próprio mal e como consequência os homens faziam justiça com suas próprias mãos.

Com o intuito de controlar eventuais abusos da sociedade, conforme discorre Maria Helena Diniz:

> (...) o poder público intervinha apenas para declarar quando e como a vitima poderia ter o direito de retaliação, produzindo na pessoa do lesante dano idêntico ao que experimentou. Na lei das XII Tábuas, aparece significativa expressão desses critério na tábua VII, Lei 11º: "si membrum

> rupsit, ni cume o pacit, tálio esto" (se alguém fere a outrem, que sofra a pena de Talião, salvo se existiu acordo).[1]

Nítido perceber que a responsabilidade se operava de modo objetivo, sendo irrelevante a culpa do agressor, apresentando-se tão somente de modo a equiparar o sentimento do lesado ao dano sofrido.

Com a elaboração da Lei de Aquília - Lex Aquilia de danno - houve uma composição entre as partes em confronto, fazendo com que o patrimônio do lesante fosse objeto de reparação do dano causado. Assim, a reparação do dano se tornou em forma pecuniária, desde que houvesse uma noção da culpa do ofensor.

Em suma, esta lei introduziu o que chama-se de dammum iniuria datum, criando a forma de ressarcimento do dano pela diminuição do patrimônio do lesante, fazendo-o empobrecer e, em oposição, reparando o lesado sem efetivar o seu enriquecimento.

No decorrer dos tempos, precisamente na Idade Média, já havia a atuação estatal para a verificação e quantificação dos danos sofridos e com o intuito de aprimorar seus conhecimentos surgiu a noção de dolo ou culpa utilizado em nosso estudo.

Desde o Código Civil de 1916, em nosso sistema jurídico Brasileiro, há a noção acima exposta. O citado código já faz menção a teoria subjetiva para a configuração do ato ilícito, qual seja, exige-se a prova de culpa ou dolo do causador do dano para ocasionar a sua reparação. É nesta teoria subjetiva que o profissional médico está inserido, até mesmo pela expressa disposição contida no Código de Defesa do Consumidor que discorre que aos profissionais liberais será necessário a verificação da presença de culpa.

---

1 DINIZ, Maria Helena. Curso de Direito Civil Brasileiro. São Paulo: Ed. Saraiva. 2005. P. 11.

1.2. Conceito

Embora o contexto histórico tenha demonstrado com clareza o instituto da responsabilidade civil, para uma melhor compreensão é necessário demonstrar o conceito da responsabilidade com suas devidas especificidades.

Carlos Roberto Gonçalves, em um trecho de sua obra, em sucintas palvras descreve que:

> "Pode-se afirmar, portanto, que a responsabilidade exprime ideia de restauração de equilíbrio, de contraprestação, de reparação de dano. Sendo múltiplas as atividades humanas, inúmeras dão também as espécies de responsabilidade, que abrangem todos os ramos do direto e extravasam os limites da vida jurídica, para se ligar a todos os domínios da vida social. Coloca-se, assim, o responsável na situação de quem, por ter violado determinada norma, vê-se exposto as consequências não desejadas decorrentes da conduta danosa, podendo ser compelido a restauras o *statu quo ante.*"[2]

Embora o conceito acima explanado, mister é realizar a diferenciação entre obrigação e responsabilidade. O primeiro, é um vínculo jurídico confere ao sujeito ativo, qual seja o credor, o direito de exigir o cumprimento de determinada prestação economicamente aferível do sujeito passivo, ou seja, o devedor, ao passo que a responsabilidade somente surgirá se o devedor deixar de cumprir com a obrigação avençada.

A obrigação é derivada de diversas fontes e deve ser cumprida de modo espontâneo e livre. Contudo quando não ocorrer, surge a responsabilidade, que se torna uma consequência jurídica patrimonial do descumprimento de determinada obrigação.

2 GONÇALVES, Carlos Roberto. Direito Civil Brasileiro. São Paulo: Saraiva, 2011. P. 20.

Por fim, Maria Helena Diniz conceitua a responsabilidade como:

> (...) a aplicação de medidas que obriguem alguém a reparar dano moral ou patrimonial causado a terceiros em razão de ato do próprio imputado, de pessoa por quem ele responde, ou de fato de coisa ou animal sob sua guarda ou, ainda, de simples imposição legal.[3]

Em suma, a responsabilidade é uma consequência pelo não cumprimento de uma obrigação e com esta não deve se confundir.

1.3. Requisitos

Bastante difícil é a caracterização dos requisitos necessários para se configurar a responsabilidade civil, pois há diversas imprecisões das doutrinas acerca deste ponto. Porém, em uma forma muito objetiva, tem que são requisitos indispensáveis: a ação ou omissão; a ocorrência de um dano de ordem moral ou patrimonial e o nexo de causalidade entre a ação e o dano.

A ação ou omissão conforme observa Maria Helena Diniz é:

> a ação, elemento constitutivo de responsabilidade, vem a ser o ato humano, comissivo ou omissivo, ilícito ou licito, voluntário e objetivamente imputável, do próprio agente ou de terceiro, ou o fato de animal ou coisa inanimada, que cause dano a outrem , gerando o dever de satisfazer os direito do lesado.[4]

Deste modo, tem-se o entendimento que a ação é um ato humano comissivo ou omissivo, composto por voluntariedade e discricionariedade, ilícito ou lícito, que causa um determinado dano

---

3 DINIZ, Maria Helena. Curso de Direito Civil Brasileiro. São Paulo: Ed. Saraiva. 2007. P. 34.

4 DINIZ, Maria Helena. Curso de Direito Civil Brasileiro. São Paulo: Ed. Saraiva. 2005. P. 44.

a outrem e lhe imputa um dever de ressarcimento. Diz que o ato é comissivo quando o agente pratica determinado ato que não deveria ser efetivado, em oposição, ocorre a omissão quando o agente possuindo um dever de agir, nada o faz, quedando-se inerte.

No que tange a ilicitude, podemos auferir a ideia de culpa como por exemplo: imprudência, negligência ou imperícia e quando há a prática de determinado ato lícito, estamos defronte ao risco. Em outras palavras, haverá culpa sempre que houver um ilícito e haverá risco, nos atos que embora lícitos, geram o dever de indenizar.

Na responsabilidade civil do profissional médico há a necessidade de se provar a culpa nas modalidades de negligência, imprudência ou imperícia. Na concepção de Miguel Kfouri Neto:

> A **negligência** médica - di-lo Genival Veloso de França - caracteriza-se pela inação, indolência, inercia, passividade. É ato omissivo. O abandono do doente e a omissão de tratamento, a negligencia de um médico pela omissão do outro... Na lição de Avecone, a negligência é o oposto de diligência, vocábulo que remete à palavra latina, diligere, agir com amor, com cuidado e atenção, evitando quaisquer distrações e falhas. Portanto, na base da diligência está sempre uma omissão dos comportamentos recomendáveis, derivados da comum experiência ou das exigências particulares da prática médica... Na **imprudência**, há culpa comissiva. Age com imprudência o profissional que tem atitudes não justificadas, açodadas, sem usar de cautela... **imperícia** é a falta de observação das normas, a deficiência de conhecimentos técnicos da profissão, o despreparo prático. Também caracteriza a imperícia a incapacidade para exercer determinado ofício, por falta de habilidade ou ausência dos conhecimentos necessários, rudimentares, exigidos numa profissão[5].

5 KFOURI NETO, Miguel. Responsabilidade Civil do Médico. 8º Edição. São Paulo. Revista dos Tribunais, 2013.

A ocorrência de um dano, seja moral ou patrimonial, é o segundo requisito indispensável para a constituição da responsabilidade e para Agostinho Alvim, o termo:

> Dano, em sentido amplo, vem a ser a lesão de qualquer bem jurídico, e aí se inclui o dano moral. Mas, em sentido estrito, dano é, para nós, a lesão do patrimônio; e patrimônio é o conjunto das relações jurídicas de uma pessoa, apreciáveis em dinheiro. Aprecia-se o dano tendo em vista a diminuição sofrida no patrimônio. Logo, a matéria do dano prende-se à da indenização, de modo que só interessa o estudo do dano indenizável.[6]

Tal opinião acima elencada é o conceito clássico acerca do dano que é aquele decorrente de uma diminuição patrimonial, ou seja, de um bem jurídico, desde que, haja uma prova real e concreta da lesão.

O reparo do dano moral, nas palavras de Maria Helena Diniz:

> na reparação do dano moral, o dinheiro não desempenha a função de equivalência, como no dano material, porém, concomitantemente, a função satisfatória e a de pena. Se a responsabilidade civil constitui uma sanção, não há porque não se admitir o ressarcimento do dano moral, misto de pena e compensação. Portanto, há danos cujo conteúdo não é dinheiro, mas a dor, a emoção, a afronta, a aflição física ou moral, ou melhor, a sensação dolorosa experimentada pela pessoa.[7]

Em suma, ainda que o dano moral seja de ordem não patrimonial, seu ressarcimento deve ser realizado com intuito de diminuir a aflição ocasionada.

---

6 ALVIM, Agostinho. Da inexecução das obrigações e suas consequências. São Paulo: Saraiva. 2008. p. 171-172.

7 DINIZ, Maria Helena. Curso de Direito Civil Brasileiro. São Paulo: Ed. Saraiva. 2005. P. 64.

Por fim, como o terceiro e importante requisito, temos o nexo de causalidade, o liame entre a ação ou omissão e o resultado danoso, ou seja, é o vínculo entre o prejuízo e a ação.

O nexo causal representa uma relação indispensável entre a ação e o dano, devendo ser considerada como sua causa.

Posto todo o entendimento da responsabilidade civil, bem como seu avanço histórico e seus requisitos, passaremos a análise da teoria da responsabilidade civil pela perda de uma chance.

CAPÍTULO 2. DA TEORIA DA RESPONSABILIDADE CIVIL PELA PERDA DE UMA CHANCE

Esse tema foi objeto de estudo na Itália, em 1940, por Giovanni Pacchioni, Professor da Università di Milano.

Pacchioni, em sua obra, realizou o primeiro questionamento ao analisar os casos de perda de uma chance: "o que ocorreria com o responsável que mediante uma ação culposa, fizesse com que outra pessoa fosse privada da obtenção de um lucro".[8]

O catedrático milanês analisou diversos casos, sendo os mais comuns: o exemplo de um jóquei que deve montar em um cavalo de corrida, porém que não chega a tempo, por culpa exclusiva do proprietário do animal; um pintor que envia através do correio uma obra para ser exposta, mas, por culpa do correio o quadro foi destruído e não fora entregue à exposição; o advogado que não interpõe o recurso no prazo correto, fazendo com que seu cliente não obtenha a reforma da antiga decisão.

Segundo o citado autor, em todos esses exemplos a vítima possui argumentos sólidos para requerer uma indenização. Contudo, afirma ser difícil requerer um ressarcimento, tendo em vista que não há um dano específico e somente há uma sim-

8 PACCHIONI, Giovanni. Dirito Civile Italiano. Parte seconda: Diritto delle obbligazioni. Padova: Cedam, 1940, p. 109-115.

ples chance, que se traduz em uma possibilidade totalmente aleatória e não em um valor certo e determinado.

Em suma, os exemplos trazidos geram apenas situações desagradáveis, porém incapazes de causar um ressarcimento patrimonial, pelo menos por ora. Em seu entendimento, Pacchioni declara: " que uma simples possibilidade, uma chance, tem sim um valor social notável, mas não um valor de mercado".[9]

Adriano de Cupis, um mestre do Direito Italiano fez a correta aplicação e definição da responsabilidade civil pela perda de uma chance. Em seu entendimento, o dano decorrente da perda de uma chance é um dano totalmente independente do dano final, devendo ser entendido como uma espécie de dano emergente.

Para uma melhor compreensão da tese defendida por Adriano, faz-se necessária o entendimento de lucro cessante e dano emergente. Carlos Roberto Gonçalves em sucintas palavras nos traz a explicação

> *Dano emergente* é o prejuízo efetivo, a diminuição patrimonial sofrida pela vítima. É, por exemplo, o que o dano do veículo danificado por outrem desembolsa para consertá-lo. Representa, pois, a diferença entre o patrimônio que a vítima tinha antes do ato ilícito e o que passou a ter depois. *Lucro cessante* é a frustação da expectativa de lucro. É a perda de um ganho esperado.[10]

Adriano de Cupis adotou posições contrárias do antigo professor citado, pois embora havia o reconhecimento da perda de uma chance e seu ideal entendimento, o ordenamento jurídico italiano não era capaz de legitimar tal direito, havendo assim uma lacuna a ser completada mais tarde.

9 Idem, p. 111.

10 GONÇALVES, Carlos Roberto. Direito Civil Brasileiro. São Paulo: Saraiva, 2011, p. 361-362.

Ao realizar a análise dos mesmos casos acima expostos, Adriano de Cupis admite que, no exemplo do jóquei não há o que se requerer o ressarcimento do dano sobre o montante total do pagamento do vencedor da corrida, uma vez que não se tem a inequívoca certeza de que caso o cavalo participasse da corrida, ele sairia vitorioso. Os danos nesses casos são meramente hipotéticos e necessitam de uma detalhada análise para se auferir se deve haver ou não uma reparação.

Na mesma linha de raciocínio, Adriano de Cupis reconheceu a existência de uma possibilidade de vitória antes da ocorrência de um evento danoso que bloqueou o livre andamento dos fatos. Conforme descrito em um trecho de seu livro:

> a vitória é absolutamente incerta, mas a possibilidade de vitória, que o credor pretendeu garantir, já existe, talvez em reduzidas proporções, no momento que se verifica o fato em função do qual ela é excluída : de modo que se está em presença não de um lucro cessante em razão da impedida futura vitória, mas de um dano emergente em razão da atual possibilidade de vitória que restou frustrada.[11]

Assim, notório e importante é frisar que considerando a perda de uma chance como um dano emergente, consistente na perda da chance da vitória e não da perda da própria vitória, aniquilam-se as eventuais dúvidas acerca da existência do dano e de seu nexo de causalidade.

Por outro lado, não pode ser considerado que simples esperanças aleatórias sejam passiveis de indenização, haja vista que se tratam tão somente de situações vagas e sem qualquer fundamento viável.

11 DE CUPIS, Adriano. Il Dano: teoria generale della responsabillità civille, 2º Ed. 2º vol. Milano: Giuffrè, 1966, p. 264.

O referido autor foi um dos mais importantes para a concretização da teoria, pois reconheceu a existência de um dano totalmente independente do dano final, consistindo tão somente no dano da perda da chance, assim como inseriu como dano emergente e por fim, discorreu que somente as chances sérias e reais que devem ser passiveis de indenização.

Maurizio Bocchiola, foi o autor responsável pelo preenchimento do ideal entendimento dessa teoria, através de seu artigo " Perdita di uma chance e certezza Del danno".

Neste importante instrumento, Maurizio trouxe diversos conceitos e aprendizados para a admissão da teoria da responsabilidade civil pela perda de uma chance.

Segundo Maurizio Bocchiola, a palavra chance possui o entendimento de a probabilidade de obter um lucro ou de evitar uma perda; logo, a perda desta chance adquiria um valor econômico, de natureza patrimonial.

Seguindo a análise dos casos anteriormente estudados e brevemente demonstrados neste trabalho por Pacchioni a Adriano de Cupis, Bochiola descreve seu parecer:

> é inútil esperar para saber se haverá ou não um prejuízo, porque o seu concretizar-se não depende absolutamente de qualquer acontecimento futuro e incerto. A situação é definitiva e não poderá ser modificada. Um determinado fato interrompeu o curso normal dos eventos, que poderia dar origem a uma fonte de lucro, de tal modo que não é mais possível descobrir se a chance teria ou não se realizado.[12]

O cerne da teoria em comento é a de que se fosse possível, com uma inequívoca certeza, saber se há o êxito da chance per-

12 BOCCHIOLA, Maurizio. Perdita di uma chance e certezza Del danno. In: Rivista Trimestrale di Diritto e Procedura Civile. Ano XXX, 1976, p. 58.

dida, teríamos a certeza do dano final e assim, o ofensor deveria ser obrigado a repará-lo por todo o dano sofrido. Em oposição, se fosse possível demonstrar que a chance nunca seria concretizada, teria a certeza de inexistência de um dano final e assim, o ofensor em nada iria reparar.

Aqui encontramos um grande questionamento, qual seja: Se não podemos determinar qual seria o resultado dos eventos, podemos dizer que há um dano certo e, portanto, passível de ressarcimento?

A resposta embora seja de difícil análise imediata, se dá de um modo positivo em algumas situações do cotidiano, contudo, não é o que se percebe na atividade médica. Nesta, há uma imprevisibilidade tamanha e os resultados são aleatórios, não sendo admissível aceitar que o resultado de um tratamento é de garantia certa ou que a cirurgia a ser realizada tem a certeza da cura para aquela doença. Em resumo, a perda de uma probabilidade de um ganho ou de evitar um prejuízo não é factível na medicina.

No estudo desta teoria restou entendido que somente as chances sérias e reais deveriam ser objeto de apreciação do judiciário e assim, alguns doutrinadores indicaram à chance um percentual mínimo que deverá ser verificado pelo magistrado e até mesmo pelo ofendido. A chance, ou seja, a probabilidade de que esta traga a vantagem esperada deve ser superior a 50% (cinquenta por cento). Caso esse índice seja inferior, o juiz deverá considerar improcedente a demanda, cuja fundamentação se dará no sentido de que não houve uma prova suficiente para a comprovação da chance perdida.

Ao concluir sua obra, Bocchiolla sintetizou seus argumentos:

> I – a chance, desde que com uma probabilidade de sucesso superior a 50% (cinquenta por cento), pode ser considerada um dano certo e, assim, ser indenizável;

II – será indenizável como dano emergente e não como lucro cessante;
III – a certeza de tal dano será valorada segundo um cálculo de probabilidade.[13]

Em suma, restou entendido que a chance deve ser considerada quando há uma probabilidade de sucesso estabelecida em percentual conforme acima descrito. Ademais, em não havendo probabilidade suficiente não haverá indenização financeira pela chance.

CAPÍTULO 3. DA APLICAÇÃO DA TEORIA DA RESPONSABILIDADE CIVIL PELA PERDA DE UMA CHANCE NO ORDENAMENTO PÁTRIO

3.1. A Posição Doutrinária

Somente nos últimos anos é que a teoria da responsabilidade civil pela perda de uma chance tem sido objeto de estudo por parte de doutrinadores brasileiros. Rafael Pettefi da Silva realizou uma dissertação para a conclusão de mestrado na Universidade Federal do Rio Grande do Sul, onde faz menção a teoria advinda da França, citando os julgados e os precursores da aplicação da teoria no Direito Francês.

Os demais doutrinadores brasileiros se limitaram a realizar breves comentários acerca do tema em suas obras de responsabilidade civil, quais sejam, Agostinho Alvim, Jose de Aguiar Dias, Sérgio Severo, Miguel Maria de Serpa Lopes, Sérgio Cavalieri Filho, Silvio Venosa e Judith Martins Costa.

Apesar de um grandioso avanço do tema no decorrer dos últimos anos, a doutrina brasileira trata o assunto de um modo simples. Em uma visão geral tem-se que a aplicação da teoria da

---

13 BOCCHIOLA, Maurizio. Perdita di uma chance e certezza Del danno. In: Rivista Trimestrale di Diritto e Procedura Civile. Ano XXX, 1976. p. 102`.

responsabilidade civil pela perda de uma chance é plenamente aceita por nosso ordenamento jurídico, mas não há consenso quanto a aplicação desta na seara médica.

Agostinho Alvim, ao analisar os casos em que o advogado perde o prazo para a interposição de determinado recurso, afirma que seria impossível provar, que acaso o recurso devidamente impetrado, este fosse passível de provimento. Contudo, Alvim reconhece a existência de um dano independente da perda de pretensão judicial, acredita que há uma perda de chance de ver a matéria questionada ser reexaminada por uma instância superior, dano este que é passível de indenização, vez que é revestido de certeza e de quantificação.

Alvim não se limitou em analisar somente os casos em que o profissional liberal conduz, em sua obra também citou o caso de uma determinada pessoa que iria participar de um concurso, com a apresentação de um animal de espécie rara para a obtenção do robusto prêmio final. Contudo, ocorre que a pessoa que ficou incumbida da tarefa de zelar pelo animal faz com que ele venha a óbito em um acidente que poderia ter sido evitado.

Não há o que se dizer em ressarcimento no montante do prêmio do concurso devidamente pago pelo ofensor negligente, pois estamos defronte de um dano hipotético, carecedor de certeza da vitória do animal no certame. Em oposição, não há o que se dizer também que, antes da participação do animal no concurso, este possuía uma possibilidade de sair vencedor e em consequência, perceber o prêmio final. Na conclusão do caso, Agostinho Alvim descreve, "esse a mais, que ele valia, entrava como elemento ativo no patrimônio de seu dono. De modo que, se o que se pede é esse a mais, e não o prêmio, não se está no terreno da fantasia e sim do real".[14]

14 ALVIM, Agostinho. Da inexecução das obrigações e suas consequências, São Paulo: Editora Jurídica e Universitária, 1965, p. 193.

Por toda a interpretação de Alvim, fácil é identificar que esse "a mais" equipara-se a chance perdida de o animal perceber o prêmio do concurso, caso viesse a participar. O autor reconheceu, de modo expresso, que a teoria é passível de aplicação em nosso ordenamento e ainda, concedeu à chance um valor pecuniário.

Jose de Aguiar Dias acolheu a teoria em sua obra, porém de modo diferenciado. O caso é de um advogado que não realiza o preparo tempestivamente de um recurso, e está assim descrita:

> Se o advogado, porém, deixa de recorrer, não obstante os desejos do cliente incorrem em responsabilidade. Por que desobedecer-lhes às instruções, tanto mais que tem o direito, se com elas não se conforma, de renunciar ao mandato, desde que não o faça intempestivamente? Por pensar assim é que não podemos conformar à opinião manifesta pelo Tribunal de São Paulo, ao decidir que a simples possibilidade de ser reformada uma decisão mediante interposição de recurso, não preparado no prazo pelo advogado, não autoriza a ação de reparação contra o profissional esse aresto (...) deixou de decretar uma responsabilidade que, de sua própria leitura, nos parece irrecusável, porque não há advogado digno desse título que não avalie a gravidade da falta de não preparar o recurso. Contudo – e é o que sucederá na maioria dos casos – o autor não fizera prova do prejuízo e, nessas condições, não obstante reconhecida a responsabilidade, não seria, realmente, possível uma condenação.[15]

Pela passagem acima transcrita, apesar de identificar a responsabilidade do advogado em razão de sua negligência, Aguiar Dias afirma que a prova desse ato seria muito difícil e por assim ser, não seria possível auferir uma condenação em face do ofen-

15 AGUIAR DIAS, José de. Da responsabilidade civil, 10º Ed, Rio de Janeiro: Forense, 1995, p. 296.

sor. Aqui há um tratamento diferenciado da teoria original, ao tratar da chance perdida como uma espécie de lucros cessantes, que precisa da prova do dano final, impossível de ser realizada no caso em comento ante a aleatoriedade que o cerca.

Miguel Maria da Serpa Lopes também admite a aplicação da teoria, porém com suas ressalvas:

> Tem-se entendido pela admissibilidade do ressarcimento em tais casos, quando a possibilidade de obter um lucro ou evitar um prejuízo era muito fundada, isto é, quando mais do que a possibilidade havia de probabilidade suficiente, é de se admitir que o responsável indenize essa frustração. Tal indenização, porém se refere à própria chance (...) tudo quanto se impõe é a investigação judicial em torno das circunstâncias de que se revista cada caso, e apurar se delas emerge uma situação clara e definida, uma apreciação sobre a possibilidade perdida, se certa ou hipotética.[16]

O doutrinador Caio Márcio da Silva Pereira ressalta que deverá haver uma probabilidade suficiente, sendo séria e real. Assim descreve, "é claro, então, que se a ação se fundar em mero dano hipotético, não cabe reparação. Mas esta será devida se se considerar dentro da ideia de perda de uma oportunidade (perte d`une chance) e puder situar-se a certeza de dano".[17]

Em um parecer mais recente, Judith Martins- Costa disserta sobre o assunto, precisamente sobre o artigo 403 do Código Civil,

> Embora a realização da chance nunca seja certa, a perda da chance pode ser certa. Por estes motivos não vemos óbice à

16 SERPA LOPES, Miguel Maria de. Curso de Direito Civil, v. II: Obrigações em Geral. 7º Ed, Rio de Janeiro: Freitas Bastos, 2000, p. 391.

17 PEREIRA, Caio Mário da Silva. Responsabilidade Civil, 9º Ed, Rio de Janeiro: Forense, 2002, p. 42

> aplicação criteriosa da Teoria. O que o art. 403 afasta é o dano meramente hipotético, mas se a vítima provar a adequação do nexo causal entre a ação culposa e ilícita do lesante e o dano sofrido (a perda da probabilidade séria e real), configurados estarão os pressupostos do dever de indenizar.[18]

Silvio de Salvo Venosa, ao expressar sua opinião acerca do tema, acredita que a perda de uma chance é um terceiro gênero de indenização, sendo que sua localização estaria entre o dano emergente e o lucro cessante, e que desde que havendo um grau razoável de probabilidade, o dano se torna passível de ressarcimento.

O primeiro a discutir o tema em nosso território nacional foi o ilustre Sérgio Novais Dias, que se propôs em realizar uma obra com originalidade, sem recorrer aos doutrinadores franceses e italianos. Por tal razão é que em sua obra a chance é considerada como espécie de lucro cessante, não reconhecendo a chance por si só. Focou seu estudo na responsabilidade civil pela perda de uma chance do advogado, como segue abaixo um trecho de sua obra,

> As duas soluções radicais que podem ser cogitadas, para essa questão da perda de uma chance, não resolvem o problema, porque ambas conduzem a resultado injusto. Uma sustenta que advogado não pode ser responsabilizado na perda de uma chance, sob o fundamento de que, não se tendo a certeza do resultado, não se pode ter a como certa e existência do dano. Outra propugna que o advogado deve sempre e integralmente ser responsabilizado pela totalidade do resultado negativo que a perda da chance proporcionou ao cliente, medindo o prejuízo entre a situação primitiva e aquela que estaria se sua pretensão tivesse sido inteiramente acolhida. Ambas as soluções não satis-

18 MARTINS-COSTA, Judith. Comentários ao Novo Código Civil, Rio de Janeiro: Ed. Forense, 2003, p. 362.

> fazem, pois, na primeira, teríamos o advogado como um ser intocável e irresponsável por seus atos e omissões no exercício da profissão, causando danos terríveis e não ressarcidos aos seus clientes. Na segunda, haveria uma situação de loteria, pois veríamos clientes desejando que seu próprio advogado falhasse, deixando de interpor o recurso cabível ou de ajuizar a ação antes de ultrapassado o prazo decadencial, pois aí, por mais frágil que fosse o direito que o cliente postulasse ser reconhecido, o advogado poderia ser responsabilizado integralmente pelo total da pretensão, que seria para o cliente o caminho mais fácil para alcançar o ganho.[19]

No entender deste autor, a perda de uma chance teria tão somente um valor extrapatrimonial,

> É claro que toda vez em que o advogado deixa de recorrer o cliente perde a chance de ver a questão reexaminada pela instância superior. Contudo, nas situações em que, pela matéria discutida, não havia probabilidade de sucesso, não se pode cogitar de dano patrimonial causado pelo advogado, porque o prejuízo material sofrido pelo cliente não terá decorrido da falta de recurso, pois este, sem chances de êxito, nenhuma alteração para melhor ensejaria em favor do cliente. Neste caso, o dano que se pode considerar; embora nem sempre ocorra, é extrapatrimonial, ou dano moral, consistente na frustração decorrente de não ver a pretensão reexaminada por um órgão jurisdicional superior.[20]

Ocorre que o apontamento realizado por este autor enquadrando a chance perdida como espécie de lucro cessante diverge da teoria original, sendo inclusive, uma posição contrária.

---

19 DIAS, Sérgio Novais. Responsabilidade Civil do Advogado: perda de uma chance, São Paulo: LTR, 1999, p. 15.

20 Idem, p. 67.

Rafael Peteffi da Silva, grande responsável por fomentar a discussão em nosso ordenamento, após estudar a posição dos doutrinadores da França, acredita que a chance perdida tem duas interpretações, sendo em momentos considerada como um dano específico, independente do dano final e em outros momentos, é entendida como o próprio dano final. Nos dizeres do autor:

> (...), entende-se que a correta sistematização atual da teoria da perda de uma chance encerra duas categorias. A primeira embasada em um conceito de causalidade parcial em relação ao dano final. Imperioso ressaltar os casos da seara médica, como enfoca Fraçois Chabas, podem ser observadas nas duas categorias da teoria da perda de uma chance, não se apresentando como objeto exclusivo da segunda aplicação.
> A rigor, pretende-se propor aqui uma ruptura, porém não mais entre os casos clássicos e aqueles vinculados á seara médica. Também seria correto afirmar que todas as vezes que o processo aleatório em que se enquadrava a vítima é interrompido, com a perda definitiva da vantagem esperada e a total aniquilação das chances da vítima, está-se diante de chances perdidas como dano específico e autônomo. Porém, quando o processo aleatório chegou ao final, como costuma acontecer na seara médica, a noção de causalidade parcial é chamada a depor. Neste último caso, a conduta do agente apenas retira algumas chances de a vítima auferir a vantagem esperada, fazendo com que esta ainda possa ser alcançada.[21]

Diante de todas as obras aqui expostas no presente capítulo, fácil é identificar que ainda que haja divergências quanto ao enquadramento da indenização da chance perdida, ora con-

21 PETEFFI DA SILVA, Rafael. Responsabilidade Civil pela perda de uma chance: uma análise do direito comparado ao brasileiro. São Paulo: Atlas, 2007, p. 103-104.

siderada como dano patrimonial, ora como dano moral, classificada por alguns autores como espécie de dano emergente e para outros como lucro cessante e ainda, para alguns como um meio termo, chega-se a um entendimento que, desde os mais antigos até os mais atualizados, ocorre por parte da esmagadora maioria a aceitação da teoria da chance perdida desde que séria e real.

Exposto o conceito da responsabilidade civil, da teoria da perda de uma chance e o entendimento doutrinário cumpre proceder a análise no âmbito médico conforme se verá abaixo.

3.2. Da impossibilidade de aplicação da teoria na seara médica

Tendo em vista que a teoria da perda de uma chance possui fundamento doutrinário e inexiste previsão legal, temos que é por sua natureza dotada de incerteza. E, em se tratando de sua aplicação à medicina tal incerteza fica ainda mais evidente.

Na seara médica ocorre um verdadeiro problema relativo à causa ou ao concurso de causas na produção do dano. Não podemos nos reportar somente as soluções trazidas pela indenização da chance perdida, haja vista que incidem diversos fatores no resultado danoso e ainda que fosse auferida a conduta médica como a única responsável, teríamos a certeza do erro e assim, não estaríamos diante de um juízo de probabilidades.

Neste raciocínio estaríamos diante de um dano certo e determinado e não de uma probabilidade a ser auferida e assim, haverá aa aplicação das disposições contidas em nosso Código Civil, especificamente nos artigos:

> Art. 186. Aquele que, por ação ou omissão voluntária, negligência ou imprudência, violar direito e causar dano a outrem, ainda que exclusivamente moral, comete ato ilícito.
> Art. 927. Aquele que, por ato ilícito (arts. 186 e 187), causar dano a outrem, fica obrigado a repará-lo.

> Parágrafo único. Haverá obrigação de reparar o dano, independentemente de culpa, nos casos especificados em lei, ou quando a atividade normalmente desenvolvida pelo autor do dano implicar, por sua natureza, risco para os direitos de outrem.

Frise-se que embora haja a constatação de um dano indenizável, necessário será fazer prova da culpa do médico e do nexo de causalidade conforme disposições contidas no Código de Defesa do Consumidor e exposição nos capítulos anteriores.

Nos dias atuais o profissional médico não é considerado como pessoa dotada de confiabilidade como antigamente e, diante deste cenário, a falibilidade humana passou a ser objeto de questionamento em evidente crescente. São inúmeros os casos em que o paciente ou os seus familiares buscam uma resposta do judiciário pela não aceitação do ocorrido. Com o devido respeito à dor vivenciada e ao inconformismo pela terminalidade da vida ou pela ausência de cura, a pretensão jurisdicional se tornou inócua diante da complexidade e aleatoriedade da atividade médica.

Na verdade, a relação médico e paciente, antes dotada de pessoalidade, passou a ser uma prestação de serviços com finalidade mercantil, o que faz dificultar ainda mais a aceitação dos pacientes frente às intercorrências experimentadas. O cenário mercantilista da atividade médica trouxe a conotação de um serviço objetivo, matemático, puro e simples, mediante o qual deve ser prestado e, em havendo qualquer falha, deve ser questionado.

Penso que a atualidade e o mercado econômico trouxe à atividade médica o utópico entendimento de que a saúde humana passou a ser um produto comercializável. Ressalto, neste raciocínio, a utopia neste entendimento justamente por não ser possível classificar a saúde como um produto ou sequer um serviço a ser prestado objetivamente.

Ademais, os pacientes adquirem a contratação de um serviço que visa o seu bem-estar e sua cura, quando na verdade se esquecem que a medicina não é uma ciência exata e que não somos infinitos em nossa existência. As variáveis sobre o assunto já seria o suficiente para trazer aos pacientes a conclusão de que nada será absoluto em se tratando do corpo humano e que a reparação de uma chance, seria, no mínimo, temerária.

Em que pese as argumentações acima descritas, os pacientes buscam mediante um processo judicial um acréscimo de seu patrimônio e não se voltam, em muitas das vezes, para o efeito indenizatório de uma demanda. Mais um fator a ser considerado nesta seara, posto que é uma constatação diária.

Toda esta reflexão deve recair sobre a aplicação da teoria da perda de uma chance na seara médica, justamente pela razão de que estamos diante de uma área dotada de tamanha subjetividade e peculiaridades, sem qualquer aferição de grau razoável de probabilidades.

A teoria em comento descreve um conceito que não pode ser acolhido pela medicina e ainda, menciona percentuais de probabilidade que não condiz com a atividade médica. Não é possível contabilizar, em qualquer parâmetro, a possibilidade de cura, o êxito do tratamento ou as intercorrências de um procedimento cirúrgico. O que é compreensível é de que há literaturas pertinentes sobre êxito, tratamentos corretos, as intercorrências prováveis, mas jamais podemos contabilizar objetivamente e com grau de certeza todos estes.

Ademais toda a conotação de uma ação judicial referente à erro médico possui nuances como acima descrito e penso que em se tratando de ação consubstanciada na perda de uma chance tais nuances são ainda mais intangíveis e obscuras.

Nos casos médicos não há como valorar a chance perdida e sempre restará a dúvida quanto as variáveis atreladas ao corpo humano. Ora, se pudéssemos valorar a chance perdida de duas pacientes que passaram pelo mesmo procedimento cirúrgico e hipoteticamente foram banidas de uma chance de cura, como decifrar tal chance no mundo jurídico? Como imputar um valor indenizatório a chance perdida? Como mensurar a extensão desta chance para tais pacientes que possuem organismos totalmente distintos, características individuais e histórico singular? Como entender que há uma chance séria e real de cura? Como afirmar que foi a conduta médica a responsável pela perda de uma chance de cura?

Sinceramente, não vejo resposta para tais perguntas e creio que as variáveis e subjetividade da medicina ultrapassam qualquer contabilização ou quantificação humana. Em nossa vida e na medicina nada é certo, tudo é uma expectativa e não há o que se falar ao contrário.

A aleatoriedade da vida humana reflete diretamente na medicina e, por assim ser, não podemos considerar garantias certas e determinadas. Logo, não podemos aplicar a teoria da perda de uma chance em um âmbito incerto e totalmente aleatório, sob pena de se aplicar uma injustiça. Neste sentido Igor de Lucena Mascarenhas e Adriano Marteleto Godinho descreve:

> "Ocorre que, conforme defendido ao longo do texto, a teoria da perda de uma chance objetiva uma relação que é, por excelência, subjetiva. A aplicação de percentuais de cura ou sobrevivência ao corpo humano é indevida, uma vez que varia de acordo com cada corpo. A aplicação de um estudo genérico a um indivíduo especifico gera um enriquecimento sem causa. O autor, caso detenha chances inferiores à média utilizada, será hiperrindenizado, o que acarretará perda para o réu, ao passo que, se detiver chances superiores à média utilizada, será hipoindenizado..."[22]

22 MASCARENHAS, Igor de Lucena; GODINHO, Adriano Marteleto. A utópica aplicação da teoria da perda de uma chance no âmbito do direito médico: uma análise da jurisprudência de TJRS, TJPR e TJPE. Revista Direito e Liberdade, Natal, v. 18, nº 3, p. 159-192, set, dez. 2016. Quadrimestral.

Assim, não poderá a tutela jurisdicional servir para aplicação de uma teoria subjetiva em um âmbito incerto. Este é o entendimento de Eduardo Dantas que disserta sobre a questão:

> "Aceitar a ideia de compensação para eventos médicos com base na perda de uma chance significa aceitar a ideia de uma semi-responsabilidade parcial, onde a compensação pode ser concedida considerando não apenas o grau de incerteza, mas também a possibilidade de que o evento hipotético aconteça mesmo sem a interferência do médico, sendo parte de um desenvolvimento natural do tratamento, intervenção ou doença." (traduzido)[23]

Em suma, com o devido respeito a aplicabilidade desta teoria em outras searas e circunstâncias, não merece guarida frente a seara médica pelas razões acima descriminadas. O dano derivado da chance será sempre hipotético e o ressarcimento, por consequência, será duvidoso.

3.3. A teoria da perda de uma chance na doutrina portuguesa

O presente artigo busca uma breve análise de tal teoria no entendimento de Portugal, o qual também decorre de entendimento doutrinário e análise jurisprudencial.

Preliminarmente, necessário é transcrever que inexiste fundamento legal objetivo para aplicação da teoria da perda de uma chance no âmbito médico no ordenamento português, mas há fundamento legal específico para a responsabilidade civil e reparação do dano. Neste aspecto, a legislação brasileira e portuguesa se assemelham e o entendimento da responsabilidade

23 DANTAS, Eduardo. The Inapplicability of the loss os a chance theory in cases of medical responsability in the brazilian legal system. Ano 2017: 327-345.

civil do médico e ações envolvendo o erro médico possuem a compreensão conforme descrita nos capítulos anteriores.

Em Portugal também fora constatado um aumento nas ações judiciais em que se questiona a conduta médica e, diante disto, a produção doutrinal e jurisprudencial sobre o tema tem sido destaque.

Verdade é que inexiste entendimento único sobre a questão da aplicabilidade da teoria da perda de uma chance em casos médicos, justamente pela aleatoriedade da medicina e concepção jurídica da perda de chance conforme descreve Rute Teixeira Pedro:

> "Da aceitação da ressarcibilidade da perda de chance não se pode inferir que toda a chance é merecedora de proteção jurídica e, consequentemente, a sua perda geradora de um direito à correspondente reparação. O raciocínio tem que fazer-se inversamente. Deve partir-se da identificação de uma chance como entidade merecedora de tutela jurídica para o equacionamento, em caso de sua afetação lesiva por ato de terceiro, da ressarcibilidade do seu desaparecimento. Assim, a relevância da autonomização das chances (perdidas) para efeitos ressarcitórios é função da relevância jurídica que às mesmas é reconhecida independentemente da situação geradora da sua perda e fundadora do consequente pedido indemnizatório. Quer dizer, as entidades aletórias (chances), cuja destruição vai merecer reparação, não ingressam na cidadela jurídica apenas com a produção do evento lesivo que as afeta, antes sendo dignas de um reconhecimento, pelo direito, a montante desse evento. Imperioso é, portanto, que a chance, cuja perda se equaciona ressarcir, mereça proteção jurídica qua tale"[24]

24 TEIXEIRA PEDRO, Rute. A perda de chance de cura ou sobrevivência: um remédio necessário para o funcionamento da responsabilidade civil médica? – a revisitação de um tema. 2016. Coimbra. Portugal.

Neste entendimento é de se ressaltar toda a problemática envolvendo a existência ou não da chance perdida no mundo jurídico. Ora, não pode ser considerada qualquer chance como objeto de reparação indenizatória, mas somente aquelas que são reais e sérias.

Embora a doutrinadora acima mencionada faça referência quanto a aceitação da teoria da responsabilidade civil pela perda de uma chance de cura ou de sobrevivência, a mesma discorre que o médico atua em um cenário com diversas variáveis que não estão em seu alcance. Ademais, acrescenta sobre a dificuldade probatória do nexo causal entre a conduta do profissional médico e o dano constatado. Enfim, novamente se destaca toda a problemática da atividade médica.

Em que pese todo o aqui descrito, há o consenso de que a questão médica deverá ser detalhadamente analisada pelo juiz com a maior clareza da situação técnica, possibilitando a este a constatação da probabilidade, bem como a sua valoração.

CONCLUSÃO

O ordenamento jurídico brasileiro possui como princípio o da reparação integral dos danos, segundo o qual qualquer lesão que ocorra ao patrimônio de alguém deve haver a indenização pela extensão sofrida, desde que os requisitos sejam devidamente preenchidos.

Os artigos que discorrem acerca da responsabilidade civil coadunam com a efetivação da teoria da perda da chance em nosso ordenamento. Porém, tal aplicação se mostra temerária na seara médica.

Diante da análise da teoria da perda de uma chance não é possível aceitar a compatibilidade desta com os casos médicos. Não podemos afirmar, com segurança suficiente, de que em determinada hipótese caso o profissional tivesse agido com maior grau de diligência, o resultado seria diferente. A aleatoriedade não pode ser mensurada e sequer recair, unicamente, ao profissional médico.

Não podemos admitir a aplicação da teoria da perda de uma chance frente à incerteza da atividade médica e até mesmo pela impossibilidade de tabelar o corpo humano. Não há como o juiz verificar o grau de razoabilidade da probabilidade derivada da medicina.

Pelo estudo doutrinário da teoria em questão restou demonstrado a indicação de percentuais para a sua aplicabilidade e, portanto, a ausência ou impossibilidade de indicação de tal parâmetro já serviria para seu não cabimento.

Se não fosse o suficiente há uma complexidade tremenda em valorar a chance perdida, o que fica ainda mais evidente na subjetividade já comentada.

Enfim, todos os detalhes da teoria da responsabilidade civil pela perda de uma chance não se mostram adequados perante a atividade médica e, portanto, admitir a sua aplicabilidade é conduta precipitada. Não há argumentos sólidos e seguros para se conceber a chance perdida e sequer mensurá-la.

Por todas estas razões e aliado a toda a expectativa errônea dos pacientes quanto a terminalidade da vida e garantia de cura é que não se pode dar provimento a uma demanda indenizatória baseada numa chance perdida.

A subjetividade e aleatoriedade da medicina serão eternas e não será a tutela jurisdicional capaz de transcender tais adjetivos.

REFERÊNCIAS BIBLIOGRÁFICAS

AGUIAR DIAS, José de. Da responsabilidade civil, 10º Ed, Rio de Janeiro: Forense, 1995.

ALVIM, Agostinho. Da inexecução das obrigações e suas consequências. São Paulo: Saraiva. 2008.

BARROS MONTEIRO, WASHINGTON DE. Curso de Direito Civil: direito das obrigações, 7ª Ed. São Paulo: Revista dos Tribunais, 1981.

BOCCHIOLA, Maurizio. Perdita di uma chance e certezza Del danno. In: Revista trimestrale di Diritto e Procedura Civile, 1976.

BRASIL, Lei nº 8.078/1990. Código de Defesa do Consumidor. Jornal Oficial da União. 11.09.1190.

BRASIL, Lei nº 10.406/2002. Código Civil Brasileiro. Jornal Oficial da União. 11.01.2002.

BUSNELLI. Perdita di uma chance e risarcimento Del danno, in Il Foro Italiano, v. LXXXVIII, parte quarta, Roma: Società Editrice Del Foro Italiano, 1965.

CAVALIERI FILHO, Sergio. Programa de Responsabilidade Civil. 8ª Ed. São Paulo: Atlas, 2008.

CHAVES, Antonio. Responsabilidade Civil. São Paulo: Bushatsky. 1972.

DANTAS, Eduardo. The Inapplicability of the loss os a chance theory in cases of medical responsability in the brazilian legal system. Ano 2017.

DE CUPIS, Adriano. Il Danno: teoria generale della responsabilità civile, 2ª Ed. Milano: Giuffrè, 1966.

DIAS, Sérgio Novais. Responsabilidade Civil do Advogado: perda de uma chance, São Paulo: LTR, 1999.

DINIZ, M. H. Curso de Direito Civil Brasileiro. 21ª Edição. Vol. 7 – Responsabilidade Civil. São Paulo: Editora Saraiva, 2007.

GONÇALVES, Carlos Roberto. Direito Civil Brasileiro. São Paulo: Saraiva, 2011.

KFOURI NETO, Miguel. Responsabilidade Civil do Médico. 8ª Ed. São Paulo: Revista dos Tribunais, 2013.

MARTINS-COSTA, Judith. Comentários ao Novo Código Civil, Rio de Janeiro: Ed. Forense, 2003.

MASCARENHAS, Igor de Lucena; GODINHO, Adriano Marteleto. A utópica aplicação da teoria da perda de uma chance no âmbito do direito médico: uma análise da jurisprudência de TJRS, TJPR e TJPE. Revista Direito e Liberdade, Natal, v. 18, nº 3, p. 159-192, set,dez. 2016. Quadrimestral.

MAZEUD, Henri.; MAZEUD, Leon. Tratado Teórico y Práctico de La Responsabilidad Civil Delictual y Contractual. 5ª Ed. Buenos Aires: Ediciones Jurídicas Europa-América, 1961.

MIRANDA, Francisco Cavalcanti Pontes de. Tratado de Direito Privado. 3ª Ed. São Paulo: Revista dos Tribunais, 1984.

NORONHA, Fernando. Direito das obrigações. Fundamentos do Direito das obrigações: Introdução à Responsabilidade Civil. 2ª Ed. rev. e. atual. São Paulo: Saravia, 2007.

PACCHIONI, Giovanni. Dirito Civile Italiano. Parte seconda: Diritto delle obbligazioni. Padova: Cedam, 1940.

PEREIRA, Caio Mário da Silva. Responsabilidade Civil, 9º Ed, Rio de Janeiro: Forense, 2002, p. 42.

RODRIGUES, S. Direito Civil – Responsabilidade Civil. 20ª Edição. Vol. 4. São Paulo: Saraiva, 2003.

SAVATIER, René. Traité de La Responsabilieté Civile em Droit Français, 2ª Ed. Paris: Librairie Generale de Droit ET Le Jurisprudence Editora, 1951.

SAVI, Sérgio. Responsabilidade Civil por Perda de uma Chance. 3ª Ed. São Paulo: Atlas, 2012.

SERPA LOPES, Miguel Maria de. Curso de Direito Civil, v. II: Obrigações em geral, 7ª Ed. Revista e atualizada, Rio de Janeiro: Freitas Bastos, 2000.

SILVA, Rafael Peteffi da. Responsabilidade Civil pela Perda de uma Chance, no Direito Francês. Dissertação (mestrado em Direito) – Universidade Federal do Rio Grande do Sul, Porto Alegre, 2001.

SILVA, Rafael Peteffi da. Responsabilidade Civil Pela Perda de uma Chance: uma análise do direito comparado e brasileiro. 3ª Ed. São Paulo: Atlas, 2013.

TEIXEIRA PEDRO, Rute. A perda de chance de cura ou sobrevivência: um remédio necessário para o funcionamento da responsabilidade civil médica? – a revisitação de um tema. Coimbra. Portugal. 2016.

VENOSA, S. S. Direito Civil – Responsabilidade Civil. 11ª Edição. Vol. 4. São Paulo: Atlas S.A., 2011.

VINEY, Geneviève; JOURDAIN, Patrice. Traité de Droit Civil. 2ª Ed. Paris: L.G.D.J., 1998.

JUDICIALIZAÇÃO NA SAÚDE SUPLEMENTAR E A NATUREZA URGENTE DAS AÇÕES JUDICIAIS

Maíra Pereira Dantas

O direito à saúde está garantido no artigo 6° da Constituição Federal de 1988, como direito à vida, fundamentalmente ligado ao princípio da dignidade da pessoa humana, e não se resume apenas à assistência médico-hospitalar, mas se estende a toda e qualquer atuação interdisciplinar de promoção, prevenção e tratamento em saúde. Abarca, portanto, a cobertura de todos e quaisquer planos diagnóstico e terapêutico corretamente instituídos incluindo-se o acesso a medicamentos de alto custo e procedimentos de alta complexidade (PEPE, 2010).

As constituições brasileiras anteriores foram omissas quanto ao direito à saúde. De forma compensatória, a Carta Magna de 1988 foi pródiga nessa concessão, tendo sido fortemente influenciada pela transição política democrática traduzida pela chamada Reforma Sanitária e marcada pelo progressivo olhar social da área com a criação de Conselhos Consultivos (Conselho Consultivo de Administração da Saúde Previdenciária-CONASP, Conselho Nacional dos Secretários Estaduais de Saúde-CONASS, Conselho Nacional dos Secretários Municipais de Saúde-CONASEMS). O esforço dos conselhos consultivos e dos sanitaristas foi premiado pela Assembleia Constituinte quando fez constar na Lei Maior o conceito universal, descentralizado e integral da assistência à saúde sacramentado pelo artigo 196 onde se lê: "Saúde é um direito de todos e dever do Estado". (ALVES, 2015) A aplicabilidade desse direito constitucionalmente estabelecido estava condicionada a implantação e planejamento de um conjunto de políticas públicas que pudessem garanti-lo. Foi assim que em 19 de setembro de 1990 foi criado o Sistema Único de Saúde (SUS) através da Lei Orgânica da Saúde nº 8.080 que "Dispõe sobre as condições para a promoção, proteção e recuperação da saúde, a organização e o funcionamento dos serviços correspondentes e dá outras providências". (PAULA, 2016).

Sendo assim, todos os cidadãos brasileiros deveriam ter pleno acesso a ações de promoção, proteção e recuperação de saúde, nos âmbitos individual e coletivo tomando por base o conceito abrangente da Organização Mundial da Saúde (OMS) de 1946, segundo a qual a saúde se caracteriza como o completo bem-estar físico, mental e social do indivíduo e não apenas como a ausência de doenças. Esse direito está fundamentado ainda no entendimento pela Declaração Universal dos Direitos Humanos de 1948, de que a saúde é condição indispensável à dignidade da pessoa humana e ao inviolável direito à vida, elencada assim como direito social fundamental. Ainda que a amplitude do conceito permita a variável compreensão do estado de bem-estar entre os indivíduos, o artigo 197 da Constituição Federal de 1988 reconheceu que as ações e serviços de saúde são de relevância pública, cabendo ao Poder Público dispor, nos termos da lei, sobre sua regulamentação, fiscalização, controle e execução, seja diretamente ou por meio de terceiros e, também, por pessoa física ou jurídica de direito privado. O artigo 199 da Constituição de 1988 facultou à iniciativa privada participar da atividade assistencial de forma complementar ao Sistema Único de Saúde (SUS), segundo suas diretrizes e através de contrato de direito público ou privado, tendo preferência as entidades filantrópicas e as sem fins lucrativos (§1º) (FLEURY, 2012).

Diante do exposto acima, afirma-se que a saúde no Brasil compreende um sistema único, de acesso universal igualitário e gratuito, constituído por entidades públicas e por entidades privadas com caráter supletivo, sendo ambas de natureza relevante e complementares. Nota-se, também, que a garantia do acesso à saúde é dever do Estado, e tem de ser mantida mediante políticas públicas eficientes, não cabendo ao Poder Público repassar a responsabilidade do descumprimento ao setor privado, a não ser, obviamente, nos limites estabelecidos pela própria Constituição (TRAVASSOS, 2013).

A criação da Agência Nacional Reguladora de Saúde Suplementar (ANS) foi um importante marco para o mercado de saúde suplementar, tornando possível a regulamentação do setor bem como sua normatização e fiscalização, respeitados os princípios de livre iniciativa, permitindo uma salutar competição econômica que fomentou a profissionalização da gestão em saúde dentro de critérios de qualidade e segurança. A ANS constitui uma autarquia sob regime especial, vinculada ao Ministério da Saúde, que regula as atividades de assistência suplementar à saúde por meio de resoluções, instruções e súmulas normativas, e por resoluções operacionais. A ANS é responsável ainda pela definição e revisão periódica de uma lista de consultas, exames e tratamentos, denominada Rol de Procedimentos e Eventos em Saúde, que os planos de saúde são obrigados a oferecer e atualizar periodicamente, conforme cada tipo de plano de saúde seja ambulatorial, hospitalar (com ou sem obstetrícia), referência ou odontológico. Diferentemente da extensa discussão sobre a natureza consumerista da relação entre o paciente e seu médico, o usuário de plano de saúde é inegavelmente um consumidor, o que o torna titular dos direitos previstos no Código de Defesa do Consumidor (CDC). Isso decorre da combinação dos artigos 2º e 3º do CDC, posto que o usuário seja pessoa física que adquire e utiliza serviço como destinatário final (artigo 2º do CDC) e o plano de saúde, seja pessoa jurídica de direito privado que desenvolve atividade de comercialização e de prestação desse mesmo serviço (artigo 3º do CDC). A própria legislação específica da saúde suplementar prevê a aplicação do CDC aos contratos de plano de saúde, de forma subsidiária. Com o intuito de dar maior proteção e segurança para os contratantes de planos de saúde, foi editada a Lei nº 9.656/98 conhecida como a Lei dos Planos de Saúde, que, dentre outras determinações, obriga planos de saúde a cobrir qualquer necessidade imperiosa e urgente na qual se encontre o aderente, como se pode extrair da redação da referida Lei, em seu artigo 35-C, inciso I, com a redação dada pela Medida Provisória nº 2.177 - 44/01, em que expressamente se determina: " *É obrigatória a cobertura do atendimento nos casos: I - de emergência, como tal definidos os que implicarem risco imediato de vida ou de lesões irreparáveis para o paciente, caracterizada em declaração do médico assistente".* Conceituam-se planos de saúde como sistemas de prestação de serviços médico-hospitalares, para atendimento em larga escala, onde a contratação de um seguro mediante pré-pagamento permite ao contratante dispor de uma rede própria, credenciada ou referenciada de hospitais, clínicas, médicos, laboratórios, entre outros. Fica bem caracterizada a natureza mercantil contratual que dá à clientela acesso a um mercado restrito mediante o pagamento da compra, a despeito de existirem diversas modalidades e combinações de contratações (PAULA, 2016).

A partir do início da década de 2000, após a devida regulamentação da atuação dos planos de saúde, os cidadãos passaram a recorrer ao Poder Judiciário, alegando ora o descumprimento de cláusulas contratuais acordadas com as operadoras, ora o descumprimento do direito à saúde por parte do Estado. O Poder Judiciário no afã de ofertar proteção à vida ao paciente, dito vulnerável e hipossuficiente, acabou por protagonizar um aumento significativo de ações judiciais na área da saúde. Este fenômeno, denominado judicialização da saúde, representado pela busca por acesso a produtos e serviços de saúde, tem tomado grande vulto, causando impactos significativos na estruturação, no financiamento e na organização do sistema de saúde como um todo. A judicialização da saúde tornou-se uma preocupação nacional, chegando a motivar a realização de uma Audiência Pública no Supremo Tribunal Federal com emissão da Recomendação nº 31/2010 do Conselho Nacional de Justiça (CNJ) determinando que cada estado estabelecesse um Comitê Executivo, compondo o Fórum Nacional da Saúde para o monitoramento e a solução de demandas judiciais atinentes ao assunto, inclusive o fornecimento de medicamentos. (PEPE, 2010) O fenômeno da judicialização traduz em certa medida a ineficiência das políticas públicas estabelecidas pelo Poder Executivo em prover o atendimento satisfatório dentro do mínimo necessário à saúde da população brasileira forçando o cidadão a recorrer ao Poder Judiciário. No Conselho Nacional de Justiça tramitava, em 2011, um total de 240.980 processos sanitários que se elevaram ao montante de 393.000 ações em apenas 03 anos (ALVES, 2015). Ainda segundo dados do CNJ, foi possível a identificação de 498.715 processos de primeira instância, distribuídos entre 17 justiças estaduais, e 277.411 processos de segunda instância, distribuídos entre 15 tribunais estaduais, no período entre 2008 e 2017.

A sustentabilidade das operadoras de saúde suplementar se submete a critérios gerenciais próprios de acompanhamento, onde o mais conhecido é a sinistralidade conceituada como relação entre despesas e receita referentes a dado período, habitualmente de 12 meses. Trata-se de índice calculado pela razão entre sinistros realizados (custos de assistência) e o prêmio (receitas da assistência), medida em percentual. Serve como base para cálculos de reajuste, viabilidade de contratos e análise do equilíbrio na relação entre as partes (PIRES, 2008). A tendência de crescimento da sinistralidade vistas nos últimos anos (entre 2003 e 2014), ultrapassando o percentual dito seguro de 75% pode justificar a redução do número de operadoras no mercado, sobretudo aquelas com número de beneficiários inferior a 10.000. A redução está diretamente associada à complexidade dos processos regulatórios necessários, mas nos alerta para o risco à sobrevida de empresas similares. Essa diminuição do número de operadoras pode estar conduzindo o país à oligopolização do setor, com uma demanda crescente pelo serviço, representado pelo crescimento da taxa de cobertura a despeito do aumento das dificuldades operacionais e menor margem de lucro. (ARAÚJO e SILVA, 2018). O aumento dos gastos em saúde também teve o envelhecimento da população como causa, com aumento correspondente de usuários vinculados a planos médico-hospitalares chegando a 47,2 milhões em 2018, aproximadamente 52% do total de beneficiários. A operação de planos de saúde é viabilizada por estrutura de financiamento baseada no mutualismo, em que mensalidades pagas por todos os beneficiários em um período são destinadas para cobertura das despesas assistenciais de determinado grupo. Se os gastos aumentam significativamente em função da idade, a precificação dos planos de saúde deve seguir mesmo padrão para garantia do equilíbrio financeiro e atuarial. Como a regulamentação brasileira impõe limites definidos na Resolução nº. 6/98 do Conselho de Saúde Suplementar, a transferência de recursos entre gerações só é viável se beneficiários jovens continuarem a aderir aos planos. A necessidade de transferência pelos jovens para subsidiar número crescente de idosos é adversa e nos mesmos moldes do regime previdenciário impossível de ser mantida no contexto demográfico atual e futuro do país. (SANTOS, 2019) No entanto, já se questiona até que ponto a busca do povo por soluções através do Poder Judiciário constitui ou não uma ofensa à isonomia e/ou à integralidade. Se somente uma parcela reduzida da população tem acesso ou conhecimento para usar dessa iniciativa, o tratamento em questão passaria de alguém que já estava na fila para quem recebeu a prioridade judicialmente adquirida. Além disso, as decisões dos processos nem sempre significam benefícios ao próprio indivíduo podendo acarretar, secundariamente, desequilíbrios sociais imprevistos (TORRES, 2013).

Ainda dentro dessa linha de discussão, mesmo que a saúde esteja positivada pela legislação vigente, espera-se nos julgados a aplicação de alguns princípios jurídicos, a saber: os Princípios de Razoabilidade e Proporcionalidade dentro da análise do caso concreto e da equivalência entre o que se pede e o que verdadeiramente se quer alcançar; os Princípios da Isonomia e da Integralidade já mencionados; e os princípios aparentemente antagônicos da Reserva do Possível e do Mínimo Existencial. A expressão reserva do possível trata da verdade econômica de que existe um limite para recursos disponíveis diante de infinitas necessidades a serem supridas. A definição de mínimo existencial envolve o suprimento de bens e utilidades mínimas à sobrevivência. Todos esses princípios nos alertam que a Justiça distributiva precisa alcançar uma ampla visão social de conjunto onde as escolhas alocativas possibilitem o maior número possível de benefícios ou de beneficiários. (BARCELLOS, 2002).

No entanto, tem prevalecido a jurisprudência de que a Teoria da Reserva do Possível não pode se sobrepor à Teoria do Mínimo Existencial, não devendo o Estado se escusar de fornecer ao cidadão o mínimo necessário à sua dignidade. Há que se ressaltar ainda que os gastos públicos não podem ser relocados aleatoriamente devendo atender às previsões da lei orçamentária. (BERTELI, 2016)

A regulamentação dos planos privados com a Lei nº 9.656 de 03 de junho de 1998 definiu as operadoras como pessoas jurídicas de direito privado, aumentando significativamente o número de demandas judiciais envolvendo consumidores e operadoras. A esse fenômeno se convencionou dar o nome de Judicialização da Saúde Suplementar, referindo-se à busca por acesso a insumos e serviços de saúde por intermédio da Justiça em face não do Estado, mas das empresas privadas que comercializam os seguros de saúde no mercado suplementar. Essa lei aparentemente eliminou os contratos de adesão que pareciam permitir abusos por parte das seguradoras além de uniformizar as regras de limitações e coberturas repassando a autoridade desse equilíbrio à agência reguladora (PAULA, 2016).

Em 2007, O Superior Tribunal de Justiça (STJ) se manifestou a respeito através de artigo doutrinário publicado na Biblioteca Digital Jurídica (BDJur) onde o Ministro Luís Roberto Barroso transcreve em artigo com particular maestria, o cenário desafiador da judicialização da saúde:

"A intervenção do Poder Judiciário, mediante determinações à Administração Pública para que forneça gratuitamente medicamentos em uma variedade de hipóteses, procura realizar a promessa constitucional de prestação universalizada do serviço de saúde. O sistema, no entanto, começa a apresentar sintomas graves de que pode morrer da cura, vítima do excesso de ambição, da falta de critérios e de voluntarismos diversos. Por um lado, proliferam decisões extravagantes ou emocionais, que condenam a administração ao custeio de tratamentos irrazoáveis – seja porque inacessíveis, seja porque destituídos de essencialidade – bem como de medicamentos experimentais ou de eficácia duvidosa, associados a terapias alternativas. Por outro lado, não há um critério firme para a aferição de qual entidade estatal – União, Estados e Municípios – deve ser responsabilizada pela entrega de cada tipo de medicamento. Diante disso, os processos terminam por acarretar superposição de esforços e de defesas, envolvendo diferentes entidades federativas e mobilizando grande quantidade de agentes públicos, aí incluídos procuradores e servidores administrativos. Desnecessário enfatizar que tudo isso representa gastos, imprevisibilidade e disfuncionalidade da prestação jurisdicional. Tais excessos e inconsistências não são apenas problemáticos em si. Eles põem em risco a própria continuidade das políticas de saúde pública, desorganizando a atividade administrativa e impedindo a alocação racional dos escassos recursos públicos. No limite, o casuísmo da jurisprudência brasileira pode impedir que políticas coletivas, dirigidas à promoção da saúde pública, sejam devidamente implementadas. Trata-se de hipótese típica em que o excesso de judicialização das decisões políticas pode levar a não realização prática

da Constituição Federal. Em muitos casos, o que se revela é a concessão de privilégios a alguns jurisdicionados em detrimento da generalidade da cidadania, que continua dependente das políticas universalistas implementadas pelo Poder Executivo." Da Falta de Efetividade à Judicialização Excessiva: Direito à Saúde e Fornecimento Gratuito de Medicamentos e Parâmetros para a Atuação Judicial. BARROSO, 2007.

No entanto, existem ponderações sobre efeitos negativos reais diante desse fenômeno em três ângulos principais. O primeiro aponta que o deferimento absoluto e irrestrito de pedidos judiciais pode aprofundar as desigualdades de acesso ao sistema, comprometendo os princípios da isonomia e da integralidade anteriormente citados, na medida em que favorece àqueles que têm maior possibilidade de veicular sua demanda judicialmente, em detrimento dos que não possuem acesso à justiça; de igual modo, ações de natureza individual ou de grupos minoritários podem, por força da Justiça, se sobrepor à demanda coletivamente estabelecida. O segundo refere-se ao comprometimento do planejamento da gestão por inserções imprevistas dificultando a execução das ações de administração pública ou privada, cuidadosamente estudadas pelos gestores e sanitaristas, com base em indicadores sólidos, levando a maior custo na aquisição de medicamentos e serviços. O terceiro refere-se à segurança do paciente em razão de possíveis prescrições inadequadas ou com indicações terapêuticas sem evidências científicas bem estabelecidas, muitas vezes, por forte influência da indústria farmacêutica. O uso de medicamentos sem registro sanitário ou fora das indicações para as quais foram registrados (uso *off label*) pode também significar riscos à saúde. Cabe ao gestor de saúde, considerado o cenário atual, buscar intensificar a interlocução com as diversas instâncias do sistema de justiça (Judiciário, Procuradorias Estaduais e Municipais, Ministério Público e Defensoria Pública) no sentido de fornecer subsídios para a compreensão da complexidade do problema e de seus desafios. O desenvolvimento de instrumentos operacionais tem sido sugerido como suporte às decisões judiciais através da criação de câmaras técnicas que permitam a atualização constante das informações pertinentes. O acesso aos dados relevantes deveria estar prontamente disponível para consulta de forma prática, ágil e com linguagem compreensível que permita o compartilhamento por diversos agentes, com formações específicas de diversos campos do conhecimento, mas infelizmente, não é essa a realidade na maior parte dos tribunais pátrios. (PEPE, 2010)

A verdade é que, quando o cidadão não tem plenamente atendido, o tratamento que julga merecer, acaba por pleitear a garantia desse direito através de relações contenciosas e processuais de natureza jurídica. A relação jurídica é o vínculo entre pessoas físicas ou jurídicas onde uma delas pode pretender alguma coisa a que a outra está obrigada estabelecendo-se, o mais das vezes, uma contenda ou relação contenciosa. Para ordenação dessa relação se estabelece um processo, série ordenada de atos, tendentes a um fim, que compreendem direitos, deveres e ônus das partes, além de poderes, direitos e deveres dos órgãos jurisdicionais, prescritos e regulados pela lei processual. Como os sujeitos da relação são os sujeitos processuais, e ainda porque os direitos e deveres, poderes e ônus, que nela vivem e se realizam, são regulados pela lei processual, trata-se de relação jurídica processual ou relação processual. O processo cautelar é o procedimento do Código de Processo Civil brasileiro que visa prevenir, conservar, defender ou assegurar a eficácia de um direito, surgindo como um instrumento pronto e eficaz de segurança e prevenção para a realização dos interesses dos litigantes, enquanto não atingido o estágio último da prestação jurisdicional. Visa, portanto, eliminar quaisquer ameaças de perigo atual ou iminente e irreparável, o que deveria se configurar em situações de exceção. No entanto, a responsabilidade sobre a garantia da integridade de outrem tem feito a magistratura se posicionar de forma tendenciosamente favorável ao paciente nas medidas tutelares antecipatórias e acautelatórias movidas em saúde. Quando a concessão liminar da medida judicial não é precedida pelo estudo e análise minuciosos da causa, o entendimento do magistrado pode ser sumário e provisório, transformando a tutela de urgência deferida numa cessão instável, passível de ser questionada ou revogada a qualquer tempo. A tutela de urgência é, portanto, o instrumento jurídico que exige uma atuação imediata do Judiciário antecipando os efeitos da pretensão postulada (tutela antecipada) ou preservando o futuro provimento. Exatamente por proteger preventivamente o autor do risco de dano é a medida jurídica mais frequentemente encontrada nas ações envolvendo o tema da saúde. Evita-se assim que o autor sofra pelo retardo processual sem que ocorra agravo do estado de saúde ou óbito. Trata-se do chamado perigo da demora (*periculum in mora*) e do risco de dano irreparável ou de difícil reparação. (ALVES, 2015)

Frequentemente, a alegação dessas ações judiciais movidas busca caracterizar as condições de urgência e emergência como justificativa para a solicitação de medidas liminares. O fundamento da urgência do pedido, invariavelmente, está relacionado à possibilidade de se causar dano irreversível ao demandante, se houver demora no atendimento do que se pretende desde que minimamente arguidas as evidências da fumaça do bom direito ou *fumus boni iuris*. (SCHEFFER, 2013)

De acordo com a Resolução nº 1451 de 1995 editada pelo Conselho Federal de Medicina (CFM), conceitua-se urgência como a "ocorrência imprevista de agravo à saúde com ou sem risco potencial de vida, cujo portador necessita de assistência médica imediata" e emergência "a constatação de condições de agravo à saúde que impliquem risco iminente de vida ou sofrimento intenso, exigindo, portanto, tratamento médico imediato". Esses conceitos aparentemente claros não são facilmente diferençáveis na prática clínica dando margem ao reclamante de repassar ao juiz ou desembargador a enorme responsabilidade de emitir uma decisão acertada. O usuário tende a utilizar esses conceitos de acordo com a própria necessidade ou com sua percepção a esse respeito, maximizando, por vezes, a condição de gravidade do próprio estado ou da experiência vivida (CFM, 1995).

Tudo isso exposto, nos coube estudar a natureza das diversas relações jurídicas contenciosas bem como das medidas liminares mais frequentemente auferidas às instituições hospitalares. Isso porque as unidades hospitalares têm recebido, sistematicamente, centenas de medidas liminares para cumprimento de decisões judiciais envolvendo a pronta disponibilização de recursos diagnósticos e terapêuticos escassos, de alto custo e de manejo especializado. Sendo assim, os hospitais terciários de alta complexidade acabam por serem as entidades assistenciais mais frequentemente citadas para cumprimento do que se pede nos processos.

No presente artigo, temos a pretensão de realizar um mapeamento da natureza dessas medidas liminares resultantes de relações processuais contenciosas, destinadas às instituições hospitalares terciárias de caráter suplementar identificando os possíveis impactos.

Trata-se de um estudo do tipo revisão integrativa de literatura onde foram elencados dois descritores de assunto, a saber "judicialização da saúde" e "atendimento de urgência" constantes na consulta aos descritores em Ciências da Saúde disponíveis na Biblioteca Virtual de Saúde. Assim, para a busca na base de dados nacionais foram utilizados os descritores acima mencionados com o operador booleano "*and*" para as combinações tendo sido considerado o período de tempo entre o ano de 2000 até a data de conclusão do estudo. O corte temporal a partir do ano de 2000 foi escolhido porque só a partir daí foi regulamentada a atuação dos planos de saúde com a criação da Agência Nacional Reguladora da Saúde Suplementar (ANS) dando subsídios legais à propositura.

Os artigos selecionados foram 12 estudos de caso. Foram identificados nos estudos o perfil de comportamento dos tribunais de justiça brasileiros quanto à natureza processual das ações relacionadas à Judicialização da Saúde no âmbito da Saúde Suplementar.

Já foi consubstanciado que a responsabilidade por garantir o direito primordial do ser humano à vida fez com que ações judiciais em saúde adotassem prioritariamente um caráter de urgência por parte daquele que pleiteia seus direitos, mas também por parte dos seus prepostos e da própria magistratura que os concede. Isso acaba por interferir sobremaneira na natureza processual predominante das ações que são encaminhadas para cumprimento às unidades hospitalares. Do total de ações analisadas em um estudo de caso envolvendo 03 regiões do país foram analisados 558 acórdãos, sendo 282 de MG representando 99,6% da amostra para esse estado, 222 do RS (86,7%) e 54 (62,8%) de Pernambuco tendo sido encontrados como resultados: 61,6% de antecipação de tutela e 22,2% de requerimento de outras liminares. A frequência de solicitação de antecipação de tutela foi maior no TJRS e a de liminar foi maior no TJMG e TJPE. Os pedidos liminares foram concedidos na maioria das ações (91,2%), com percentual de indeferimento significativamente maior no TJMG e TJRS. A despeito da existência de fundamentação da decisão na urgência e emergência alegada no pedido ter sido encontrada na maioria das ações (81,2%), independentemente do tribunal analisado (TJMG = 79,8%; TJRS = 80,2%; TJPE = 92,6%) é preciso anotar que a imprevisibilidade da demanda compromete sobremaneira qualquer planejamento de capacidade instalada, insumos, medicamentos e de todos os demais recursos necessários à gestão hospitalar. Quanto ao resultado dos recursos em segunda instância, houve predominância de resultados favoráveis aos usuários (97,8%) (TRAVASSOS, 2013).

Estudo realizado por DINIZ e cols. em 2014, em 344 casos do Distrito Federal evidenciou que as ações judiciais foram provocadas por homens em 51% e por mulheres em 46% cuja faixa etária variou de recém-nascidos a idosos com 101 anos. Outros dados encontrados nesse estudo dizem respeito aos argumentos utilizados na fundamentação dos pedidos para caracterizar a urgência pretendida, onde 95,32% argumentam direito à saúde; 49,61% ao direito à vida; 76,10% risco de vida; 52,21% dano irreparável e 17,92% risco de agravo da doença, constando-se os dois primeiros difíceis de se contestar. (DINIZ, 2014)

Em 2013, a pesquisa realizada por Scheffer em Tribunais de Justiça do Estado de São Paulo procurou identificar em 782 decisões judiciais as justificativas para negação de coberturas assistenciais reclamadas por usuários de planos e seguros de saúde, julgadas entre 2009 e 2010. As negativas relacionadas a tratamentos oncológicos e cardiovasculares foram os principais motivos das ações judiciais. Dentre os procedimentos médicos mais excluídos destacaram-se a quimioterapia, radioterapia e cirurgias, bem como exames complementares diagnósticos, medicamentos, órteses e próteses. O parecer foi favorável ao usuário em 88% das ações analisadas. Dentre as órteses e próteses prevaleceram os *stents*, marcapassos e próteses ortopédicas em 40,7% dos casos. Fármacos foram o motivo do processo em 29,4% das citações. O exame complementar diagnóstico mais frequentemente negado foi o PET *Scan* também conhecido como PET/CT utilizado na investigação e estadiamento de neoplasias. Predominantemente, as solicitações estiveram correlacionadas com recursos hospitalares de mais alto custo denotando a relevância do impacto econômico gerado pelas intervenções judiciais ainda que acertadas. Foram mencionadas ainda, as negativas de autorização relacionadas a vagas de internação no hospital como um todo num total de 80 casos ou especificamente nas Unidades de Terapia Intensiva (UTIs) em 19 casos. A carência de leitos parece continuar sendo um problema ainda que sistemas informatizados e bem organizados de gestão de leitos consigam evidenciar mais facilmente, hoje em dia, a impossibilidade de ofertar o que se pede, ou mesmo, de privilegiar o reclamante em detrimento de outros priorizados por gravidade (SCHEFFER, 2013).

Observou-se que a alegação de urgência e emergência predominou na quase totalidade das ações judiciais com solicitação de pedidos liminares distribuídas de forma semelhante nos tribunais dos estados de Minas Gerais, São Paulo e Distrito Federal, com alto percentual de concessões fundamentadas pela urgência do pedido caracterizado pelo risco de dano irreversível à saúde do demandante e pela inegável supremacia do direito à vida, frente a todos os outros que compõem a ordem jurídica nacional. (TRAVASSOS, 2013)

Dos 77 pesquisados por Oliveira no Município de Leopoldina-MG, absolutamente todos os processos analisados estiveram relacionados ao pedido na inicial de liminar ou tutela antecipada. (OLIVEIRA, 2014)

Em 257 processos arrolados contra a Secretaria de Saúde Pública do Pará e estudados por Carneiro foram encontrados 129 pedidos de insumo, 79 pedidos de medicamento, 12 pedidos de órteses, próteses e materiais especiais (OPMEs) e curiosamente 37 pedidos do benefício referente a tratamento fora de domicílio (TFD) demonstrando a variabilidade de algumas demandas frente às peculiaridades regionais. (CARNEIRO, 2017)

Sobre a preocupação de que demandas individuais possam sobrepujar as demandas coletivas, podemos identificar no estudo realizado por Nunes pelo Programa de Saúde Coletiva da Universidade Federal do Ceará em 2014, que das 964 contendas pesquisadas, apenas uma foi movida por pessoa física sendo 68,4% dos casos patrocinados por advogados particulares e os restantes por advogados públicos distribuídos entre as Defensorias Públicas, Sindicatos e Organizações não Governamentais (ONGs). (NUNES, 2014)

A preocupação com o que se alega ser possível dentro da previsão orçamentária pode ser encontrada no estudo de

Ronsein realizado em Santa Catarina no período compreendido entre os anos de 2005 e 2008 onde 60% dos custos para cumprimento de 762 processos impetrados estiveram relacionados à aquisição de apenas 10 medicamentos, com a ressalva de que no total de produtos solicitados foram localizados 11 compostos químicos sem registro da Agência Nacional de Vigilância Sanitária (ANVISA).(RONSEIN, 2012)

Segundo Soares, o primeiro caso de judicialização registrado na Bahia ocorreu em 2002 com crescimento progressivo dessa ocorrência até que em 2008 já movia o montante de 5 milhões de reais. (SOARES, 2012)

O Portal da Saúde publicou em 2015 o aumento de 500% nos gastos do Ministério da Saúde com ações judiciais a partir de 2010 para aquisição de medicamentos, equipamentos, insumos e cirurgias com um valor crescente consumido de 139,6 milhões em 2010 até 838,4 milhões em 2014 com um impacto orçamentário final de 2,1 bilhões de reais. (BERTELLI, 2016)

Quanto à negativa das operadoras alegadas nos processos encontramos como argumentos: a ausência do procedimento no Rol da ANS, presença de cláusula contratual legalmente constituída que exclui a cobertura solicitada, presença de doença preexistente, não cumprimento do prazo de carência contratado; procedimento com finalidade estética fora da cobertura contratada; o fato de o hospital ou serviço utilizado não ser credenciado do plano de saúde; o tratamento médico estar fora de diretriz clínica segundo auditoria do plano de saúde e a não obrigatoriedade de o plano de saúde cobrir medicamentos, sobretudo de uso ambulatorial, domiciliar e oral. Em pesquisa realizada no Tribunal de Justiça de Pernambuco, Souza encontrou a negação de cobertura em 55,8% das ações judiciais que pleiteavam medicamentos, próteses, materiais, cirurgias e *homecare* com 91,1% dos resultados favoráveis ao cliente sendo o Código de Defesa do Consumidor a legislação utilizada em 45,5% das vezes. (SOUZA, 2015)

Dentre 6.112 processos analisados por Gomes em 2014 referentes ao Estado de Minas Gerais em 77% da amostra aparecia a designação hospitalar no pedido, predominando procedimentos de média complexidade em 51,1% e os de alta complexidade em 44,4% com predomínio de internação, internação em Centro de Terapia Intensiva (CTI), procedimentos cirúrgicos e exames com tecnologia avançada. (GOMES, 2014)

Partindo do pressuposto que toda a análise argumentativa utilizada está pautada na verdade dos fatos e calcada em farto material probatório pode-se afirmar que o direito constitucional à saúde tem prevalecido sobre as relações contratuais na área, ainda que respeitados os dispositivos legais do Código de Defesa do Consumidor e observadas as regulamentações da ANS. Embora, nos pareça à primeira vista confortável saber que a saúde é um direito garantido na Constituição, é preciso atentar que essa concessão indiscriminada envolvendo valores astronômicos pode, de forma mais imediata, ser repassada ao usuário contribuinte ou de maneira mais ampla e definitiva comprometer irreversivelmente a sustentabilidade de empresas prestadoras de serviços em saúde fazendo escassear ainda mais a oferta de vagas em um sistema já combalido. Em tribunais referidos nos estudos analisados, as ações individuais predominaram sobre as ações coletivas levando-nos a refletir sobre o risco de aprofundamento das desigualdades sociais quando os gastos possam ser compulsoriamente desviados do atendimento comunitário para os pedidos de direito individual legalmente requeridos. (SOUZA, 2015)

Não é plausível esperar uma atitude consciente e sacrificial de um cidadão que se encontra doente. Sob sua ótica a demanda urgente que apresenta sempre prevalecerá ao bem-estar coletivo. Há que se ressaltar que a antecipação de tutela tem caráter provisório condicionado à sentença final da lide podendo o magistrado entender pela devolução dos valores inicialmente despendidos pelo garantidor do pleito auferido, como se lê em trecho da sentença extraído de um estudado analisado:

> *[...] Tendo o Estado despendido valores para a aquisição de medicamentos por força da antecipação de tutela posteriormente revogada, tem ele o direito à devolução da quantia, nos mesmos autos, sob pena de enriquecimento indevido da parte autora, mormente verificado que esta possui condições financeiras de arcar com o tratamento que lhe foi ministrado. APELAÇÃO PROVIDA. (Apelação Cível nº 70053169322, Primeira Câmara Cível, Tribunal de Justiça do RS, Relator: Luiz Felipe Silveira Difini, Julgado em 24/04/2013)*

Em 611 decisões analisadas por Alves nos Tribunais de São Paulo e do Rio de Janeiro prevaleceram novamente os resultados encontrados nos outros estudos quanto à predominância de pedidos de tutela antecipada em até 80,7% das análises, sendo favorável na mesma medida aos consumidores onde os temas mais recorrentes de pedido foram as cláusulas de cobertura e os reajustes. Nesse artigo, o autor confere ao Judiciário um caráter modulador diante das reinvindicações resultantes da conscientização e da mobilização da sociedade civil. (ALVES, 2007)

Parece existir uma direta correlação entre lacunas na prestação dos serviços de saúde, sejam públicos ou privados, e o subsequente acionamento do Poder Judiciário como corregedor dessas falhas e assegurador do inviolável direito à vida. Ocorre que as situações de risco iminente à vida demandam habitualmente uma célere intervenção que não pode aguardar a morosidade procedimental a que atende o código processual, ainda pior se houver falta de estrutura do aparato judicial. Em sendo assim, na maioria dos estudos foi possível identificar a prevalência de ações judiciais que prezam pela urgência referida pelo autor em proteção aos princípios de efetividade e segurança jurídica. Bastam a caracterização processual da plausibilidade do direito requerido e a configuração técnica bem consubstanciada da imprescindibilidade imediata do tratamento recomendado para que se preencham os requisitos necessários à concessão de uma tutela antecipada. Não são raras as situações onde a iminência de perecimento da pretensão impõe ao magistrado tanta responsabilidade que resulta na concessão da antecipação da tutela como sói acontecer em pacientes oncológicos e cardiovasculares graves, sendo talvez por isso as doenças mais prevalentes dentre as ações judiciais estudadas. Ainda que a fundamentação juridicamente utilizada pelos advogados tenha variado, é consenso que a análise dos processos deva primar pelo apuro técnico e deva ser pautada em bases científicas, já que as tutelas liminares não têm cunho satisfativo e sua provisoriedade pode exigir, junto ao andamento do processo, conteúdo comprobatório exauriente para manutenção da decisão antecipadamente concedida.

Além do mais, é por justo motivo que só o deferimento final da lide possa gerar jurisprudência servindo de base final comum para o entendimento em novos casos. Ainda que tenhamos a responsabilidade conjunta de estabelecer bases de dados e consensos sólidos que garantam ao usuário a melhor assistência em saúde disponível, fica claro até aqui o importante papel regulador da Justiça quanto à atenção e análise cuidadosa das reinvindicações apresentadas pelos cidadãos, variável conforme a realidade de cada estado, e refletida pelos respectivos Tribunais de Justiça.

É ainda papel dos órgãos judiciários evitar demandas abusivas que possam comprometer a sustentabilidade das empresas de saúde, sobretudo instituições hospitalares terciárias de alta complexidade cuja assistência está condicionada ao uso de medicamentos, materiais, equipamentos e procedimentos de alto custo. A insolvência de serviços de saúde dentro do cenário de carência de vagas em que vivemos trará apenas o indesejável agravo das condições de cobertura do sistema. Paradoxalmente, as unidades hospitalares mais processadas são aquelas ditas mais qualificadas; colocadas muitas vezes em polo passivo de ações cautelares por pessoas físicas compreensivelmente desejosas de serem tratadas em instalações ideais e por equipes de excelência indisponíveis em outros locais. O envolvimento em relações contenciosas por cidadãos com quem nunca tiveram contato e cuja condição clínica desconhecem trazem imprevisibilidade ao planejamento econômico-financeiro e à padronização dos seus fluxos e processos. Cabe o questionamento quanto ao real benefício do usuário em decisões favoráveis a execução de práticas clínicas não padronizadas ou fornecimento de medicamentos sem registro ANVISA.

Uma discussão ética e transparente com clareza de propósitos em busca de soluções que atendam a todas as partes envolvidas poderá trazer posições consensuais em torno das questões mais complexas com redução das demandas contenciosas. Decisões equilibradas e meritórias servem de incentivo àquelas instituições, equipes, profissionais e serviços que primam pela Qualidade, Segurança e Humanização no cuidado aos pacientes e suas famílias.

Ao cidadão cabe a conscientização do papel como partícipe do sistema, seja público ou privado com uso racional e criterioso dos recursos disponíveis para satisfação digna de todos, mediante provisão adequada.

Certamente, os órgãos judiciários devidamente munidos de dados consistentes constituem poderosos aliados das entidades normativas e fiscalizadoras da área da saúde no combate às irregularidades. As ações judiciais acabam por produzir um enorme banco de dados onde é possível traçar o perfil e a identidade das lacunas disfuncionais do sistema de saúde estudando estratégias convincentes para saná-las.

Por outro lado, acordos prévios e validados pelo sistema jurídico que atendam a demanda social e o anseio da população, ávida por beneméritas melhorias, dentro de perspectivas economicamente viáveis, podem trazer a previsibilidade fundamental à organização e bom funcionamento dos serviços de saúde sem riscos de inadimplência ou agudização das contendas.

REFERÊNCIAS BIBLIOGRÁFICAS

AGÊNCIA NACIONAL DE SAÚDE SUPLEMENTAR. Caderno de Informação da Saúde Suplementar: Beneficiários, Operadoras e Planos. Rio de Janeiro ano 11, nº 2 p. 1-64, junho, 2017.

ALVES, Danielle Conte. Bahia, Ligia. Barroso, André Feijó. O papel da Justiça nos planos e seguros de saúde no Brasil. Cadernos de Saúde Pública da Fundação Oswaldo Crus, Rio de Janeiro, 2007.

ALVES, Priscila da Silva. A Tutela Judicial do Direito à Saúde: análise do processo decisório das ações de saúde e de seus impactos para a Administração Pública a partir da jurisprudência do Tribunal de Justiça do Distrito Federal e Territórios. Brasília/DF, 2015.

BARCELLOS, Ana Paula de. A eficácia Jurídica dos princípios constitucionais - o princípio da dignidade da pessoa humana. Rio de Janeiro: Renovar, 2002.

BARROSO, Luís Roberto. Da Falta de Efetividade à Judicialização Excessiva: Direito à Saúde, Fornecimento Gratuito de Medicamentos e Parâmetros para a Atuação Judicial. Rio de Janeiro, 2007.

BERTELLI, Thiago Guedes de Brito. Judicialização da Saúde, os riscos da judicialização excessiva da saúde no Brasil. Brasília-DF, 2016

BRASIL, CDC - Código de Defesa do Consumidor. Lei n° 8.078, de 11 de setembro de 1990.

BRASIL, Constituição Federal de 1988.

BRASIL, Lei nº 9.656/98, foi publicada a Lei nº 9.961/00.

CARNEIRO, Alexandre Mansue Ferreira. Bliacherine, Ana Carla. Perfil Processual das Ações Judiciais para a Assistência à Saúde no Estado do Pará. PIDCC, Aracaju, Ano VI, Volume 11 nº 02, p. 223 a 233 Jun/2017.

DINIZ, Débora. Machado, Teresa Robichez de Carvalho. Penalva, Janaina. A judicialização em Saúde no Distrito Federal. Ciência & Saúde Coletiva, 19(2): 591-598, 2014.

FLEURY, Sônia. Judicialização pode salvar o SUS, Saúde em Debate, Rio de Janeiro, v. 36, nº 93, p. 159-162, abr./jun. 2012.

FREIRE, Phablo. Acioli, Yago de Andrade. O Fenômeno da Judicialização da Saúde a partir da Perspectiva de Defensores Públicos: um estudo de Caso no Sertão Pernambucano. Interdisciplinary Scientific Journal v. 4, nº 4, p. 119-148, Oct-Dec, 2017.

GOMES, Fernanda de Freitas Castro. Cherchiglia, Mariângela Leal. Machado, Carlos Dalton. Santos, Viviane Cristina dos. Acurcio, Francisco de Assis. Andrade, Eli Lola Gurgel. Acesso aos Procedimentos de média e alta complexidade no Sistema único de Saúde: uma questão de judicialização. Caderno de Saúde Pública 30 (1) janeiro, Rio de Janeiro, 2014.

GONÇALVES, Leonardo Augusto. Direito Fundamental à Saúde: Questões Processuais. Promotor de Justiça no Estado de São Paulo; Mestre em Ciência Jurídica pela Faculdade Estadual de Direito do Norte Pioneiro / Jacarezinho-PR (FUNDINOPI).

IESS, Instituto de Estudos em Saúde Suplementar. Saúde Suplementar em Números | Edição nº 17 – 2018 – Data base: setembro de 2017.

MARION, Dgiulia. Maas, Rosana Helena. A Experiência Brasileira No Combate à Judicialização da Saúde – Alguns Casos Referentes ao Fornecimento de Medicamentos. VII Mostra de Trabalhos Jurídicos Científicos.

MEDEIROS, Marcelo. Diniz, Débora. Schwartz, Ida Vanessa Doederlein. A tese da judicialização da saúde pelas elites: os medicamentos para mucopolissacaridose. Ciência & Saúde Coletiva, 18 (4): 1089-1098, 2013.

NUNES, Carlos Francisco Oliveira. Judicialização do Direito à Saúde no Estado do Ceará, Brasil: Cenários e Desafios. Programa de Pós-Graduação em Saúde Coletiva da Universidade Federal do Ceará, 2014.

OLIVEIRA, Renan Guimarães de. Judicialização do Direito à Saúde Pública do Município de Leopoldina-MG: Um estudo de caso. Programa de Pós-Graduação em Saúde Coletiva da Universidade Federal de Juiz de Fora, 2014.

OMS – Organização Mundial de Saúde 1946.

OSORIO-DE-CASTRO. Rio de Janeiro: Fundação Oswaldo Cruz, Escola Nacional de Saúde Pública Sergio Arouca, 2011.

PAULA, Ana Cristina Alves de. Netto, Juliana Presotto Pereira. A Judicialização da Saúde Suplementar e seus Impactos na Atividade das Operadoras de Planos de Saúde. Raízes Jurídicas, Curitiba, vol. 8, nº 2, jul./dez. 2016, p. 65-92.

PEPE, Vera Lúcia Edais (Org.). Manual de Indicadores de Avaliação e Monitoramento das Demandas Judiciais de Medicamentos / organizado por Vera Lucia, Edais Pepe e Miriam Ventura; com a colaboração de Claudia Garcia Serpa

PEPE, Vera Lúcia Edais. Figueiredo, Tatiana de Aragão. Simas, Luciana. Serpa, Claudia Osorio-de-Castro. Ventura, Míriam Ventura. A judicialização da saúde e os novos desafios da gestão da assistência farmacêutica Garcia Ciência & Saúde Coletiva, 15(5): 2405-2414, 2010.

PHILLIPI, Tiago. Cunha, André Garcia Alves. Cunha, Andiara Pickler. Meller, Diogo Lentz. Balthazar, Joélia. Aspectos Jurídicos relacionados a Transferências de Pacientes de um Hospital de Média Complexidade para Leitos de UTI Existentes em Hospitais de Alta Complexidade – Estudo de Caso de um Hospital de Média Complexidade da Região de Amurel no ano de 2016. Constituição e Justiça: Estudos e Reflexões.

PIRES FMS. *Estudo do impacto da medicina preventiva na diminuição da sinistralidade dos planos de saúde e sua aplicação ao sistema SAMMED/FUSEX.* Rio de Janeiro: Escola de Saúde do Exército; 2008. ARAÚJO, Ângelo Augusto da Silva. SILVA, José Rodrigues Santos. Análise de tendência da sinistralidade e impacto na diminuição do número de operadoras de saúde suplementar no Brasil. Ciênc. saúde coletiva vol. 23 no.8 Rio de Janeiro Aug. 2018.

ROSEIN, Juanna Gabriela. Análise do perfil das solicitações de medicamentos por demanda judicial no estado de Santa Catarina no período de 2005 a 2008, Universidade Federal de Santa Catarina, 2012.

SANTOS, Samara Lauar, TURRA, Cássio M, NORONHA, Kenya. Envelhecimento populacional e gastos com saúde: uma análise das transferências intergeracionais e intrageracionais na saúde suplementar brasileira. Rev. bras. estud. popul. vol.35 no.2 São Paulo, 2018. Epub Feb 25, 2019.

SCHEFFER, Mário. Coberturas assistenciais negadas pelos planos e seguros de saúde em ações julgadas pelo Tribunal de Justiça do Estado de São Paulo. R. Dir. sanit., São Paulo, v. 14, nº 1, p. 122-132, mar./jun. 2013.

SILVA, Hugo Pereira Maranhão Silva. A Irreversibilidade das Tutelas Provisórias Antecipadas em Ações que versem sobre o Direito à Saúde. Caruaru, 2017.

SLAIBI, Maria Cristina Barros Gutiérrez. Juíza de Direito do TJ/RJ. Direito Fundamental à Saúde – UNIPLI Revista da EMERJ, v. 6, nº 24, 2003.

SOARES, Jussara Calmon Reis de Souza. Deprá, Aline Scaramussa. Ligações perigosas: indústria farmacêutica, 311 associações de pacientes e as batalhas judiciais por acesso a medicamentos. Physis Revista de Saúde, Rio de Janeiro, 2012. Coletiva, Rio de Janeiro, 22 [1]: 311-329, 2012.

SOUZA, Gabriela Fidélix. Efeitos da Revogação da Tutela de Urgência na Judicialização da Saúde e a Des(necessidade) de Devolução dos Valores dos Medicamentos Adquiridos em razão de Ordem Judicial. Unasul, Tubarão, 2017.

SOUZA, Luís Eugenio Portela Fernandes. A Judicialização da Saúde Suplementar: um estudo de caso em Pernambuco. Instituto de Saúde Coletiva da Universidade Federal da Bahia, 2015.

TORRES, Izamara Damasceno Cantanhede. Judicialização do Acesso a Medicamentos no Brasil: Uma Revisão Sistemática. Área de Concentração: Avaliação de Tecnologias e Saúde da Universidade Federal da Bahia. Instituto de Saúde Coletiva. Programa de Pós-Graduação em Saúde Coletiva, Mestrado Profissional em Saúde Coletiva. Salvador 2013.

TRAVASSOS, Denise Vieira, Raquel Conceição Ferreira, Andréa Maria Duarte Vargas, Rosa Núbia Vieira de Moura, Elza Maria de Araújo Conceição, Daniela de Freitas Marques, Efigênia Ferreira e Ferreira. Judicialização da Saúde: um estudo de caso de três tribunais brasileiros. Ciência & Saúde Coletiva, 18 (11): 3419-3429, 2013. Agência Nacional de Saúde Suplementar. Caderno de Informação da Saúde Suplementar: Beneficiários, Operadoras e Planos. Rio de Janeiro ano 11, nº 2 p. 1-64, junho 2017.

TRAVASSOS, Denise Vieira, Raquel Conceição Ferreira, Andréa Maria Duarte Vargas, Rosa Núbia Vieira de Moura, Elza Maria de Araújo Conceição, Daniela de Freitas Marques, Efigênia Ferreira e Ferreira. Judicialização da Saúde: um estudo de caso de três tribunais brasileiros. Ciência & Saúde Coletiva, 18 (11): 3419-3429, 2013.

ABORTO: DIFERENÇAS ENTRE AS LEGISLAÇÕES DO BRASIL E DE PORTUGAL

Mariana Pedroso Wey

INTRODUÇÃO

O aborto existe desde o início dos tempos, com o surgimento da primeira célula viva no planeta Terra, e muito antes do surgimento do homem.

Palavra que tem sua origem no latim – *aboriri; abortus* – e significa o distanciamento do nascer, perecer.

Antes do surgimento do ser humano havia somente a forma de aborto espontâneo, com a interrupção da multiplicação e divisão das células por motivos não provocados, que tornavam o desenvolvimento daquele organismo inviável e impossível.

Mas, com o surgimento do ser humano, com a evolução da espécie e aquisição de conhecimentos diversos, o aborto passou a ocorrer também por forma provocada, de formas e tipos diversos.

Com o desenvolvimento das civilizações passou a se discutir sobre a aceitação ou não do aborto nas sociedades, com as eventuais causas e condições permissivas à sua realização.

1. NOÇÕES GERAIS

1.1. Conceito

Aborto pode ser conceituado de 3 (três) maneiras: conceituação terminológica ou linguística, conceituação jurídica e conceituação médica, conforme segue.

"Aborto
Significado de Aborto
substantivo masculino
Interrupção voluntária ou provocada de uma gravidez; o próprio feto expelido ou retirado antes do tempo normal.
[Jurídico] Feticídio; interrupção intencional da gravidez da qual resulta a morte do feto, sendo no Brasil considerada uma infração da lei.
[Figurado] Insucesso; que não atingiu o sucesso; que não vingou.
[Figurado] O que se faz sem cuidado; o que tem defeitos.
[Figurado] Qualquer coisa que se considera fora do comum ou anormal.
[Medicina] Ação ou efeito de abortar; abortamento.
Etimologia (origem da palavra ***aborto***). Do latim *abortus.us*." [1].
"a·bor·to |ô|
(latim *abortius, -us*)
substantivo masculino
1. Ato ou efeito de abortar. = ABORTAMENTO
2. Expulsão de um feto ou embrião por morte fetal, antes do tempo e sem condições de vitalidade fora do útero materno (ex.: *aborto espontâneo; aborto provocado*). = ABORTAMENTO
3. Produto dessa expulsão.
4. Coisa ou resultado desfavorável ou imperfeito. = MALOGRO
5. [Figurado] Fenômeno estranho ou raro.
6. Pessoa ou coisa considerada disforme = MONSTRO" [2].

---

1 DICIO. Dicionário Online de Português. 2009-2019. Disponível em https://www.dicio.com.br/aborto/. Acesso em 08 nov 2019.

2 PRIBERAM, Informática. Dicionário Priberam da Língua Portuguesa. 2008-2018. Disponível em https://www.priberam.pt/dlpo/aborto. Acesso em 08 nov 2019.

Juridicamente o aborto é definido como *"a interrupção da gravidez com a consequente morte do produto da concepção"*[3].

No âmbito médico, o aborto consiste basicamente *"na remoção ou expulsão prematura de um embrião ou feto do útero, resultando na sua morte ou sendo por esta causada"*[4].

1.2. História

Os registros históricos sobre o aborto, datados desde antes de Cristo, relatam divergências de aceitação e criminalização da sua prática entre os povos, de forma similar às divergências existentes ainda nos dias de hoje, guardadas as devidas proporções.

Enquanto alguns povos permitiam a realização do aborto, sem considera-lo crime, e até mesmo incentivando sua prática como forma de controle de natalidade e busca de seres humanos perfeitos (eugenia negativa); outros povos consideravam sua prática crime, desde a mera tentativa até a efetiva consumação, punível de formas variadas, com sanções pecuniárias, castigos físicos, trabalhos forçados, exílio, excomunhão, prisão, prisão perpétua, e até mesmo, empalação e pena de morte.

Somente em 08 de novembro de 1920 houve a primeira legalização do aborto no mundo, feita pela antiga União Soviética. Pela legislação soviética os abortos eram gratuitos e sem qualquer tipo de restrição, desde que realizados até o término do primeiro trimestre de gestação.

Desde então, discussões sobre a legalização do aborto, com especificações e limitações diversas, vêm ocorrendo por todo o mundo, destacando-se os dois países envolvidos no tema do presente trabalho: Brasil e Portugal, conforme veremos a seguir.

3 GONÇALVES, Victor Eduardo Rios. Dos Crimes Contra a Pessoa. 9ª Ed. São Paulo: Editora Saraiva, 2007. (Coleção sinopses jurídicas: v. 8). p. 47.

4 COSTA FILHO, Paulo Enio Garcia. Medicina Legal e Criminalística. 2ª Ed. Brasília: Editora Alumnus, 2015. p. 178.

1.3. Tipos e formas de aborto

Basicamente, o aborto pode ocorrer por 2 (duas) formas: espontânea e provocada.

A forma espontânea ocorre de maneira natural, sendo motivado por causas diversas, de origem materna, envolvendo problemas na divisão celular, alterações cromossômicas, ou fatores ambientais, inviabilizando o desenvolvimento do feto; ou pode ocorrer de maneira acidental, consequência de traumatismo, queda, ou outros acidentes, de modo geral.

A forma provocada se dá em virtude de ação humana deliberada, desde a ingestão e utilização de substâncias orgânicas naturais, medicamentos, métodos clínicos intervencionistas, até mediante uso de violência, que pode ocorrer por diversos motivos. Dentro da forma provocada, o aborto pode ocorrer de maneira ilegal/criminosa e legal/permitida.

Considera-se aborto ilegal/criminoso aquele provocado e sem qualquer incidência de excludente de ilicitude ou permissão legal, ocasionado por motivos econômicos e/ou sociais, visando eventual preservação da honra, reputação e conceito familiar. É punível conforme determinações constantes do Código Penal de cada país, independentemente do motivo.

Considera-se aborto legal/permitido aquele que se enquadra nas hipóteses permitidas por lei, e desta forma com excludentes de ilicitude definidas de forma clara, como no caso de risco de morte da gestante (quando se faz necessário para salvaguardar a vida da mãe, e deve ser realizado de forma terapêutica); em caso de gravidez consequente de estupro sofrido pela gestante (sentimental, piedoso ou moral); e em casos de anencefalia (terapêutico).

O aborto pode ainda ser classificado quanto ao tempo de gestação, dentro dos estudos da Medicina Legal e Criminalística. A classificação quanto ao tempo de gestação divide-se em 3 (três) momentos: A) aborto realizado até 4 (quatro) semanas de gestação – subclínico; B) aborto realizado entre 4 (quatro) e 12 (doze) semanas de gestação – precoce; e C) aborto realizado após 12 (doze) semanas de gestação – tardio.

2. LEGISLAÇÃO BRASILEIRA

No Brasil o aborto é considerado crime desde 1830, conforme dispunha o Código Penal do Império.

Com o passar dos anos, as alterações legislativas ocorreram de forma a manter a proibição do aborto no território brasileiro, porém passou-se a admitir situações de excludente de ilicitude, que tornou possível e permitido o aborto em casos específicos, como a gravidez com risco de risco de morte materna; a gravidez resultante de estupro e gravidez de feto anencéfalo.

Nesses três casos, a legislação brasileira permite a escolha da gestante pela realização do aborto legal ou não, observando-se dentro do permissivo legal o Direito de Escolha da Paciente, que pode optar pela continuidade da gestação ou não.

No Brasil, todas as formas de aborto legal/permitido podem ser realizadas gratuitamente e com segurança, por médico, através do programa de saúde pública – SUS (Sistema Único de Saúde).

Porém, a legislação brasileira ainda hoje passa por tentativas de atualização e alteração, em virtude do número crescente de mortes e lesões graves (que podem gerar a perda da função reprodutiva) ocasionadas às mulheres que buscam realizar abortos de forma ilegal, muitas vezes com pessoas sem qualquer experiência na área médica e da saúde, e que utilizam para tanto instrumentos inadequados e sem quaisquer condições de higiene.

Essas fatalidades, comprovadas por dados atualizados do Ministério da Saúde do Governo Federal Brasileiro e da Organização Mundial da Saúde (OMS), apresentam-se em números crescentes, e quando somadas ao Direito de Escolha e Autonomia dos Pacientes – prerrogativa que vem sendo difundida com maior ênfase no país – geram divergências de opiniões e forte clamor social na busca por mudanças legislativas.

Mudanças estas que buscam a descriminalização do aborto no Brasil de forma mais abrangente, para que sua prática seja permitida em casos diversos de malformação fetal que impossibilitem a vida extrauterina; em casos de microcefalia e demais má formação, ocasionadas pelo vírus da Zika; e em casos da mera opção da gestante, sem necessidade de existência de qualquer doença, síndrome ou malformação fetal, respeitando-se a autonomia da escolha da paciente, desde que praticado até a 12ª semana de gestação. Tais mudanças aguardam decisão do Supremo Tribunal Federal.

2.1. Código Penal

O Código Penal Brasileiro, em sua Parte Especial, Título I (Dos Crimes Contra a Pessoa), dispõe dentro do Capítulo I (Dos Crimes Contra a Vida) sobre o aborto, dos artigos 124 a 128[5], da seguinte forma:

> Aborto provocado pela gestante ou com seu consentimento
> Art. 124 – Provocar aborto em si mesma ou consentir que outrem lho provoque:
> Pena – detenção, de um a três anos.
> Aborto provocado por terceiro
> Art. 125 – Provocar aborto, sem o consentimento da gestante:
> Pena – reclusão, de três a dez anos.
> Art. 126 – Provocar aborto com o consentimento da gestante:
> Pena – reclusão, de um a quatro anos.
> Parágrafo único. Aplica-se a pena do artigo anterior, se a gestante não é maior de quatorze anos, ou é alienada ou

5 BRASIL. Decreto-Lei nº 2.848, de 07 de dezembro de 1940.

> débil mental, ou se o consentimento é obtido mediante fraude, grave ameaça ou violência
> Forma qualificada
> Art. 127 - As penas cominadas nos dois artigos anteriores são aumentadas de um terço, se, em consequência do aborto ou dos meios empregados para provocá-lo, a gestante sofre lesão corporal de natureza grave; e são duplicadas, se, por qualquer dessas causas, lhe sobrevém a morte.
> Art. 128 - Não se pune o aborto praticado por médico:
> Aborto necessário
> I - se não há outro meio de salvar a vida da gestante;
> Aborto no caso de gravidez resultante de estupro
> II - se a gravidez resulta de estupro e o aborto é precedido de consentimento da gestante ou, quando incapaz, de seu representante legal.

Na situação descrita no art. 128, inciso I, do Código Penal Brasileiro, quando há risco de vida da gestante, o aborto é permitido e considerado "necessário ou terapêutico".

Tal risco não precisa ser atual, permitindo-se ocorrência de risco futuro diagnosticado, desde que referido diagnóstico e prática de intervenção sejam realizados exclusivamente por médico.

A situação descrita no art. 128, inciso II, do Código Penal, é conhecido por "aborto sentimental ou humanitário". Para ocorrer e não ser considerado crime, é necessário: 1) ser praticado exclusivamente por médico; 2) ser a gestação resultante de estupro; 3) e haver o consentimento da própria grávida ou de seu representante legal.

Nestes casos, não há necessidade de condenação criminal, Boletim de Ocorrência, ou Inquérito Policial, bastando a gestante dirigir-se à uma Unidade de Saúde que realize o procedimento, informando ter sido vítima de estupro e a gravidez resultante deste ato.

Para orientar os médicos no procedimento e documentação destes casos, em 2008, o Ministério da Saúde emitiu determinação baseada na 10ª Revisão da Classificação Internacional de Doenças da OMS, através do Sistema Datasus[6].

Tal determinação foi reiterada pelo Conselho Federal de Medicina, visando orientar os médicos também, sobre a necessidade de preenchimento de Declaração de Óbito nas situações de aborto/perda fetal[7].

Especificou-se assim que, quando tiver o feto idade gestacional menor que 20 semanas, e/ou pesar menos de 500g, e/ou medir menos de 25cm, não é necessário o fornecimento de atestado de óbito, e pode o produto do abortamento ser incinerado pelo hospital/clínica, ou entregue à coleta hospitalar adequada.

E quando o feto tiver idade gestacional igual ou superior a 20 semanas, e/ou pesar 500g ou mais, e/ou medir 25 cm ou mais, o médico é obrigado a fornecer a Declaração de Óbito, preenchendo o campo específico de perda fetal.

Outrossim, importante destacar que, mesmo não constando de forma expressa do Código Penal Brasileiro, desde 2012 o aborto é permitido no Brasil em uma terceira situação, também considerada como aborto terapêutico – nos casos de gestação de feto anencéfalo – conforme decidido pelo Supremo Tribunal Federal (STF), no julgamento da Arguição de Descumprimento de Preceito Fundamental nº 54 (ADPF 54).

Definiu o STF que nas situações de gestação com diagnóstico de feto anencéfalo, a mesma poderá ser interrompida, de forma terapêutica, desde que realizado o aborto por médico, estando o mesmo acobertado por excludente de ilicitude, nos mesmos termos dos incisos I e II, do art. 128, do Código Penal Brasileiro.

---

6 MINISTÉRIO, da Saúde. DATASUS – Departamento de Informática do SUS. Portal da Saúde. Informações de Saúde (TABNET). Estatísticas Vitais. 2008. Disponível em http://www2.datasus.gov.br/DATASUS/index.php?area=0205&id=6937. Acesso em 08 nov 2019.

7 BRASIL. Conselho Federal de Medicina. Resolução nº 1779/2005, art. 2º, item 2.

Nestes casos, definiu a Corte Brasileira, que não se trata de eugenia ou discriminação aos deficientes físicos, uma vez que, a *"anencefalia é incompatível com a vida (sic)"*[8].

Como já mencionado, todas as hipóteses de aborto permitido pela legislação brasileira, inclusive no caso de anencefalia fetal, podem ser realizadas de forma gratuita e segura por médico através do programa de saúde pública – SUS (Sistema Único de Saúde).

Quanto às alterações do Código Penal Brasileiro, existem Projetos de Lei que propõem atualizações e alterações do Código Penal Brasileiro de forma ampla. Porém, estes ainda aguardam aprovações pelo Senado Federal e Câmara dos Deputados, e encontram-se paralisados, em virtude de pendência de julgamentos pelo STF de ações diversas relacionadas.

Um destes projetos, em sua redação original, altera as penas dos artigos 124 a 127; institui penalidade ao agente, no caso de aborto tentado, com resultado de feto sobrevivente e malformado por consequência; e inclui nas excludentes de ilicitude do art. 128, a permissão legal de realização de aborto de anencéfalo (conforme já decidido pelo STF), a possibilidade do aborto legal nos casos de gravidez resultante de inseminação artificial não consentida, a possibilidade de aborto do feto diagnosticado com grave e incurável anomalia que inviabilize a vida extra uterina, e a possibilidade de aborto até a 12ª semana de gestação, por vontade da mãe, e por falta de recursos psicológicos maternos diagnosticados.[9]

2.2. Código de Ética Médica

A Resolução nº 2.217/2018, do Conselho Federal de Medicina, instituiu o Código de Ética Médica Brasileiro, que de-

8 Termo constante do Voto do Relator, Ministro Marco Aurélio Mello, proferido no julgamento realizado pelo Pleno do STF, na ADPF 54.

9 BRASIL. Senado Federal. PLS nº 236, de 10 de outubro de 2012.

termina que os médicos devem observar os princípios constitucionais e da bioética - como os princípios da autonomia, da justiça, da não maleficência e da beneficência - para nortear suas condutas e decisões.

Referido Código de Ética Médica[10], ao substituir a Resolução anterior - Resolução nº 1.931/2009 - limitou-se a estipular vedação, no *caput* do seu art. 15, ao descumprimento pelo médico, de legislação específica nos casos envolvendo abortamento, dentre outras situações:

> É vedado ao médico:
>
> ...
>
> Art. 15. Descumprir legislação específica nos casos de transplantes de órgãos ou de tecidos, esterilização, fecundação artificial, abortamento, manipulação ou terapia genética.

Desta forma, além do dever de obediência à legislação pátria quanto aos atos médicos, especificamente no tocante à questão do aborto, o Conselho Federal de Medicina emitiu a Resolução nº 1989/2012, após a permissão legal emitida pelo STF para realização do aborto de fetos anencéfalos, a fim de regularizar, orientar e formalizar os procedimentos necessários para a confirmação do diagnóstico de anencefalia para a antecipação terapêutica do parto[11]:

> Art. 1º Na ocorrência do diagnóstico inequívoco de anencefalia o médico pode, a pedido da gestante, independente de autorização do Estado, interromper a gravidez.

---

10 BRASIL. Conselho Federal de Medicina. Resolução nº 2.217, de 27 de setembro de 2018.

11 BRASIL. Conselho Federal de Medicina. Resolução nº 1.989, de 14 de maio de 2012.

Art. 2º O diagnóstico de anencefalia é feito por exame ultrassonográfico realizado a partir da 12ª (décima segunda) semana de gestação e deve conter:
I - duas fotografias, identificadas e datadas: uma com a face do feto em posição sagital; a outra, com a visualização do polo cefálico no corte transversal, demonstrando a ausência da calota craniana e de parênquima cerebral identificável;
II - laudo assinado por dois médicos, capacitados para tal diagnóstico.
Art. 3º Concluído o diagnóstico de anencefalia, o médico deve prestar à gestante todos os esclarecimentos que lhe forem solicitados, garantindo a ela o direito de decidir livremente sobre a conduta a ser adotada, sem impor sua autoridade para induzi-la a tomar qualquer decisão ou para limitá-la naquilo que decidir:
§1º É direito da gestante solicitar a realização de junta médica ou buscar outra opinião sobre o diagnóstico.
§2º Ante o diagnóstico de anencefalia, a gestante tem o direito de:
I - manter a gravidez;
II - interromper imediatamente a gravidez, independente do tempo de gestação, ou adiar essa decisão para outro momento.
§3º Qualquer que seja a decisão da gestante, o médico deve informá-la das consequências, incluindo os riscos decorrentes ou associados de cada uma.
§4º Se a gestante optar pela manutenção da gravidez, ser-lhe-á assegurada assistência médica pré-natal compatível com o diagnóstico.
§5º Tanto a gestante que optar pela manutenção da gravidez quanto a que optar por sua interrupção receberão, se assim o desejarem, assistência de equipe multiprofissional nos locais onde houver disponibilidade.
§6º A antecipação terapêutica do parto pode ser realizada apenas em hospital que disponha de estrutura adequada ao tratamento de complicações eventuais, inerentes aos respectivos procedimentos.
Art. 4º Será lavrada ata da antecipação terapêutica do parto, na qual deve constar o consentimento da gestante e/ou, se for o caso, de seu representante legal.

> Parágrafo único. A ata, as fotografias e o laudo do exame referido no artigo 2º desta resolução integrarão o prontuário da paciente.
> Art. 5º Realizada a antecipação terapêutica do parto, o médico deve informar à paciente os riscos de recorrência da anencefalia e referenciá-la para programas de planejamento familiar com assistência à contracepção, enquanto essa for necessária, e à preconcepção, quando for livremente desejada, garantindo-se, sempre, o direito de opção da mulher.
> Parágrafo único. A paciente deve ser informada expressamente que a assistência preconcepcional tem por objetivo reduzir a recorrência da anencefalia.

Resolução esta, que mesmo sendo anterior à última versão do Código de Ética Médica Brasileiro, não conseguiu alterar de forma expressa e detalhada o CEM na questão do aborto, que permaneceu vago, quanto à questão.

Assim, quanto ao aborto, os médicos brasileiros devem observar, além dos princípios constitucionais e bioéticos, o Código Penal Brasileiro, o Código de Ética Médica, a decisão do STF emanada na ADPF 54, e a Resolução do CFM nº 1.989/2012, de maneira complementar o que basicamente dispõem:

1) É necessário o consentimento da mulher, antes da realização do aborto legal, sendo acompanhado da necessária autorização dos pais, no caso de gestante menor de idade;
2) O aborto legal só pode ser realizado sem consentimento da mulher no caso de risco de vida materno, quando a mesma se encontrar impossibilitada de expressar seu consentimento, e não possui representante legal;
3) Embora nos casos de aborto legal em virtude de estupro, não seja necessário haver condenação criminal, Boletim de Ocorrência, ou Inquérito Policial, bastando a gestante

dirigir-se à uma Unidade de Saúde que realize o procedimento, o Conselho Federal de Medicina (CFM) orienta aos médicos para, sempre que possível, obter cópias de tais documentos, anexando-os ao prontuário da paciente, e preencher o prontuário de forma adequada, para sua própria proteção e defesa em eventual processo ético profissional e/ou processo crime;

4) O médico pode se recusar a realizar o procedimento de aborto, mesmo nos casos autorizados por lei, desde que tal recusa não ofereça risco à saúde da paciente e desde que haja outro médico disponível para realizar o procedimento;

5) Nos casos de feto anencéfalo, o aborto não necessita de autorização judicial para ser realizado pelo médico, bastando a apresentação de exame médico com o diagnóstico da má formação, acompanhado de laudo assinado por 2 (dois) médicos diversos do agente;

6) É vetado ao médico denunciar a paciente que chega para atendimento em Unidade de Saúde com complicações de aborto ilegal, com base no Código Penal Brasileiro e no Código de Ética Médica.

2.3. Ações relacionadas à descriminalização do aborto no Brasil

Duas ações processuais já julgadas pelo STF que envolviam discussões relacionadas de forma indireta e direta com o aborto, quais sejam, sobre a constitucionalidade da pesquisa com células tronco (ADI 3510), e sobre a possibilidade de aborto em caso de anencefalia (ADPF 54), ocorreram respectivamente nos anos de 2008 e 2012, e tiveram participação ativa da Anis.

A Anis – Instituto de Bioética – é uma organização feminista, não governamental e sem fins lucrativos, fundada em 1999, que visa promover a igualdade e os direitos humanos de mulheres e minorias no território nacional, composta por equipe profissional multidisciplinar que realiza pesquisa, assessoramento e capacitação na bioética na América Latina.

Nestes dois processos mencionados, a Anis foi uma das entidades especialistas nomeadas pelo STF para emitir pareceres, que serviram de base para fundamentar as decisões dos Ministros, no julgamento de ambas as ações pelo Pleno do STF.

Tais pareceres foram acatados pelo STF e possibilitaram as mudanças do ordenamento jurídico, que passou a permitir, respectivamente, a pesquisa com células tronco embrionárias para fins terapêuticos, por entender que em tais casos inexiste violação ao direito à vida e desta forma estaria descaracterizada a ocorrência do aborto; e a realização de aborto legal/terapêutico em gestações de fetos anencéfalos.

Igualmente, destacada a importância da referida ONG para o ordenamento jurídico brasileiro atual, devemos destacar outro processo, de autoria da mesma, em conjunto com o Partido Socialismo e Liberdade (PSOL), relacionado de forma direta à descriminalização do aborto, e que aguarda julgamento pelo Pleno do STF.

Trata-se da Arguição de Descumprimento de Preceito Fundamental nº 442 (ADPF 442), que busca a descriminalização de forma ampla do aborto, e teve audiências públicas realizadas nos dias 03 e 06 de agosto de 2018. Em tais datas, inúmeras entidades, favoráveis e contrárias à descriminalização do aborto, apresentaram manifestações diversas, o que culminou na suspensão da análise da referida ADPF, até leitura de todas as petições e manifestações juntadas ao processo.

Atualmente, a ADPF encontra-se na conclusão, pendente de análise e voto da Relatora do caso, Ministra Rosa Weber, para ser então colocada em pauta para votação pelo Plenário do Supremo Tribunal Federal.

A ADPF 442 defende a descriminalização do aborto até a 12ª semana de gestação, alegando que tal proibição legal viola os direitos fundamentais previstos na Constituição Federal (dignidade, cidadania, vida e autonomia), uma vez que as mulheres colocam suas vidas em risco ao buscar formas ilegais de interrupção da gravidez, conforme atestam dados e índices emitidos pelo Ministério da Saúde, e que relacionam o aumento do número de mortes maternas ao aborto ilegal.

Conforme nota emitida pelo Ministério da Saúde em 2018, e divulgada pelo Jornal Folha de S. Paulo antes da realização das audiências públicas, *"a ilegalidade do aborto não impede sua prática, no entanto afeta drasticamente o acesso a um procedimento seguro, impondo mais riscos de complicações e de morte materna evitável".* [12]

Em matéria jornalística do mencionado periódico, publicada apenas alguns dias antes das audiências realizadas em 2018, noticiou-se que:

> *"de 2008 a 2017, o SUS gastou R$ 486 milhões para tratar complicações do aborto, sendo 75% deles provocados. Foram internadas 2,1 milhões de mulheres. Embora as hospitalizações tenham caído 7% no período, as despesas cresceram 12%. Isso se deve à gravidade de quase um terço dos casos. Pelo menos 4.455 mulheres morreram de 2000 a 2016."*[13]
>
> ...
>
> *"Estima-se que de 950 mil a 1,2 milhão de abortos sejam feitos por ano no Brasil, onde há permissão legal apenas nos casos de estupro, de risco para a vida da mulher e de anencefalia do feto – por decisão do próprio Supremo, de 2012.*
>
> ...
>
> *As complicações por aborto consomem mais recursos de saúde – como medicamentos caros, bolsas de sangue, centro cirúrgico e leito de UTI.*
>
> *Por ano, são mais de 15 mil mulheres internadas por pelo menos quatro dias, das quais 5.000 com complicações gra-*

12 S. PAULO, Folha. Edição de 29 de julho de 2018. p. B1.

13 S. PAULO, Folha. Edição de 29 de julho de 2018. Capa.

> *ves. Nesses casos, o custo hospitalar é 317% maior em relação aos que não complicaram.*
> *Em média, 262 mulheres morrem anualmente por essas complicações. 'São mortes quase 100% evitáveis, que só ocorreram por falta de acesso a um procedimento seguro, com assistência. Acontecem no auge da vida produtiva dessa mulher que, em geral, deixa órfãos outros filhos' diz o médico Rodolfo Pacagnella, da comissão de mortalidade materna da Febrasgo (federação das sociedades de ginecologia e obstetrícia).*
> *O número de mortes, contudo, é subestimado. Estudo da Fiocruz que avaliou 770 mortes maternas por aborto registradas de 2006 a 2015 aponta que ele pode ser 31% maior. Foram identificados 195 casos de óbito cujos registros citavam o aborto no histórico, mas que não o tinham como causa principal da morte."*[14]

Desta forma, conforme os dados apresentados pelo Ministério da Saúde em 2018, tanto os números relacionados aos casos de abortamento quanto os relacionados aos casos de mortalidade materna no Brasil, revelaram que o aborto é um problema de saúde pública, diante das dimensões numéricas e sociais, uma vez que se relacionam de forma direta às baixas condições financeiras das usuárias do sistema de saúde público, e que acabam buscando na maioria das vezes, a realização do procedimento abortivo ilegal com pessoas sem qualificação técnica profissional, que utilizam materiais contaminados, superdosagens medicamentosas, etc., ao passo que as mulheres com melhores condições financeiras buscam realizar o aborto, mesmo que ilegal, com melhor suporte à saúde (fazendo uso de medicação específica – Misoprostol <Cytotec> – em dosagem correta, muitas vezes comprado com receita médica; realizando abortos em clínicas particulares, com médicos e enfermeiros/auxiliares, mesmo que ilegal-

14 *Ibid.* p. B1.

mente; ou viajando para países onde o aborto é permitido, e realizando o procedimento em tais locais).

Ainda, necessário destacar a existência de outro processo que aguarda julgamento pelo STF, relacionado à discussão sobre permissão para realizar aborto nos casos oriundos do vírus da Zika – epidemia que assolou o território brasileiro, principalmente entre os anos de 2015 e 2016 de forma drástica, e em decorrência da qual nasceram milhares de crianças com microcefalia e outras complicações que determinaram sequelas definitivas.

Trata-se da Ação Direta de Inconstitucionalidade nº 5581/2016 (ADI 5581), proposta pela Associação Nacional dos Defensores Públicos (Anadep), juntamente com arguição de descumprimento de preceito fundamental, questionando dispositivos da Lei nº 13.301/2016, que trata da adoção de medidas de vigilância em saúde relativas aos vírus da Dengue, Chikungunya e Zika.

Referida ADI encontra-se na conclusão, pendente de análise e voto da Relatora, Ministra Cármen Lúcia, para ser finalmente colocada em pauta para votação pelo Plenário do Supremo Tribunal Federal.

Ambas as ações estão paralisadas no STF aguardando julgamento, sendo relegadas ao segundo plano, enquanto outras questões políticas assolam o país. Acredita-se que ambas deverão ser colocadas em pauta, de forma conjunta e/ou consecutiva, apenas no próximo ano, e movimentarão a sociedade brasileira com novas discussões sobre as possibilidades de descriminalização do aborto envolvendo malformação fetal em virtude de Dengue, Chikungunya e Zyca (ADI 5581), e até a 12ª semana de gestação (ADPF 442).

2.4. Jurisprudências, em tempos de mudanças na legislação brasileira

Dentre as decisões jurisprudenciais envolvendo a temática do aborto, destacamos jurisprudência do Supremo

Tribunal Federal (STF), no sentido de definir não haver prática de aborto em situações de pesquisas científicas para fins terapêuticos com células tronco embrionárias, com fertilização *in vitro*:

> ADI nº 3510
> Origem: DF – Distrito Federal
> Tribunal: Pleno
> Relator: Min. Ayres Britto
> **Julgamento: 29/05/2008**
>
> EMENTA: CONSTITUCIONAL. AÇÃO DIRETA DE INCONSTITUCIONALIDADE. LEI DE BIOSSEGURANÇA. IMPUGNAÇÃO EM BLOCO DO ART. 5º DA LEI Nº 11.105, DE 24 DE MARÇO DE 2005 (LEI DE BIOSSEGURANÇA). PESQUISAS COM CÉLULAS-TRONCO EMBRIONÁRIAS. INEXISTÊNCIA DE VIOLAÇÃO DO DIREITO À VIDA. CONSITUCIONALIDADE DO USO DE CÉLULAS-TRONCO EMBRIONÁRIAS EM PESQUISAS CIENTÍFICAS PARA FINS TERAPÊUTICOS. DESCARACTERIZAÇÃO DO ABORTO. NORMAS CONSTITUCIONAIS CONFORMADORAS DO DIREITO FUNDAMENTAL A UMA VIDA DIGNA, QUE PASSA PELO DIREITO À SAÚDE E AO PLANEJAMENTO FAMILIAR. DESCABIMENTO DE UTILIZAÇÃO DA TÉCNICA DE INTERPRETAÇÃO CONFORME PARA ADITAR À LEI DE BIOSSEGURANÇA CONTROLES DESNECESSÁRIOS QUE IMPLICAM RESTRIÇÕES ÀS PESQUISAS E TERAPIAS POR ELA VISADAS. IMPROCEDÊNCIA TOTAL DA AÇÃO. I – O CONHECIMENTO CIENTÍFICO, A CONCEITUAÇÃO JURÍDICA DE CÉLULAS-TRONCO EMBRIONÁRIAS E SEUS REFLEXOS NO CONTROLE DE CONSTITUCIONALIDADE DA LEI DE BIOSSEGURANÇA.
>
> DECISÃO: Após os votos do Senhor Ministro Carlos Britto (relator) e da Senhora Ministra Ellen Gracie (Presidente), julgando improcedente a ação direta, pediu vista dos autos o Senhor Ministro Menezes Direito. Falaram: pelo Ministério Público Federal, o Procurador-Geral da República, Dr. Antônio Fernando Barros e Silva de Souza; pelo *amicus*

> *curiae* Conferência Nacional dos Bispos do Brasil - CNBB, o Professor Ives Gandra da Silva Martins; pela Advocacia-Geral da União, o Ministro José Antônio Dias Toffoli; pelo requerido, Congresso Nacional, o Dr. Leonardo Mundim; pelos *amici curiae* Conectas Direitos Humanos e Centro de Direitos Humanos - CDH, o Dr. Oscar Vilhena Vieira e, pelos *amici curiae* Movimento em Prol da Vida - MOVITAE e ANIS - Instituto de Bioética, Direitos Humanos e Gênero, o Professor Luís Roberto Barroso. Plenário, 05.03.2008. Decisão: Após os votos dos Senhores Ministros Menezes Direito e Ricardo Lewandowski, julgando parcialmente procedente a ação direta; dos votos da Senhora Ministra Cármen Lúcia e do Senhor Ministro Joaquim Barbosa, julgando-a improcedente; e dos votos dos Senhores Ministros Eros Grau e Cezar Peluso, julgando-a improcedente, com ressalvas, nos termos de seus votos, o julgamento foi suspenso. Presidência do Senhor Ministro Gilmar Mendes. Plenário, 28.05.2008. Decisão: Prosseguindo no julgamento, o Tribunal, por maioria e nos termos do voto do relator, julgou improcedente a ação direta, vencidos, parcialmente, em diferentes extensões, os Senhores Ministros Menezes Direito, Ricardo Lewandowski, Eros Grau, Cezar Peluso e o Presidente, Ministro Gilmar Mendes. Plenário, 29.05.2008. Publicação: DJ-e nº 096, em 28 de maio de 2010.

Merece destaque também, a jurisprudência do Supremo Tribunal Federal (STF), quanto à descriminalização do aborto de anencéfalo:

> ADPF nº 54
> Origem: DF - Distrito Federal
> Tribunal: Pleno
> Relator: Min. Marco Aurélio
> **Julgamento: 12/04/2012**

EMENTA: ESTADO – LAICIDADE. O Brasil é uma república laica, surgindo absolutamente neutro quanto às religiões. Considerações. FETO ANENCÉFALO – INTERRUPÇÃO DA GRAVIDEZ – MULHER – LIBERDADE SEXUAL E REPRODUTIVA – SAÚDE – DIGNIDADE – AUTODETERMINAÇÃO – DIREITOS FUNDAMENTAIS – CRIME – INEXISTÊNCIA. Mostra-se inconstitucional interpretação de a interrupção da gravidez de feto anencéfalo ser conduta tipificada nos artigos 124, 126 e 128, incisos I e II, do Código Penal.

DECISÃO: Após o voto do Senhor Ministro Marco Aurélio (Relator), que julgava procedente o pedido para declarar a inconstitucionalidade da interpretação segundo a qual a interrupção da gravidez de feto anencéfalo é conduta tipificada nos artigos 124, 126, 128, incisos I e II, todos do Código Penal, no que foi acompanhado pelos Senhores Ministros Rosa Weber, Joaquim Barbosa, Luiz Fux e Cármen Lúcia, e o voto do Senhor Ministro Ricardo Lewandowski, que julgava improcedente o pedido, o julgamento foi suspenso. Impedido o Senhor Ministro Dias Toffoli. Falaram, pela requerente, o Dr. Luís Roberto Barroso e, pelo Ministério Público Federal, o Procurador-Geral da República, Dr. Roberto Monteiro Gurgel Santos. Plenário, 11.04.2012. O Tribunal, por maioria e nos termos do voto do Relator, julgou procedente a ação para declarar a inconstitucionalidade da interpretação segundo a qual a interrupção da gravidez de feto anencéfalo é conduta tipificada nos artigos 124, 126, 128, incisos I e II, todos do Código Penal, contra os votos dos Senhores Ministros Gilmar Mendes e Celso de Mello que, julgando-a procedente, acrescentavam condições de diagnóstico de anencefalia especificadas pelo Ministro Celso de Mello; e contra os votos dos Senhores Ministros Ricardo Lewandowski e Cezar Peluso (Presidente), que a julgavam improcedente. Ausentes, justificadamente, os Senhores Ministros Joaquim Barbosa e Dias Toffoli. Plenário, 12.04.2012. Publicação: DJ-e nº 080, em 30 de abril de 2013.

Quanto ao Conselho Federal de Medicina (CFM) destacam-se três Jurisprudências de períodos distintos:

> Número: 8/1990
> Origem: CRM-RO
> Tribunal: Pleno
> Relator: Irene Abramovich
>
> EMENTA: 1. Comete infração gravíssima o profissional que usa sua profissão para cometer crime; 2. É apenável e socialmente reprovável realizar abortamento fora das hipóteses legais, utilizando procedimentos inadequados de forma imprudente e imperita; 3. Descumpre os mandamentos da ética médica quem deixar de assumir a responsabilidade por ato profissional; 4. Morte oriunda de ato profissional realizado, independentemente de consentimento da paciente, de forma criminosa e infração de alta gravidade.
>
> ACÓRDÃO: O Pleno do TSEM do CFM, por unanimidade, negou provimento ao recurso interposto pelo apelante e por maioria manteve a decisão do CRM-RO, que lhe aplicou a pena de SUSPENSÃO DO EXERCÍCIO PROFISSIONAL POR 30 DIAS, prevista na letra 'd' do art. 22 da Lei 3.268/57, por infração aos arts. 21, 29, 30, 31, 42, 43, 46, 55 e 110 do Código de Ética Médica, nos termos do voto da Conselheira Relatora.
>
> Em 12.04.92. Publicação: *DOU* de 19.03.92. Seção I, p. 3.618.[15]
>
> Número: 9404/2010
> Origem: CRM-PA
> Tribunal: Pleno
> Relator: Júlio Rufino Torres

15 DANTAS, Eduardo; COLTRI, Marcos Vinícius. Comentários ao Código de Ética Médica. 2ª ed. Rio de Janeiro: GZ Editora, 2012. p. 110.

EMENTA: RECURSO EM INTERDIÇÃO CAUTELAR – PRESSUPOSTOS – CABIMENTO. MANUTENÇÃO DA INTERDIÇÃO CAUTELAR DO EXERCÍCIO PROFISSIONAL. I – A forte suspeita de prática de aborto juridicamente condenável no país justifica a aplicação da Interdição Cautelar proposta no CRM de origem. II – Recurso conhecido e negado provimento.

ACÓRDÃO: Vistos, relatados e discutidos os presentes autos, em que são partes as acima indicadas, ACORDAM os Conselheiros membros do Pleno do Tribunal Superior de Ética Médica do Conselho Federal de Medicina, por unanimidade de votos, em conhecer e negar provimento ao recurso interposto pelo recorrente, mantendo, por maioria, a decisão do Conselho de origem, que determinou a interdição cautelar do recorrente, nos termos do voto do Sr. Conselheiro Relator.
Publicação: *DOU* de 17/03/11. Seção I, p. 148/149.[16]

Número: 2031/2014
Origem: CRM-BA
Tribunal: Pleno
Relator: Nemesio Tomassela de Oliveira

EMENTA: PROCESSO ÉTICO-PROFISSIONAL. RECURSO DE APELAÇÃO. PRELIMINARES ARGUIDAS: INCONSTITUCIONALIDADE DA PENALIDADE DE CASSAÇÃO – PENA PERPÉTUA; AUSÊNCIA DE PROVAS; AUSÊNCIA DE PROPORCIONALIDADE DA PENA; AUSÊNCIA DE FUNDAMENTAÇÃO; VIOLAÇÃO AO ESTATUTO DO IDOSO; FALTA DE CRITÉRIOS ÉTICOS POR PARTE DA MÍDIA. INFRAÇÃO AOS ARTIGOS 14 E 15 DO CEM: É VEDADO AO MÉDICO: PRATICAR OU INDICAR ATOS MÉDICOS DESNECESSÁRIOS OU PROIBIDOS

16 BRASIL. Conselho Federal de Medicina. Jurisprudência. 2018. Disponível em http://sistemas.cfm.org.br/jurisprudencia/controle/detalheJurisprudenciaExterna. Acesso em 08 set 2018.

PELA LEGISLAÇÃO VIGENTE NO PAÍS. É VEDADO AO MÉDICO: DESCUMPRIR LEGISLAÇÃO ESPECÍFICA NOS CASOS DE TRANSPLANTES DE ÓRGÃOS OU DE TECIDOS, ESTERILIZAÇÃO, FECUNDAÇÃO ARTIFICIAL, ABORTAMENTO, MANIPULAÇÃO OU TERAPIA GENÉTICA. MANUTENÇÃO DA PENA DE "CASSAÇÃO DO EXERCÍCIO PROFISSIONAL". I – A aplicação da pena de cassação do exercício profissional decorre do interesse público e encontra amparo constitucional e legal. II – A apreciação das provas juntadas aos autos do processo é matéria de mérito e de competência exclusiva e discricionária do Conselheiro julgador. III – A gradação da penalidade deve ser feita à luz das circunstâncias fáticas existentes nos autos do processo, podendo ser aplicada uma pena mais grave desde que o Conselho julgador explicite os seus motivos, na forma prevista no § 1º do art. 22 da Lei nº 3.268/57. IV – A decisão impugnada está devidamente fundamentada, especificando claramente os motivos pelos quais os conselheiros, por unanimidade de votos condenaram o recorrente, conforme consta no Acórdão, que é constituído pelos relatórios do relator e do revisor e pelos votos do relator e do revisor. V – A análise e a manifestação sobre a eventual "falta de critérios éticos por parte da mídia" não cabem aos Conselhos de Medicina. Existem órgãos legalmente criados para tanto. VI – Não há que se falar em afronta ao Estatuto do Idoso, pois o Cremeb apenas exerceu suas atribuições legais de avaliar eticamente a postura de um profissional da Medicina e, diante dos fatos, instaurar o devido processo ético-profissional para apurar os fatos. VII – Ao praticar ato proibido pela legislação vigente, descumprindo legislação específica, é considerado o médico culpado quando evidenciada a prática ilegal do aborto, transgredindo o proclamado nas disposições estabelecidas nos artigos 14 e 15 do CEM vigente. VIII – Preliminares rejeitadas. IX – Recurso de apelação conhecido e negado provimento.

ACÓRDÃO: Vistos, relatados e discutidos os presentes autos, em que são partes as acima indicadas, ACORDAM os

Conselheiros membros do Pleno do Tribunal Superior de Ética Médica do Conselho Federal de Medicina, por unanimidade de votos, em conhecer e, por maioria, negar provimento ao recurso interposto pelo apelante, mantendo a decisão do Conselho de origem, que lhe aplicou a pena de "CASSAÇÃO DO EXERCÍCIO PROFISSIONAL", prevista na letra "e" do artigo 22 da Lei nº 3.268/57, por unanimidade por infração aos artigos 14 e 15 do Código de Ética Médica (Resolução CFM nº 1.931/09, DOU 13.10.2009), nos termos do voto do conselheiro relator. Brasília, 13 de março de 2015. (data do julgamento)
Publicação: *DOU* nº 145, de 31/07/15. Seção I, p. 180.[17]

3. LEGISLAÇÃO PORTUGUESA

A legislação portuguesa sobre o aborto difere de forma parcial da legislação brasileira, no tocante às excludentes de ilicitude, sendo mais abrangente, permitindo o aborto não somente nos casos de risco de vida materno, estupro e anencefalia, mas também, de forma eugênica, pela simples vontade da gestante, e por questões sociais e psicológicas.

Neste sentido, ao compararmos os índices e indicadores de saúde de ambos os países, envolvendo mortalidade materna, mortalidade fetal e abortos registrados, observamos diferenças exponenciais, uma vez que a situação enfrentada no território brasileiro atualmente ocorreu em Portugal em meados de 1960, e foi alterada de maneira ainda mais ampla, em 2007.

17 BRASIL. Conselho Federal de Medicina. Jurisprudência. 2018. Disponível em http://sistemas.cfm.org.br/jurisprudencia/controle/detalheJurisprudenciaExterna. Acesso em 08 set 2018.

3.1. Código Penal

O Código Penal Português[18], disciplina sobre os crimes contra a vida intrauterina nos artigos 140 a 142:

> Art. 140º. Aborto.
> 1 - Quem, por qualquer meio e sem consentimento da mulher grávida, a fizer abortar é punido com pena de prisão de 2 a 8 anos.
> 2 - Quem, por qualquer meio e com consentimento da mulher grávida, a fizer abortar é punido com pena de prisão até 3 anos.
> 3 - A mulher grávida que der consentimento ao aborto praticado por terceiro, ou que, por facto próprio ou alheio, se fizer abortar, é punida com pena de prisão até 3 anos.
>
> Art. 141º. Aborto agravado.
> 1 - Quando do aborto ou dos meios empregados resultar a morte ou uma ofensa à integridade física grave da mulher grávida, os limites da pena aplicável àquele que a fizer abortar são aumentados de um terço.
> 2 - A agravação é igualmente aplicável ao agente que se dedicar habitualmente à prática de aborto punível nos termos dos nºs 1 ou 2 do artigo anterior ou o realizar com intenção lucrativa.
>
> Art. 142. Interrupção da gravidez não punível.
> 1 - Não é punível a interrupção da gravidez efectuada por médico, ou sob a sua direcção, em estabelecimento de saúde oficial ou oficialmente reconhecido e com o consentimento da mulher grávida, quando:
> a) Constituir o único meio de remover perigo de morte ou de grave e irreversível lesão para o corpo ou para a saúde física ou psíquica da mulher grávida;

18 PORTUGAL. D.L. 400/1982, de 23 de setembro, alterado pela Lei nº 48/1995, de 15 de março.

b) Se mostrar indicada para evitar perigo de morte ou de grave e duradoura lesão para o corpo ou para a saúde física ou psíquica da mulher grávida e for realizada nas primeiras 12 semanas de gravidez;
c) Houver seguros motivos para prever que o nascituro virá a sofrer, de forma incurável, de grave doença ou malformação congénita, e for realizada nas primeiras 24 semanas de gravidez, excepcionando-se as situações de fetos inviáveis, caso em que a interrupção poderá ser praticada a todo o tempo;
d) A gravidez tenha resultado de crime contra a liberdade e autodeterminação sexual e a interrupção for realizada nas primeiras 16 semanas.
e) For realizada, por opção da mulher, nas primeiras 10 semanas de gravidez.
2 – A verificação das circunstâncias que tornam não punível a interrupção da gravidez é certificada em atestado médico, escrito e assinado antes da intervenção por médico diferente daquele por quem, ou sob cuja direcção, a interrupção é realizada, sem prejuízo do disposto no número seguinte.
3 – Na situação prevista na alínea e) do nº 1, a certificação referida no número anterior circunscreve-se à comprovação de que a gravidez não excede as 10 semanas.
4 – O consentimento é prestado:
a) Nos casos referidos nas alíneas a) a d) do nº 1, em documento assinado pela mulher grávida ou a seu rogo e, sempre que possível, com a antecedência mínima de três dias relativamente à data da intervenção;
b) No caso referido na alínea e) do nº 1, em documento assinado pela mulher grávida ou a seu rogo, o qual deve ser entregue no estabelecimento de saúde até ao momento da intervenção e sempre após um período de reflexão não inferior a três dias a contar da data da realização da primeira consulta destinada a facultar à mulher grávida o acesso à informação relevante para a formação da sua decisão livre, consciente e responsável.

> 5 - No caso de a mulher grávida ser menor de 16 anos ou psiquicamente incapaz, respectiva e sucessivamente, conforme os casos, o consentimento é prestado pelo representante legal, por ascendente ou descendente ou, na sua falta, por quaisquer parentes da linha colateral.
> 6 - Se não for possível obter o consentimento nos termos dos números anteriores e a efectivação da interrupção da gravidez se revestir de urgência, o médico decide em consciência face à situação, socorrendo-se, sempre que possível, do parecer de outro ou outros médicos.
> 7 - Para efeitos do disposto no presente artigo, o número de semanas de gravidez é comprovado ecograficamente ou por outro meio adequado de acordo com as *leges artis*.

Dentre tais artigos, destacam-se: o art. 140, que objetiva a proteção da vida intrauterina e também, da liberdade de escolha da mulher, com a diferenciação da pena aplicada; e o artigo 142, que apresenta rol taxativo das excludentes de ilicitude para a realização do aborto de forma legal.

Assim, o aborto é permitido em Portugal:

> 1) Quando for o único meio de proteção da vida e da saúde física e psicológica da mulher;
> 2) Quando for indicado para evitar perigo de morte ou de lesões graves e duradouras, à saúde física e psicológica da mulher à deverá ocorrer até a 12ª semana de gestação;
> 3) Quando houver diagnóstico de doença ou malformação que impossibilite a vida do feto (por exemplo, anencefalia), ou doença grave e incurável, ou proveniente de malformação congênita à aborto eugênico à deverá ocorrer até a 24ª semana de gestação à exceção quanto ao prazo para realização do aborto: diagnóstico de inviabilidade fetal à ausência de tempo limite para a realização;
> 4) Nos casos de estupro à deverá ocorrer até a 16ª semana de gestação;

5) Por vontade da mulher, sem qualquer motivo específico à deverá ocorrer até a 10ª semana de gestação.

Ocorre que, com a legalização do aborto de forma mais abrangente, cuja última alteração foi realizada em 2007 com a inclusão do permissivo legal para os casos eugênicos e por mera vontade da mulher[19] - foram incluídas na legislação penal portuguesa especificações, condições e orientações autorizadores à realização dos procedimentos de aborto, conforme constam da segunda à sétima parte, do artigo 142 - ratificadas pelo Ministério da Saúde, através da Portaria nº 741-A/2007[20].

Após tais alterações legais, de acordo com índices emitidos pelo Ministério da Saúde de Portugal, através do sistema PorData[21], foi possível constatar inicialmente, um aumento do número de abortos realizados, entre 2008 e 2012.

Porém a partir de 2013, verificou-se queda contínua no número de registros de interrupções voluntárias da gravidez, sendo que o menor índice indicativo se refere ao último período documentado e publicado - 2016. Índice este, que já é menor que o índice registrado antes das alterações legais permissivas ao aborto em Portugal, realizadas em 2007.

Importante destacar também, que referida legalização possibilitou ainda queda acentuada no número de mortes maternas relacionados a abortos ilegais.

---

19 PORTUGAL. Lei nº 16/2007, de 17 de abril.

20 PORTUGAL. Ministério da Saúde. Portaria nº 741-A/2007, de 21 de junho.

21 MINISTÉRIO, da Saúde. Direção Geral da Saúde (DGS). PorData. 2018. Disponível em https://www.pordata.pt/Portugal/Interrup%C3%A7%C3%B5es+volunt%C3%A1rias+da+gravidez+nos+estabelecimentos+de+sa%C3%BAde-1511. Acesso em 08 nov 2019.

3.2. Código Deontológico da Ordem dos Médicos

O Código Deontológico da Ordem dos Médicos de Portugal[22], assim como o Código de Ética Médica Brasileiro, baseia-se nos princípios legais e bioéticos, da não maleficência, da autonomia, da dignidade, da beneficência e da justiça e legalidade.

Porém, apresenta-se de forma mais clara que a legislação correlata brasileira, ao enumerar em seus artigos, as orientações, proibições e deveres para situações específicas enfrentadas pelos médicos portugueses.

Igualmente, após as mudanças realizadas no Código Penal Português, pela Lei nº 16/2007, o governo português pressionou a Ordem dos Médicos Portugueses para a alteração do Código Deontológico Médico, para constar do mesmo, disposto permissivo ao aborto, em consonância com a legislação aprovada.

Inicialmente a Ordem dos Médicos de Portugal negou tal solicitação do Governo Português, em defesa do direito dos médicos à objeção de consciência.

Porém, em 2008, com a ameaça governamental de judicializar a questão, a Ordem dos Médicos de Portugal aprovou a alteração no Código Deontológico, para descaracterizar a realização de aborto como falta deontológica grave, permitindo a realização de interrupção voluntária da gravidez, por profissional médico, nos termos da legislação vigente, deixando ao critério de cada médico decidir por si próprio sobre a atuação nos casos de aborto.

Assim, dentre os artigos do Regulamento nº 14/2009, destacam-se o artigo 55 e o artigo 56, que se referem ao início da vida, e à interrupção da gravidez:

22 PORTUGAL. Código Deontológico dos Médicos. Regulamento nº 14/2009, de 13 de janeiro.

> Art. 55º. (Princípio Geral). O médico deve guardar respeito pela vida humana desde o momento de seu início.
> Art. 56º. (Interrupção da gravidez). O dispositivo no artigo anterior não impede a adopção de terapêutica que constitua o único meio capaz de preservar a vida da grávida ou resultar de terapêutica imprescindível instituída a fim de salvaguardar a sua vida.

CONSIDERAÇÕES FINAIS

Tratar de uma questão tão complicada, como a questão do aborto, implica adentrarmos em discussões não somente no âmbito das leis, mas principalmente, no âmbito ético, moral, religioso e de saúde pública.

Isso porque, com o desenvolvimento das civilizações e a busca constante pela igualdade entre homens e mulheres, vivenciada desde a década de 1960 (onde destacamos a luta das mulheres pelo direito ao voto, pelo uso de métodos contraceptivos, pela liberdade individual, pelo direito ao trabalho e ao estudo, dentre outros), e que continua ainda nos dias atuais, com a constante luta pela igualdade salarial entre homens e mulheres, e principalmente, pela busca da igualdade do direito de escolha e respeito à autonomia da sua vontade, a discussão sobre a descriminalização do aborto se faz necessária.

Descriminalização esta, que caracteriza uma forma de empoderamento feminino ao garantir às mulheres o direito de escolha e a autonomia de suas vontades sobre suas vidas e seus corpos, visando com isso, defender os direitos à vida, à liberdade, e à igualdade.

Como demonstrado no presente trabalho, e como pode ser observado através dos estudos e estatísticas emitidos por órgãos oficiais e/ou ONG's de diversos países onde ocorreu a descriminalização do aborto – como Portugal, Espanha e Uruguai[23]

23 http://www.generonumero.media/portugal-espanha-e-uruguai-o-que-aconteceu-apos-legalizacao-do-aborto/.

- verifica-se que, imediatamente após a legalização das formas e causas de interrupção da gravidez - sendo elas mais ou menos abrangentes - ocorreu em todos estes países um aumento no número de abortos realizados.

Porém, esse fato não deve ser considerado negativo e impeditivo à efetiva descriminalização, uma vez que é comprovadamente superficial, por ser caracterizador de informações e dados irreais e temporários.

Isto porque, ao garantir à mulher o direito de escolha sobre sua própria vida, inicialmente é como se houvesse uma busca desenfreada à efetivação de tal direito, com o aumento do número de abortos realizados.

Porém, essa impressão não traduz a verdade, uma vez que, deve ser considerada na avaliação de tais dados estatísticos: primeiro, a ocorrência da subnotificação dos casos de aborto, enquanto considerado procedimento ilegal; e segundo, o aumento deste número após a descriminalização relacionado direta e unicamente ao cadastro e controle de tais casos (antes inexistente ou irreal) - vez que a possibilidade de tal indexação, somente foi viável após a descriminalização, devido à desnecessidade de realizar tais procedimentos de forma ilegal.

Constata-se ainda, que após alguns anos, em todos os países citados, houve a ocorrência da diminuição do número de casos de aborto, em virtude da ampliação de políticas públicas de saúde - um efeito temporal.

Ainda, constatou-se a diminuição vertiginosa do número de casos de mortalidade materna relacionados ao aborto, vez que, com a descriminalização, passou-se a realizar atendimento de saúde adequado às gestantes que não mais procuram pela realização do procedimento de maneira ilegal.

Desta forma, é possível afirmar que a descriminalização do aborto como ocorrido nestes países (especificamente em Portugal - país de comparação ao Brasil e objeto do presente estudo) torna-se um objetivo a ser buscado pela legislação brasileira, visando solucionar questões de saúde pública e da garantia ao efetivo direito de escolha da paciente.

Nesse sentido, a realidade dos dois países - Brasil e Portugal - é totalmente diversa e distante uma da outra, porém, de certa forma pode ser considerada inter-relacionada, vez que, o tempo presente de um (Brasil), traduz a vivência do tempo pretérito do outro (Portugal), enquanto ambos buscam, no futuro, condições de igualdade e saúde pública de qualidade, capazes de garantir o direito de escolha das pacientes, a diminuição da mortalidade materna e complicações decorrentes de falta de atendimento médico adequado.

REFERÊNCIAS BIBLIOGRÁFICAS

BRASIL. Decreto-Lei nº 2.848, de 07 de dezembro de 1940.

_____. Constituição da República Federativa do Brasil, de 05 de outubro de 1988.

_____. Lei nº 8.069, de 13 de julho de 1990.

_____. Conselho Federal de Medicina. Resolução nº 1.779, de 05 de dezembro de 2005.

_____. Conselho Federal de Medicina. Resolução nº 1.931, de 17 de setembro de 2009.

_____. Conselho Federal de Medicina. Resolução nº 1.989, de 14 de maio de 2012.

_____. Conselho Federal de Medicina. Resolução nº 2.217, de 27 de setembro de 2018.

_____. Ministério da Saúde. DATASUS. Portal da Saúde. Estatísticas Vitais. 2008.

_____. Senado Federal. PLS nº 236, de 10 de outubro de 2012.

COSTA FILHO, Paulo Enio Garcia. Medicina Legal e Criminalística. 2ª Ed. Brasília: Editora Alumnus, 2015.

DANTAS, Eduardo; COLTRI, Marcos Vinícius. Comentários ao Código de Ética Médica. 2ª ed. Rio de Janeiro: GZ Editora, 2012.

DIAS, Jorge de Figueiredo. Comentário Conimbricense do Código Penal - Tomo I. 2ª Ed. Coimbra: Editora Coimbra, 2012.

DICIO. Dicionário Online de Português, 2009-2019. Disponível em https://www.dicio.com.br/aborto/. Acesso em 08 nov 2019.

GONÇALVES, Victor Eduardo Rios. Dos Crimes Contra a Pessoa. 9ª Ed. São Paulo: Editora Saraiva, 2007. (Coleção sinopses jurídicas: v. 8).

OEA. CIDH. Convenção Americana de Direitos Humanos, 1969.

ONU. Unesco. Declaração Universal sobre Bioética e Direitos Humanos, 2005.

PORTUGAL. D.L. 400/1982, de 23 de setembro, alterado pela Lei nº 48/1995, de 15 de março.

_____. Lei nº 16/2007, de 17 de abril, alterada pela Lei nº 136/2015, de 07 de setembro, e pela Lei nº 3/2016, de 29 de fevereiro.

_____. Ministério da Saúde. Portaria nº 741-A/2007, de 21 de junho.

_____. Ministério, da Saúde. Direção Geral da Saúde (DGS). PorData. 2018.

_____. Código Deontológico dos Médicos. Regulamento nº 14/2009, de 13 de janeiro.

PRIBERAM, Informática. Dicionário Priberam da Língua Portuguesa, 2008-2018. Disponível em https://www.priberam.pt/dlpo/aborto. Acesso em 08 nov 2019.

S. PAULO, Folha. Edição de 29 de julho de 2018.

ANÁLISE COMPARATIVA DO SISTEMA PRIVADO DE SAÚDE NO BRASIL E EM PORTUGAL – DIFERENÇAS RELEVANTES

MARISTELA FIGUEIRÊDO DANTAS

1. O SISTEMA PRIVADO DE SAÚDE NO BRASIL

O Sistema de Saúde no Brasil é dividido em público e privado. O Sistema Público é estruturado a partir do SUS- Sistema Único de Saúde, que foi criado pela Constituição Federal de 1988 e regulamentado pelas Leis nº 8080/90 (Lei Orgânica da Saúde) e nº 8.142/90, com a finalidade de alterar a situação de desigualdade na assistência à Saúde da população, tornando obrigatório o atendimento público a qualquer cidadão, sendo proibidas cobranças de dinheiro sob qualquer oferta de serviços. Fazem parte do SUS, os centros e postos de saúde, hospitais (inclusive os universitários), laboratórios, hemocentros, além de fundações e institutos de pesquisa, como a FIOCRUZ – Fundação Oswaldo Cruz e o Instituto Vital Brazil.

Através do Sistema Único de Saúde, todos os cidadãos têm direito a consultas, exames, internações e tratamentos nas Unidades de Saúde vinculadas ao SUS, sejam públicas (da esfera municipal, estadual e federal), ou privadas, contratadas pelo gestor público de saúde. O SUS é financiado com recursos arrecadados através de impostos e contribuições sociais pagos pela população e compõem os recursos do orçamento do governo federal, estadual e municipal. O setor privado participa do SUS de forma complementar, por meio de contratos e convênios de prestação de serviço ao Estado quando as unidades públicas de assistência à saúde não são suficientes para garantir o atendimento a toda a população de uma determinada região.

Importante registrar que antes da criação do SUS existia o INAMPS (Instituto Nacional de Assistência Médica da Previdência Social) que só garantia atendimento para aqueles que contribuíam para previdência Social, ou seja, com carteira de trabalho assinada. No fim da década de 1960, um número crescente de trabalhadores passou a ser coberto pelos planos de saúde, mediante a celebração de contratos individuais, como também pela adesão a um contrato empresarial ou associativo. Justamente nesta ocasião a assistência à saúde se transformava em um bem de consumo no âmbito do mercado de trabalho.

Conforme já mencionado, com a Constituição de 1988 veio a criação do SUS e determina que a Saúde é um direito de todos e dever do estado em seu art. 196, aqui transcrito.

> "**Art. 196.** A saúde é direito de todos e dever do Estado, garantido mediante políticas sociais e econômicas que visem à redução do risco de doença e de outros agravos e ao acesso universal e igualitário às ações e serviços para sua promoção, proteção e recuperação."

A expectativa era de que com a implantação do SUS na Constituição Federal de 1988, se pudesse melhorar o acesso universal aos serviços de saúde para a população. No entanto, o SUS não foi capaz de atrair para o seu interior todas as famílias, devido a escassez da oferta e a baixa qualidade dos serviços oferecidos pelo sistema público.

O Sistema privado, Saúde Suplementar, é composto pelos planos e seguros saúde e os particulares autônomos. Dez anos após a Constituição Federal de 1988 e da criação do SUS, foi promulgada a Lei Federal nº 9.656/98, que dispõe sobre a regulamentação das empresas de planos e seguros de saúde. Em 2000 foi promulgada a Lei Federal nº 9.661/2000 criando a

ANS- Agência Nacional de Saúde Suplementar, que dispõe em seu artigo 3º que a ANS terá por finalidade institucional promover a defesa do interesse público na assistência suplementar à saúde, regulando as operadoras setoriais, inclusive quanto às suas relações com prestadores e consumidores, contribuindo para o desenvolvimento das ações de saúde no País.

Dispõe ainda a Lei nº 9661/2000 em seu Art. 4º:

> "Art. 4º Compete à ANS:
> I - propor políticas e diretrizes gerais ao Conselho Nacional de Saúde Suplementar - Consu para a regulação do setor de saúde suplementar;
> II - estabelecer as características gerais dos instrumentos contratuais utilizados na atividade das operadoras;
> III - elaborar o rol de procedimentos e eventos em saúde, que constituirão referência básica para os fins do disposto na Lei nº 9.656, de 3 de junho de 1998, e suas excepcionalidades;
> IV - fixar critérios para os procedimentos de credenciamento e descredenciamento de prestadores de serviço às operadoras;
> V - estabelecer parâmetros e indicadores de qualidade e de cobertura em assistência à saúde para os serviços próprios e de terceiros oferecidos pelas operadoras;
> VI - estabelecer normas para ressarcimento ao Sistema Único de Saúde - SUS;
> VII - estabelecer normas relativas à adoção e utilização, pelas operadoras de planos de assistência à saúde, de mecanismos de regulação do uso dos serviços de saúde;
> VIII - deliberar sobre a criação de câmaras técnicas, de caráter consultivo, de forma a subsidiar suas decisões;
> IX - normatizar os conceitos de doença e lesão preexistentes;
> X - definir, para fins de aplicação da Lei nº 9.656, de 1998, a segmentação das operadoras e administradoras de planos privados de assistência à saúde, observando as suas peculiaridades;

XI - estabelecer critérios, responsabilidades, obrigações e normas de procedimento para garantia dos direitos assegurados nos arts. 30 e 31 da Lei nº 9.656, de 1998;
XII - estabelecer normas para registro dos produtos definidos no inciso I e no § 1º do art. 1º da Lei nº 9.656, de 1998;
XIII - decidir sobre o estabelecimento de sub-segmentações aos tipos de planos definidos nos incisos I a IV do art. 12 da Lei nº 9.656, de 1998;
XIV - estabelecer critérios gerais para o exercício de cargos diretivos das operadoras de planos privados de assistência à saúde;
XV - estabelecer critérios de aferição e controle da qualidade dos serviços oferecidos pelas operadoras de planos privados de assistência à saúde, sejam eles próprios, referenciados, contratados ou conveniados;
XVI - estabelecer normas, rotinas e procedimentos para concessão, manutenção e cancelamento de registro dos produtos das operadoras de planos privados de assistência à saúde;
XVII - autorizar reajustes e revisões das contraprestações pecuniárias dos planos privados de assistência à saúde, ouvido o Ministério da Fazenda; (Redação dada pela Medida Provisória nº 2.177-44, de 2001)
XVIII - expedir normas e padrões para o envio de informações de natureza econômico-financeira pelas operadoras, com vistas à homologação de reajustes e revisões;
XIX - proceder à integração de informações com os bancos de dados do Sistema Único de Saúde;
XX - autorizar o registro dos planos privados de assistência à saúde;
XXI - monitorar a evolução dos preços de planos de assistência à saúde, seus prestadores de serviços, e respectivos componentes e insumos;
XXII - autorizar o registro e o funcionamento das operadoras de planos privados de assistência à saúde, bem assim sua cisão, fusão, incorporação, alteração ou transferência

do controle societário, sem prejuízo do disposto na Lei nº 8.884, de 11 de junho de 1994; (Redação dada pela Medida Provisória nº 2.177-44, de 2001)
XXIII – fiscalizar as atividades das operadoras de planos privados de assistência à saúde e zelar pelo cumprimento das normas atinentes ao seu funcionamento;
XXIV – exercer o controle e a avaliação dos aspectos concernentes à garantia de acesso, manutenção e qualidade dos serviços prestados, direta ou indiretamente, pelas operadoras de planos privados de assistência à saúde;
XXV – avaliar a capacidade técnico-operacional das operadoras de planos privados de assistência à saúde para garantir a compatibilidade da cobertura oferecida com os recursos disponíveis na área geográfica de abrangência;
XXVI – fiscalizar a atuação das operadoras e prestadores de serviços de saúde com relação à abrangência das coberturas de patologias e procedimentos;
XXVII – fiscalizar aspectos concernentes às coberturas e o cumprimento da legislação referente aos aspectos sanitários e epidemiológicos, relativos à prestação de serviços médicos e hospitalares no âmbito da saúde suplementar;
XXVIII – avaliar os mecanismos de regulação utilizados pelas operadoras de planos privados de assistência à saúde;
XXIX – fiscalizar o cumprimento das disposições da Lei nº 9.656, de 1998, e de sua regulamentação;
XXX – aplicar as penalidades pelo descumprimento da Lei nº 9.656, de 1998, e de sua regulamentação;
XXXI – requisitar o fornecimento de informações às operadoras de planos privados de assistência à saúde, bem como da rede prestadora de serviços a elas credenciadas;
XXXII – adotar as medidas necessárias para estimular a competição no setor de planos privados de assistência à saúde;
XXXIII – instituir o regime de direção fiscal ou técnica nas operadoras;
XXXIV – proceder à liquidação extrajudicial e autorizar o liquidante a requerer a falência ou insolvência civil das

operadores de planos privados de assistência à saúde; (Redação dada pela Medida Provisória nº 2.177-44, de 2001)
XXXV - determinar ou promover a alienação da carteira de planos privados de assistência à saúde das operadoras; (Redação dada pela Medida Provisória nº 2.177-44, de 2001)
XXXVI - articular-se com os órgãos de defesa do consumidor visando a eficácia da proteção e defesa do consumidor de serviços privados de assistência à saúde, observado o disposto na Lei nº 8.078, de 11 de setembro de 1990;
XXXVII - zelar pela qualidade dos serviços de assistência à saúde no âmbito da assistência à saúde suplementar;
XXXVIII - administrar e arrecadar as taxas instituídas por esta Lei.
XXXIX - celebrar, nas condições que estabelecer, termo de compromisso de ajuste de conduta e termo de compromisso e fiscalizar os seus cumprimentos; (Vide Medida Provisória nº 1.976-33, de 2000) (Incluído pela Medida Provisória nº 2.177-44, de 2001)
XL - definir as atribuições e competências do diretor técnico, diretor fiscal, do liquidante e do responsável pela alienação de carteira. (Incluído pela Medida Provisória nº 2.177-44, de 2001)
XLI - fixar as normas para constituição, organização, funcionamento e fiscalização das operadoras de produtos de que tratam o inciso I e o § 1º do art. 1º da Lei nº 9.656, de 3 de junho de 1998, incluindo: (Incluído pela Medida Provisória nº 2.177-44, de 2001)
a) conteúdos e modelos assistenciais; (Incluído pela Medida Provisória nº 2.177-44, de 2001)
b) adequação e utilização de tecnologias em saúde; (Incluído pela Medida Provisória nº 2.177-44, de 2001)
c) direção fiscal ou técnica; (Incluído pela Medida Provisória nº 2.177-44, de 2001)
d) liquidação extrajudicial; (Incluído pela Medida Provisória nº 2.177-44, de 2001)

> e) procedimentos de recuperação financeira das operadoras; (Incluído pela Medida Provisória nº 2.177-44, de 2001)
> f) normas de aplicação de penalidades; (Incluído pela Medida Provisória nº 2.177-44, de 2001)
> g) garantias assistenciais, para cobertura dos planos ou produtos comercializados ou disponibilizados; (Incluído pela Medida Provisória nº 2.177-44, de 2001)
> XLII – estipular índices e demais condições técnicas sobre investimentos e outras relações patrimoniais a serem observadas pelas operadoras de planos de assistência à saúde. (Incluído pela Medida Provisória nº 2.177-44, de 2001)
> § 1º A recusa, a omissão, a falsidade ou o retardamento injustificado de informações ou documentos solicitados pela ANS constitui infração punível com multa diária de R$ 5.000,00 (cinco mil reais), podendo ser aumentada em até vinte vezes, se necessário, para garantir a sua eficácia em razão da situação econômica da operadora ou prestadora de serviços. (Redação dada pela Medida Provisória nº 2.177-44, de 2001)
> § 2º As normas previstas neste artigo obedecerão às características específicas da operadora, especialmente no que concerne à natureza jurídica de seus atos constitutivos."

A ANS – Agência Nacional de Saúde Suplementar veio para regular o setor e transita em conflitos de interesse entre as Operadoras de Planos de Saúde, os Beneficiários e os Prestadores de Serviço, onde cerca de 28% da população brasileira possuem algum plano de saúde. A Saúde Suplementar é composta pelos segmentos de Autogestões, Medicinas de Grupo e Odontologia de grupo, Seguradoras especializadas em saúde, Cooperativas médicas e odontológicas e Filantropia.

A Autogestão tem origem entre os grandes empregadores, que gerenciam planos próprios de saúde para seus funcionários mediante contratação ou credenciamento de médicos e serviços, e de convênios com hospitais.

A empresa que implanta a autogestão estabelece o formato do plano, define o credenciamento dos médicos e dos hospitais, estabelece as carências e coberturas. De uma forma ampla classificam-se nesta modalidade as operadoras que oferecem planos de assistência à saúde a um grupo fechado de pessoas, que obrigatoriamente devam pertencer à mesma classe profissional ou terem vínculo com a empresa instituidora e/ou patrocinadora e/ou mantenedora da operadora de planos de assistência à saúde.

As autogestões se subdividem em três tipos: a) Autogestão sem mantenedor - Não possuem mantenedores, ou seja, a própria operadora é responsável por constituir as garantias financeiras exigidas pela agência nacional de saúde suplementar - ANS; b) Autogestão com mantenedor- Estas possuem um mantenedor, ou seja, uma outra pessoa jurídica é responsável pela constituição das garantias financeiras decorrentes da operação, bem como por assumir a responsabilidade subsidiária por quaisquer débitos que por ventura a operadora possa vir a possuir e não estejam alcançados nas garantias financeiras exigidas pela ANS. Conforme definição encontrada no inciso II, do art. 12 da Resolução Normativa 137, de 2006, alterada pela Resolução Normativa 148, de 2007, mantenedor é a "pessoa jurídica de direito privado que garante os riscos referidos no caput do art. 5º mediante a celebração de termo de garantia com a entidade de autogestão"; c) Autogestão por RH - O oferecimento do plano de assistência à saúde é feito pela empresa, exclusivamente aos seus funcionários e dependentes, como um benefício. O objeto social da empresa não é a operação/comercialização de planos privados de assistência à saúde (inciso I, do art. 2º, da Resolução Normativa 137, de 2006 alterada pela Resolução Normativa 148, de 2007).

As empresas de Medicina de Grupo surgiram no Brasil a partir de meados da década de 1960, na região do ABC Paulista. Na época era firmado um Convênio-empresa entre a empresa empregadora e a empresa médica estimulados pela Previdência Social, que repassava subsídios per capita pelo serviço prestado. Visava atender basicamente às necessidades de assistência médico-hospitalar da classe trabalhadora. Com o passar dos anos as empresas de Medicina de Grupo passaram a oferecer tanto plano pessoa jurídica como pessoa física. O beneficiário do plano faz uso de uma estrutura própria ou contratada pela medicina de grupo – profissionais de saúde, hospitais, laboratórios e clínicas. As odontologias de grupo comercializam planos exclusivamente odontológicos, para pessoa física ou jurídica. Também podem constituir uma rede de serviços própria ou contratar terceiros.

O seguro de saúde surgiu como planos de custeios, garantindo aos segurados a livre escolha de médicos e hospitais por meio do reembolso de despesas. Os seguros de saúde evoluíram e, além do sistema de reembolso, trabalham com hospitais, médicos e laboratórios referenciados, sem prejuízo da livre escolha.

Já as Cooperativas médicas e odontológicas são regidas e organizadas sob as leis do cooperativismo, prestam assistência aos beneficiários por meio de contratos coletivos, familiares e individuais e podem constituir uma rede de serviços própria ou contratar terceiros. As cooperativas prescindem da figura do sócio majoritário ou controlador, de modo que os lucros de suas operações são divididos entre os cooperativados, médicos e outros profissionais da área de saúde, tudo segundo suas contribuições ao esforço comum.

As entidades de Filantropia são sem fins lucrativos que operam planos de saúde e tenham certificado de entidade beneficente de assistência social certificados pelo Conselho Nacional de Assistência Social (CNAS), bem como declaração de utilidade pública Federal junto ao Ministério da Justiça ou declaração de utilidade pública estadual ou municipal junto aos órgãos dos governos estaduais e municipais, Santas Casas da Misericórdia e hospitais de congregações, associações, fundações ou sociedades beneficentes são exemplos de entidades que organizam e mantêm serviços de saúde filantrópicos.

Dados Gerais fornecidos pela ANS.

Beneficiários de planos privados de saúde, por cobertura assistencial (Brasil – 2008-2018).

Ano	Beneficiários em planos privados de assistência médica com ou sem odontologia	Beneficiários em planos privados exclusivamente odontológicos
Dez/2008	41.468.019	11.061.362
Dez/2009	42.561.398	13.253.744
Dez/2010	44.937.350	14.514.074
Dez/2011	46.025.814	16.669.935
Dez/2012	47.846.092	18.538.837
Dez/2013	49.494.699	19.469.223
Dez/2014	50.432.341	20.211.873
Dez/2015	49.209.200	20.976.338
Dez/2016	47.620.268	21.422.264
Dez/2017	47.196.900	22.569.171
Jun/2018	47.236.348	23.453.058

Fonte: Sistema de Informações de Beneficiários-SIB/ANS/MS
Dados atualizados até 06/2018

Taxa de crescimento (%) do número de beneficiários em relação a dezembro do ano anterior (Brasil - 2008-2018)

Ano	Beneficiários em planos privados de assistência médica com ou sem odontologia	Beneficiários em planos privados exclusivamente odontológicos
Dez/2008	5,5	20,7
Dez/2009	2,6	19,8
Dez/2010	5,6	9,5
Dez/2011	2,4	14,9
Dez/2012	4,0	11,2
Dez/2013	3,4	5,0
Dez/2014	1,9	3,8
Dez/2015	-2,4	3,8
Dez/2016	-3,2	2,1
Dez/2017	-0,9	5,4
Jun/2018	0,1	3,9

Fonte: Sistema de Informações de Beneficiários-SIB/ANS/MS
Dados atualizados até 06/2018

Operadoras com beneficiários (Brasil - 2008-2018)

Ano	Operadoras médico-hospitalares	Operadoras exclusivamente odontológicas	Total de operadoras com beneficiários
Dez/2008	1.135	411	1.546
Dez/2009	1.095	403	1.498
Dez/2010	1.045	374	1.419
Dez/2011	1.015	369	1.384
Dez/2012	962	359	1.321
Dez/2013	920	344	1.264
Dez/2014	874	343	1.217
Dez/2015	828	327	1.155
Dez/2016	790	305	1.095
Dez/2017	766	291	1.057
Jun/2018	756	292	1.048

Fontes: Cadastro de Operadoras/ANS/MS e Sistema de Informações de Beneficiários- SIB/ANS/MS
Dados atualizados até 06/2018

Taxa de cobertura dos planos de assistência médica por Unidades da Federação (Brasil – Junho/2018)

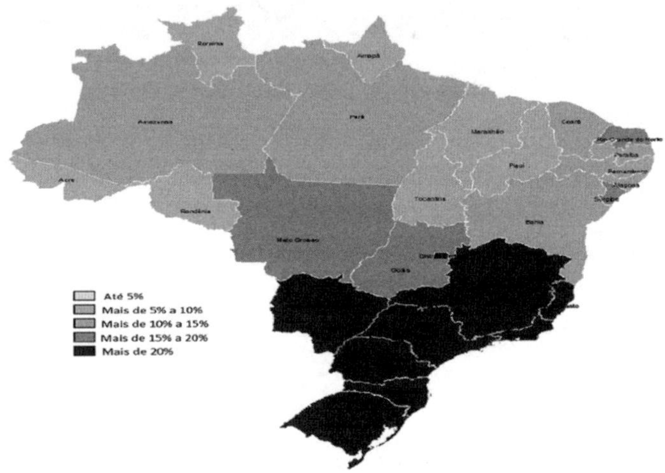

Fonte: Sistema de Informações de Beneficiários-SIB/ANS/MS – 06/2018 e População – IBGE/DATASUS/2012

Ao longo dos últimos anos reduziu-se o número de Operadoras, seja por fatores econômicos, seja pelo maior número de exigência de garantias financeiras e de gestão, por parte da entidade reguladora, como também se verificou a redução do número de beneficiários individuais e o aumento no número de contratos coletivos.

2. O SISTEMA PRIVADO DE SAÚDE EM PORTUGAL

Portugal sofreu grandes e sucessivas transformações nos últimos 40 anos, democratização e descolonização em 1974, entrada na Comunidade Econômica Europeia (CEE) em 1985 e integração na União Monetária Europeia em 2000, num ambiente de rápida transição e evolução tecnológica, notadamente na área da saúde.

Antes dos anos 1970 o sistema de saúde era muito fragmentado e do início dos anos 1970 até 1985 ocorreu o estabelecimento e expansão do Serviço Nacional de Saúde SNS.

No período de 1985 a 1995 ocorreu maior expansão do Serviço Nacional de Saúde numa rede mais ampla de prestadores de cuidados do setor social e privado, de regionalização e coordenação do Serviço Nacional de Saúde, incremento da participação do setor privado, de construção hospitalar e de tentativa de separação do exercício médico entre setores privado e público.

Já o período de 1995 a 2002 foi marcado por uma tentativa de estimular formas diferentes de gestão e organização empresarial pública de instituições de saúde com a adoção de uma estratégia de saúde explícita. Em seguida ocorreu a expansão e reorientação das políticas definidas anteriormente, com uma nova filosofia em relação aos papéis dos setores público, privado e social.

Dispõe o art. 64 da Constituição da República Portuguesa:

> "Artigo 64º
> Saúde
> 1. Todos têm direito à proteção da saúde e o dever de a defender e promover.
> 2. O direito à proteção da saúde é realizado:
> a) Através de um serviço nacional de saúde universal e geral e, tendo em conta as condições económicas e sociais dos cidadãos, tendencialmente gratuito;
> b) Pela criação de condições económicas, sociais, culturais e ambientais que garantam, designadamente, a proteção da infância, da juventude e da velhice, e pela melhoria sistemática das condições de vida e de trabalho, bem como pela promoção da cultura física e desportiva, escolar e popular, e ainda pelo desenvolvimento da educação sanitária do povo e de práticas de vida saudável.
> 3. Para assegurar o direito à proteção da saúde, incumbe prioritariamente ao Estado:

> a) Garantir o acesso de todos os cidadãos, independentemente da sua condição económica, aos cuidados da medicina preventiva, curativa e de reabilitação;
> b) Garantir uma racional e eficiente cobertura de todo o país em recursos humanos e unidades de saúde;
> c) Orientar a sua ação para a socialização dos custos dos cuidados médicos e medicamentosos;
> d) Disciplinar e fiscalizar as formas empresariais e privadas da medicina, articulando-as com o serviço nacional de saúde, por forma a assegurar, nas instituições de saúde públicas e privadas, adequados padrões de eficiência e de qualidade;
> e) Disciplinar e controlar a produção, a distribuição, a comercialização e o uso dos produtos químicos, biológicos e farmacêuticos e outros meios de tratamento e diagnóstico;
> f) Estabelecer políticas de prevenção e tratamento da toxicodependência.
> 4. O serviço nacional de saúde tem gestão descentralizada e participada."

O Ministério da Saúde "é o departamento governamental que tem por missão definir e conduzir a política nacional de saúde, garantindo uma aplicação e utilização sustentáveis dos recursos e a avaliação dos seus resultados." São atribuições do mesmo: "Assegurar as ações necessárias à formulação, execução, acompanhamento e avaliação da política nacional de saúde; Exercer, em relação ao Serviço Nacional de Saúde, abreviadamente designado por SNS, funções de regulamentação, planeamento, financiamento, orientação, acompanhamento, avaliação, auditoria e inspeção; Exercer funções de regulamentação, inspeção e fiscalização relativamente às atividades e prestações de saúde desenvolvidas pelo setor privado, integradas ou não no sistema de saúde, incluindo os profissionais neles envolvidos; gerir o subsistema de saúde da Administração Pública."[1]

Desta forma, em relação ao Setor privado o Ministério da Saúde exerce essencialmente tarefas de regulamentação e fiscalização.

A Lei Orgânica do Ministério da Saúde foi aprovada pelo Decreto-Lei nº 124/2011 em 29 de dezembro e dispõe em seu Art. 20:

> "Artigo 20º
> Entidade Reguladora da Saúde
> A Entidade Reguladora da Saúde, abreviadamente designada por ERS, encontra -se adstrita ao MS, enquanto autoridade de supervisão e regulação do setor da saúde, é independente no exercício das suas funções, com atribuições de regulação, fiscalização e supervisão no setor da saúde, nos termos da Lei nº 67/2013, de 28 de agosto, que aprova a lei-quadro das entidades administrativas independentes com funções de regulação da atividade económica dos setores privado, público e cooperativo e nos respetivos estatutos."

Dispõe ainda o DL nº 126/2014, de 22 de Agosto, Estatuto da Entidade Reguladora da Saúde (ERS):

> "Artigo 10º
> Objetivos da regulação
> São objetivos da atividade reguladora da ERS, em geral:
> a) Assegurar o cumprimento dos requisitos do exercício da atividade dos estabelecimentos prestadores de cuidados de saúde, incluindo os respeitantes ao regime de licenciamento dos estabelecimentos prestadores de cuidados de saúde, nos termos da lei;

1 Serviço Nacional de Saúde. Disponível em: URL: https://www.sns.gov.pt/institucional/ministerio-da-saude. Acesso em 10 abr 2018.

b) Assegurar o cumprimento dos critérios de acesso aos cuidados de saúde, nos termos da Constituição e da lei;
c) Garantir os direitos e interesses legítimos dos utentes;
d) Zelar pela prestação de cuidados de saúde de qualidade;
e) Zelar pela legalidade e transparência das relações económicas entre todos os agentes do sistema;
f) Promover e defender a concorrência nos segmentos abertos ao mercado, em colaboração com a Autoridade da Concorrência na prossecução das suas atribuições relativas a este setor;
g) Desempenhar as demais tarefas previstas na lei.
...
Artigo 15º
Regulação económica
Para efeitos do disposto na alínea e) do artigo 10º, incumbe à ERS:
a) Elaborar estudos e emitir recomendações sobre as relações económicas nos vários segmentos da economia da saúde, incluindo no que respeita ao acesso à atividade e às relações entre o SNS ou entre sistemas ou subsistemas públicos de saúde ou equiparados, e os prestadores de cuidados de saúde, independentemente da sua natureza, tendo em vista o fomento da transparência, da eficiência e da equidade do setor, bem como a defesa do interesse público e dos interesses dos utentes;
b) Pronunciar-se e emitir recomendações sobre os acordos subjacentes ao regime das convenções, bem como sobre os contratos de concessão e de gestão e outros que envolvam atividades de conceção, construção, financiamento, conservação ou exploração de estabelecimentos ou serviços públicos de saúde;
c) Elaborar estudos e emitir recomendações sobre a organização e o desempenho dos serviços de saúde do SNS;
d) Pronunciar-se e emitir recomendações sobre os requisitos e as regras relativos aos seguros de saúde e cooperar com a respetiva entidade reguladora na sua supervisão;

> e) Pronunciar-se sobre o montante das taxas e preços de cuidados de saúde administrativamente fixados, ou estabelecidos por convenção entre o SNS e entidades externas, e zelar pelo seu cumprimento."

O setor privado da saúde em Portugal assume papel supletivo frente ao SNS, como também, tem caráter complementar. No primeiro caso, o setor privado proporciona uma maior rapidez no acesso aos cuidados entre outras facilidades. De forma complementar, o setor privado é procurado para preencher problemas na oferta pública, como a tão comentada falta de medicina dentária. A dificuldade de marcação em consultas médicas, que dependendo da especialidade e região poderá levar vários meses além do tempo de espera para as cirurgias programadas estimulam a procura pelo atendimento privado.

São várias as formas possíveis de relacionamento entre o Estado e as Instituições privadas previstas na Lei de Bases da Saúde: convenções, celebração de acordos e contratação de serviços. Existem ainda outras áreas de cooperação entre os dois setores, como o programa de combate às listas de espera cirúrgicas SIGIC (Sistema Integrado de Gestão de Inscritos para Cirurgia), a Rede Nacional de Cuidados Continuados Integrados ou as Parcerias Público-Privadas (PPP).

Quase quarenta por cento da população portuguesa, para além de ser beneficiária do SNS, está coberta por um subsistema de saúde público, como por exemplo, ADM (para militares das forças armadas), Ministério da Justiça, ADSE (Assistência na Doença aos Servidores Civis do Estado), privado ou um seguro de saúde (individual ou de grupo), SAMS para os bancários, o que, atendendo a que este financiamento está tendencialmente direcionado para prestadores privados, sinaliza a relevância expressiva que o setor privado assume no quadro nacional da saúde.

Já os seguros de saúde complementam tanto o SNS como os subsistemas de saúde e atuam sob a fiscalização do Ministério da Saúde. Caracterizam-se por serem privados e de adesão normalmente voluntária, apesar de existirem também seguros de saúde obrigatórios. Os cuidados de saúde são prestados pelos seguros aos seus beneficiários através de regime direto ou regime livre. No regime direto, os cuidados são prestados por estabelecimentos de saúde convencionados com o seguro e no regime livre são prestados por entidades não convencionadas, com o beneficiário adiantando o pagamento dos serviços e sendo posteriormente reembolsado pelo seguro.

Também é possível dividir o seguro de saúde em três modalidades distintas: um regime de prestações convencionadas ou sistema de assistência; um regime de prestações indenizatórias ou sistema de reembolso e um sistema misto, que combina os dois anteriores. O regime de sistema misto, que permite o recurso a ambas as modalidades descritas anteriormente é a modalidade preferida.

Os contratos de seguro podem ser individuais ou de grupo.

Principais estatísticas sobre o seguro de saúde direto | 2013-2015:

	2013	**2014**	**2015**
Número de apólices	796.922	893.298	885.082
Individual	756.355	800.472 834	834.295
Grupo	40.567	92.826	50.787
Número de pessoas seguras	2.185.455	2.309.621	2.654.232
Individual	1.074.106	1.134.719	1.190.101
Grupo	1.111.349	1.174.902	1.464.131
Número médio de pessoas seguras por apólice	2,7	2,6	3,0
Individual	1,4	1,4	1,4
Grupo	27,4	12,7	28,8
Prémio médio por pessoa segura Individual	260,5 €	258,8 €	260,9 €
Grupo	231,7 €	222,6 €	202,9 €

Fonte: Sociedade de consultores Augusto Mateus & Associados com base em dados das Estatísticas de Seguros da ASF

O Setor privado da saúde é bastante relevante no cenário empresarial do país, com maior destaque para atividades de saúde com internamento e atividades de clínica especializada em ambulatório. No entanto, é a área dos cuidados hospitalares aquela em que o surgimento e a afirmação de grupos empresariais privados tem ganho maior projeção, revestindo-se estes de um importante papel suplementar ou complementar aos hospitais do sector público, fazendo uso dos esquemas de financiamento que incluem os subsistemas de saúde e os seguros privados e, naturalmente, dos acordos e convenções com o SNS, bem como das oportunidades associadas às PPP.

Os principais grupos privados a atuar na área dos cuidados hospitalares noticiam nos últimos anos grande investimento em equipamentos, recursos humanos, na qualidade e conforto das suas instalações e no atendimento focado no cliente, com o objetivo que a satisfação supere o atendimento no setor público.

Como se vê, o Sistema de Saúde português comporta diversos mercados que interagem sistematicamente entre si (SNS, Subsistemas, privados, sociais, etc).

> "...no sentido genuíno do termo, "mercado concorrencial" só existe na componente segmentada da saúde, fora da esfera pública. De facto, o mercado privado e social é responsável por uma fatia substancial dos gastos com a saúde dos portugueses (em torno de 30-35%). Neste mercado devem-se aplicar as regras concorrenciais e a Entidade Reguladora da Saúde e a Autoridade da concorrência devem intervir para estabilizar os preços e promover junto dos utentes a informação e a liberdade de escolha. Recorde-se que, neste caso, não existe nenhum imperativo ético, social ou político que garanta a equidade no acesso à saúde, sendo da responsabilidade individual do cidadão aceder, ou não, aos operadores privados e sociais. Incluindo, naturalmente, os seguros comerciais, como a Médis, a Advancecare, a Multicare, etc. ... a interseção en-

> tre estes distintos mercados da saúde – onde se situa por exemplo o regime de convenções entre o Estado e os prestadores privados, cooperativos e sociais –, é de esperar não apenas alguma tensão no sistema como alguma indefinição no atinente às responsabilidades de cada parte." [2]

Informações mais recentes registram que um a cada quatro portugueses possui um seguro saúde e que as empresas apostam mais na oferta de seguros de grupo:

> "Quase um quarto dos portugueses já tem seguro de saúde. Em março, segundo estatísticas da Associação Portuguesa de Seguradores publicadas há menos de um mês, esta oferta chegava já a quase 2,4 milhões de pessoas, quando no final de 2014 ainda estava abaixo dos dois milhões. A subida é justificada em boa parte pela aposta das empresas nos seguros de grupo, enquanto os individuais pouco subiram nestes quatros anos, mantendo-se entre os 850 e os 900 mil beneficiários. O crescimento dos seguros aparece entre as razões elencadas pelos especialistas para a crescente procura dos serviços privados de saúde – por exemplo, Augusto Mateus, no seu estudo do ano passado sobre o setor particular, refere que "a ligação dos operadores privados com os subsistemas de saúde e com as seguradoras de saúde pode ser vista como uma relação win-win" –, mas raramente como o mais decisivo". [3]

2 NUNES, Rui. Regulação da Saúde, 3ª edição. Porto, 2014, pgs. 159, 161 e 162, Vida Económica.

3 Diário de Notícias. Disponível em: URL: https://www.dn.pt/edicao-do-dia/03-jul-2018/interior/um-em-cada-quatro-portugueses-ja-tem-seguro-de-saude-9534669.html. Acesso em 05 jul 2018.

3. DIFERENÇAS RELEVANTES

Embora Brasil e Portugal possuam sistemas mistos de saúde, Portugal teve maior influência do modelo Beveridgiano. Nele o Estado tem a responsabilidade do financiamento, os cuidados hospitalares estão essencialmente nas mãos de agentes públicos, enquanto os cuidados de ambulatório são prestados por agentes públicos, privados ou por uma combinação dos mesmos. Portugal tem no sistema de saúde três setores fundamentais – o setor público, o privado e o setor social. E o setor social e o privado deverão ser complementares do sistema público e ajudarem naquilo que o sistema público não pode fazer.

O que acontece é que o sistema privado por vezes é concorrencial e não complementar. No Brasil os beneficiários da Saúde Suplementar somente procuram os hospitais públicos em situações excepcionais em que determinada Operadora esteja com problemas na rede credenciada de atendimento.

No ranking anual de eficiência de sistemas nacionais de saúde, editado pela agência de notícias de negócios Bloomberg, o Brasil aparece consistentemente entre os últimos colocados (desde 2008). Como qualquer indicador de eficiência econômica, o *ranking* compara medidas de benefícios gerados com o custo de prover os serviços.

Em linhas gerais, o *ranking* compara a expectativa de vida com o custo local do sistema de saúde. Na lista de 55 países analisados em 2015, o Brasil ocupa a última posição e Portugal a 31ª posição, apresentando uma melhora, visto que, em 2008 ocupava a 36ª posição. Como se trata de ranking de eficiência, a posição do Brasil no ranking significa que o país gasta muito com saúde, mas entrega pouco.

O Setor privado em Portugal, independente das mudanças nas fontes de financiamento que relacionam o sistema público com o sistema privado, observam atentamente alterações no âmbito dos acordos e convenções entre o SNS e as unidades privadas ou ainda no âmbito dos subsistemas públicos de saúde.

Existe ainda a oportunidade que a transposição para o ordenamento jurídico nacional da diretiva europeia sobre cuidados de saúde transfronteiriços. Desta forma, as unidades privadas portuguesas podem receber cidadãos da União Europeia, tendo as mesmas condições de ofertar atendimento com qualidade a preços competitivos, especialmente quando comparados com as principais referências europeias em nível de cuidados de saúde, situação que não ocorre no Brasil.

Os beneficiários da Saúde Suplementar no Brasil quando atendidos no Sistema público são identificados pelo número de seu CPF (cadastro de pessoa física) e é cobrado da Operadora de Planos de Saúde o ressarcimento pela prestação deste serviço (Ressarcimento ao SUS). Os valores cobrados são extremamente baixos, e normalmente as Operadoras não pagam.

O Plenário do STF (Supremo Tribunal Federal) julgou em fevereiro de 2018 o Recurso Extraordinário (RE) 597064, com repercussão geral reconhecida, no qual se fixou tese sobre o tema do ressarcimento dos procedimentos prestados pelo SUS. A Corte desproveu recurso interposto por uma operadora de plano de saúde (Irmandade do Hospital de Nossa Senhora das Dores) contra acórdão do Tribunal Regional Federal da 2ª Região (TRF-2) que julgou válida cobrança a título de ressarcimento do SUS por atendimentos prestados a beneficiários do plano. A tese proposta pelo relator do RE, ministro Gilmar Mendes, e aprovada por unanimidade, reconhece a constitucionalidade da regra e afirma o direito das partes ao contraditório e à ampla defesa na esfera administrativa: "É constitucional o ressarcimento previsto no artigo 32 da Lei nº 9.656/1998, o qual é aplicável aos procedimentos médicos, hospitalares ou ambulatoriais custeados pelo SUS e posteriores a 04/06/1998, assegurados o contraditório e a ampla defesa no âmbito administrativo em todos os marcos jurídicos".

O julgamento também rejeitou argumento trazido no recurso no qual se tentava determinar como referência de preços dos ressarcimentos a tabela do SUS para os procedimentos, e não a tabela fixada pela Agência Nacional de Saúde (ANS) na Tabela Única Nacional de Equivalência de Procedimentos (TUNEP). Segundo o argumento adotado pelo Plenário, trata-se de tema infraconstitucional.

Em Portugal foram incluídas medidas de responsabilidade individual no financiamento direto da saúde com as chamadas "taxas moderadoras" de utilização dos serviços de saúde, seja para consultas, internamentos, cirurgias de ambulatório entre outros serviços.

Para alguns, a inclusão destas medidas, sobre a forma de pagamentos no ato da utilização dos serviços foi justificável, confiando que isto pode ser feito atualmente, protegendo satisfatoriamente os interesses dos utilizadores dos serviços de saúde. Foi apresentada como uma nova forma de assegurar a sustentabilidade dos sistemas de proteção social, sem por em causa princípios fundamentais.

Outros tem o entendimento que este tipo de medida acaba por constituir um obstáculo a utilização dos serviços de saúde por parte de quem precisa, acabando por punir as pessoas por estarem doentes, no pior momento possível.

O Decreto-Lei de Portugal nº 131/2017, de 21 de junho, veio alargar o elenco de cuidados de saúde dispensados do pagamento de taxas moderadoras no Serviço Nacional de Saúde. "O XXI Governo Constitucional, no seu programa para a saúde, estabeleceu como prioridades promover a saúde através de uma nova ambição para a Saúde Pública, reforçando a promoção primária e a prevenção secundária, e reduzir as desigualdades entre cidadãos no acesso à saúde, através da prática de políticas de diferenciação positiva orientadas para os cidadãos mais vulneráveis."

Já no Brasil, no Sistema Público não ocorre nenhum tipo de pagamento e no Sistema Privado das Operadoras de Planos de

Saúde a Lei nº 9656/98 veio a possibilitar o registro por parte das empresas para oferecimento a população de planos Com Coparticipação (nele o beneficiário paga uma mensalidade com valor reduzido e sempre que utilizar determinados procedimentos ou exceder a determinada utilização terá uma taxa por cada um deles. Acontece que, tal plano teve adesão mínima de beneficiários pessoa física e jurídica. A grande maioria da população brasileira que contrata alguma Operadora optam por fechar planos Sem Coparticipação (uma vez cumprido o prazo de carência, não é necessário fazer qualquer tipo de desembolso financeiro adicional).

Em 16 de julho de 2018 o Supremo Tribunal Federal (STF) suspendeu uma norma da ANS (Agência Nacional de Saúde Suplementar) que fixava em até 40% a taxa de coparticipação (valor pago pelos clientes) dos planos de saúde.

O processo foi aberto pelo Conselho Federal da OAB (Ordem dos Advogados do Brasil), por uma ação de Arguição de Descumprimento de Preceito Fundamental-ADPF 532 contra a Resolução Normativa nº 433, de 28 de junho de 2018, da Agência Nacional de Saúde Suplementar – ANS. A norma aplicada foi considerada abusiva, já que a média nacional da coparticipação é 30%. Além disso, a Ordem afirma que a função do órgão ligado ao Executivo Federal é fiscalizar o setor protegendo e defendendo os consumidores e as mudanças caminharam na contração das finalidades dela.

"A referida resolução institui severa restrição a um direito constitucionalmente assegurado (o direito à saúde) por ato reservado à lei em sentido estrito, não a simples regulamento expedido por agência reguladora", disse a ministra na liminar. Para a magistrada, direitos conquistados pela população não podem retroceder ou serem instabilizados, acrescentando que "saúde não é mercadoria, vida não é negócio".

Em 30 de julho de 2018 a Diretoria Colegiada da ANS decidiu revogar a resolução normativa 433, que estabelecia limite de 40% para o pagamento de valores de franquia e coparticipação. De acordo com o órgão, a intenção era fazer audiências públicas para avaliar como a questão será regulada. Ocorreu audiência pública em 4 de setembro de 2018, mas frente à divergência em temas prioritários da proposta, ao final foi registrado, que será necessária nova rodada de discussão a fim de se obter um consenso.

Em Portugal o sistema de saúde privado é que concentra a maior demanda de atendimento de medicina dentária. Institucionalizar a Medicina Dentária no Serviço Nacional de Saúde (SNS) tem sido uma luta consagrada pela Ordem dos Médicos Dentistas (OMD). A Constituição portuguesa é clara ao reconhecer que os cuidados de saúde devem ser tendencialmente gratuitos e concretizados num Serviço Nacional de Saúde, fazendo assim todo o sentido que a Medicina Dentária também o seja. Por outro lado, é algo que deve ser detalhadamente analisado, visto que a Medicina Dentária foi negligenciada no pós 1976 pelo Estado e com isso cresceu o número de serviços privados, necessário verificar formas de trabalharem em conjunto o (SNS) e a (OMD) quanto ao atendimento.

No Brasil o número de beneficiários que aderiram a planos odontológicos no sistema privado aumentou e foi implantada em 2004 uma Política Nacional de Saúde Bucal através do programa Brasil Sorridente de modo a garantir por meio do Sistema único de Saúde (SUS) uma série de ações para ampliação do acesso ao tratamento odontológico gratuito.

A Saúde é uma das maiores preocupações da população de todas as sociedades modernas para que todos possam ter um atendimento digno, adequado.

Pensar no Sistema de Saúde Privado é uma responsabilidade de todos os países, sendo necessário estudar a forma atual, novas possibilidades, sua sustentação econômica (financiamento) e o rigor de uma administração eficiente.

Importante pensar num sistema privado que atenda melhor aos cidadãos, mas sem dúvida para que os sistemas de saúde do Brasil e de Portugal superem os desafios atuais é necessária uma maior mobilização política para reestruturar o financiamento e redefinir os papéis dos setores público e privado e de seus atores.

REFERÊNCIAS BIBLIOGRÁFICAS

CAMPOS, A.C. Reformas da Saúde. O fio condutor. Almedina, Coimbra, 2008.

CEDIPRE. Economia de mercado e interesse público: Declaração de Condeixa, Estudos de Regulação Pública – I (Organização de Vital Moreira), CEDIPRE, Coimbra Editora, Coimbra, 2004.

ESTORNINHO, Maria João; MACIEIRINHA, Tiago. Direito as Saúde, Lisboa, Universidade Católica Editora, 2014.

MARQUES, R. Regulação de serviços públicos. Edições Sílabo, Lisboa, 2005.

NUNES, Rui. Regulação da Saúde, 3ª edição. Porto, Vida Económica, 2014.

NUNES, E. O. Nogueira, A., Costa, C., Andrade, H., Ribeiro, L. Agências reguladoras e reforma do Estado no Brasil. Inovação e continuidade no sistema político-institucional. Editora Garamond, Rio de Janeiro, 2007.

SANTANA, P. Estudo de evolução prospectiva de médicos no Sistema Nacional de Saúde, produzido pela Universidade de Coimbra para Ordem dos Médico, Coimbra, junho de 2013.

FARIAS, L. O., e C. Melamed, Segmentação de Mercados na Assistência à Saúde, Escola Nacional de Saúde Pública, Fiocruz, 2003.

ALMEIDA, C. O Mercado Privado de Serviços de Saúde no Brasil: Panorama Atual e Tendências da Assistência Médica Suplementar, in Texto para Discussão do IPEA, nº 599, 1998.

CONSTITUIÇÃO DA REPÚBLICA FEDERATIVA DO BRASIL DE 1988. Disponível em: URL: https://www.planalto.gov.br/ccivil_03/Constituicao/Constituicao.htm. Acesso em 23 abr 2018.

Lei nº 8.080/90 de 19 de setembro de 1990. Disponível em: URL: www.planalto.gov.br/ccivil_03/Leis/L8080.htm. *Acesso em 23 abr 2018.*

Lei nº 8.142/90 de 28 de dezembro de 1990. Disponível em: URL: https://www.planalto.gov.br/ccivil_03/LEIS/L8142.htm. *Acesso em 23 abr 2018.*

PAIM, J; TRAVASSOS, C; ALMEIDA, C; BAHIA, L; MACINKO, J. O sistema de saúde brasileiro: história, avanços e desafios. Lancet [periódico na internet]. Disponível em: URL: *https:* http://download.thelancet.com/flatcontentassets/pdfs/brazil/brazilpor1.pdf. Acesso em 10 mai 2018.

Lei nº 9656 de 3 de junho de 1998. Disponível em: URL: /http://www.planalto.gov.br/ccivil_03/Leis/L9656.htm. *Acesso em 10 mai 2018.*

Lei nº 9.961 de 28 de janeiro de 2000. Disponível em: URL: http://www.planalto.gov.br/ccivil_03/LEIS/L9961.htm. *Acesso em 10 mai 2018.*

Agência Nacional de Saúde Suplementar. Disponível em: URL: www.ans.gov.br/perfil-do-setor/dados-e-indicadores-do-setor. Acesso em 05 jul 2018.

O Globo. Disponível em: URL: https://oglobo.globo.com/sociedade/saude/quase-30-dos-brasileiros-tem-plano-de-saude-diz-nova-pesquisa-do-ibge-16325726. *Acesso em 07 jul 2018.*

CONSTITUIÇÃODAREPÚBLICAPORTUGUESA.Disponívelem:URL:https://www.parlamento.pt/Legislacao/Paginas/ConstituicaoRepublicaPortuguesa.aspx. Acesso em 23 abr 2018.

Estatutos da Entidade Reguladora da Saúde (ERS). Disponível em:URL:https://www.pgdlisboa.pt/leis/lei_mostra_articulado.php?nid=2194&tabela=leis &nversao. Acesso em 24 abr 2018.

Legislação na área de Saúde. Disponível em: URL: https://www.parlamento.pt/Legislacao/Paginas/Leis_area_saude.aspx. Acesso em 24 abr 2018.

Estatísticas de Seguros. Disponível em: URL: http://www.asf.com.pt/ISP/Estatisticas/seguros/estatisticas_anuais/historico/ES2015/EstatSeguros2015.pdf. *Acesso em 28 abr 2018.*

Serviço Nacional de Saúde. Disponível em: URL: https://www.sns.gov.pt/institucional/ministerio-da-saude. Acesso em 10 abr 2018.

Diário de Notícias. Disponível em: URL: https://www.dn.pt/edicao-do-dia/03-jul-2018/interior/um-em-cada-quatro-portugueses-ja-tem-seguro-de-saude-9534669.html. Acesso em 07 jul 2018.

DIRETIVAS ANTECIPADAS DE VONTADE: UMA ABORDAGEM SOBRE BRASIL E PORTUGAL

NATALIA CAROLINA VERDI

INTRODUÇÃO

As Diretivas Antecipadas de Vontade recebem este nome por serem elaboradas por pessoas capazes antes que elas se encontrem na condição de pacientes que não conseguem se expressar sozinhos e por servirem como diretrizes aos profissionais em saúde, os médicos, que buscarão nortear seus atos baseados no que os seus então pacientes, impossibilitados de se manifestar sozinhos a respeito do que desejam ou não para si como alternativa(s) à situação em saúde que vivenciam, deixaram previamente consignados nestes instrumentos suas escolhas a respeito das opções disponíveis.

Consideradas um gênero, as Diretivas Antecipadas de Vontade, ao amparar uma das relações mais antigas do mundo, a médico-paciente, são constituídas por duas espécies, o Testamento Vital e o Mandato Duradouro. Com generalidades e especificidades, objeto próprio, pautadas em princípios norteadores e estando previstas no Brasil e em Portugal, países estudados do presente trabalho, mas também em tantos outros, servem como medidas hábeis a buscar uma maior segurança nas tratativas que se fizerem necessárias entre as partes.

As Diretivas Antecipadas de Vontade podem ser consideradas como fundamentais a perseguir uma finitude digna a todos que, ainda que cercados por incontáveis avanços médicos e tecnológicos em saúde diariamente, se assumem finitos.

Cercadas por incontáveis discussões e ainda com muitas questões a serem desenvolvidas, independentemente de estarmos em um país subdesenvolvido na América Latina, como o Brasil, ou em um país desenvolvido na Europa, como Portugal, as Diretivas Antecipadas de Vontade procuram refletir a autonomia e o respeito ao ser humano que as elabora, na medida em que sejam respeitadas no exercício diário da medicina por todos aqueles que as executam e por todos os familiares que com elas se deparam.

Sem a pretensão de esgotar o tema, com base em entendimentos doutrinários dos dois países estudados, a abordagem do presente trabalho busca elucidar o instituto das Diretivas Antecipadas de Vontade de maneira concisa, de acordo com os tópicos nele tratados, alertando os seus leitores a respeito da necessária reflexão que cada ser finito precisa fazer sobre o assunto, caso seja efetivamente um desejo daquele que com o tema se identifica, ser respeitado enquanto ser humano, digno e autônomo, até seu último suspiro.

1. CONCEITO

Desde o nascimento com vida de cada ser humano até a chegada da finitude, inúmeros são os avanços das ciências médicas e da saúde que chegam ao conhecimento de todas as pessoas e que ficam à sua disposição, considerando as especificidades de cada sujeito, como por exemplo, a alocação geográfica, as condições socioeconômicas e os conhecimentos culturais.

Somado a isso, existe uma realidade cada vez mais comum como a de ser possível vivermos uma juventude eterna e de que a finitude não tocará a muitos, principalmente se pensarmos que podemos postergar a chegada da velhice ou evitar doenças sérias e incapacitantes que podem advir ao longo dos anos se consumirmos um ou outro produto, adquiridos em acessíveis centros comerciais por todo o mundo.

Ainda, de encontro a esta realidade, deparamo-nos com profissionais em saúde com preparo técnico visto, por grande parcela da população, como habilitados a reverter qualquer malefício em saúde e a evitar óbitos inevitáveis, já que não são incomuns as situações em que a perda de pacientes em situações de alta gravidade ou em idade já bem avançada e com sérios comprometimentos em saúde, significam aos familiares e aos amigos próximos daquele que falece, uma falha no exercício da medicina e um fracasso do profissional que atuava no caso por mau uso de todas as tecnologias disponíveis.

Desta somatória surge uma gigantesca dificuldade, que é a de parar para se pensar no próprio fim, na forma como se desejaria que ele se concretizasse, já que pelo que comumente se vive, como dito, o fim se mostra algo palpavelmente distante ou simplesmente inaceitável, contrariando a realidade fática da finitude, inerente a todo e qualquer ser humano, independentemente das diferenças que os una ou os separe.

Todavia, ainda assim, quando a questão da finitude é trazida à baila, aqueles que refletem sobre o tema e que consideram sua importância explicam que caminhamos num mundo no qual tenham se "multiplicado nos últimos anos as manifestações de desejo de uma vida digna e autodeterminada até aos dias do fim"[1].

Assim, norteados por suas convicções pessoais e de acordo com os conhecimentos subjetivos pautados na realidade pessoal que lhes é intrínseca, vendo-se diante de situações complicadas em saúde como vítimas de uma grave enfermidade considerada como irreversível, que demandará prolongamento subjetivamente considerado insatisfatório da vida, exatamente pelo uso de todas as tecnologias que estiverem disponíveis,

1 SÁ, Filipa Almeno de Carvalho Patrão. Disposição Antecipada de Paciente Legitimação e Limites. Dissertação de Mestrado em Direito Civil. Faculdade de Direito da Universidade de Coimbra. Coimbra, 2012. p. 12.

alguns optam por dispensar aquilo que é visto como instrumento procrastinatório da finitude humana por considerar como sofrimento a utilização de todo o aparato disponível, existindo ainda outros que entendem que se deve empregar tudo que estiver disponível e buscar o esgotamento de todas as alternativas possíveis até que o fim se apresente depois que tudo for tentado.

Ambas as escolhas refletem desejos pessoais e de uma vida autodeterminada, que podem ser materializados pelo que é chamado de Diretivas Antecipadas de Vontade, entendendo-se que "trata-se de um consentimento prospectivo prestado com vista a assegurar a autodeterminação dos seus interesses e bens jurídicos do âmbito dos actos médicos no caso de o outorgante se tornar incapaz de fato"[2], visando-se amparar os "direitos da personalidade vida, integridade física e saúde"[3].

Tanto no Brasil, quanto em Portugal, as Diretivas Antecipadas de Vontade tornam possível a efetivação destes desejos referentes a uma situação futura, de maneira que, se e quando eles se materializem, haja congruência entre a vontade daquele que vivencia uma complexa situação em saúde e a conduta a ser adotada pelo médico responsável por realizar os procedimentos e utilizar as técnicas disponíveis, a fim de que este minimize o sofrimento daquele que diante dele se apresente, agindo de acordo com o que foi escolhido pelo então paciente.

Como nos ensina a doutrina:

> "Diretivas Antecipadas são instruções escritas que o paciente prepara para ajudar a guiar seu cuidado médico. São aplicadas a situações específicas como uma doença

2 RIBEIRO, Geraldo Maciel Rocha Mendes. Direito à Autodeterminação e Directivas Antecipadas: o Caso Português. Coimbra Editora. Lex Medicinae, Ano 10, nº19 (2013). p. 108.

3 *Ibid.*, p. 107.

> terminal ou um dano irreversível. As Diretivas Antecipadas produzem efeito quando o médico determina que o paciente não é mais capaz de decidir acerca de seus cuidados médicos"[4].

O termo das Diretivas Antecipadas de Vontade (DAV) é de grande abrangência, uma vez que é um gênero que possui duas espécies, a saber, o Testamento Vital e o Mandato Duradouro.

Em Portugal ao tratar do tema há "uma clara confusão terminológica vez que iguala o testamento vital às DAV e trata o mandato duradouro, lá chamado de *procurador para cuidados em saúde*, como outro instituto jurídico, olvidando-se que as DAV são um gênero do qual fazem parte o testamento vital e o mandato duradouro"[5].

O Testamento Vital que tem origem anglo-saxônica, recebeu da Sociedade Americana de Eutanásia a nomenclatura de *living will* no final da década de sessenta e o seu aportuguesamento sofre críticas com relação à sua terminologia basicamente porque o testamento é um documento que é aberto após o óbito de quem deixou por escrito suas vontades a serem concretizadas após a morte daquele que nele as inseriu, bem como por serem estas vontades relacionadas ao direito patrimonial, na grande maioria dos casos.

Estas questões distanciam-se do que evidencia uma Diretiva de Vontade Antecipada para cuidados em saúde, que tem como bens maiores tutelados a vida, a integridade física e a saúde, a serem salvaguardados com a existência daquele que a elabora, sem que se tenha falecido, de maneira que os desejos inseridos no documento busquem ser acatados em vida e ain-

4 DADALTO, Luciana. Testamento Vital. 4ª Edição. Indaiatuba: Editora Foco, 2018. p. 45, *apud* THOMPSON, AE. *Advanced Directives.* JAMA. 2015; 313(8); 868.

5 *Ibid.*, p. 72.

da que eles abordem, muitas vezes, vontades póstumas, como desejos sobre velórios, sepultamentos, cremações e cultos religiosos, por exemplo.

Ensina-nos a doutrina que

> "a nomenclatura Testamento Vital é fruto de errôneas e sucessivas traduções de *living will*. O erro de tradução cinge-se basicamente a incompatibilidade de características do testamento vital com a característica principal do testamento, qual seja, a produção de efeitos *mortis causa*, pois o conceito apresentado deixa claro que essa declaração surtirá efeito durante a vida do paciente"[6].

Por esta razão, tem-se que

> "Em Portugal e no Brasil, apesar da generalização dessa expressão, têm sido propostas ao longo dos últimos 20 anos outras construções linguísticas, principalmente 'testamento de vida', 'testamento em vida', 'testamento biológico', 'testamento de paciente', ou simplesmente 'cláusulas testamentárias sobre a vida' (NUNES, 1992)"[7].

De forma resumida, entende-se por Testamento Vital, ainda que sejam muitas as discussões quanto à tradução de sua terminologia original, ser um documento elaborado por uma pessoa capaz, dispondo a respeito do que deseja ser-lhe ou não ministrado em saúde quando esta mesma pessoa apresentar um quadro em saúde cujos tratamentos, cuidados e procedimentos disponíveis à reversibilidade da situação sirvam apenas como prolongamento da chegada de uma finitude inevitável,

---

6 DADALTO, Luciana. Testamento Vital. 4ª Edição. Indaiatuba: Editora Foco, 2018. p. 49.

7 NUNES, Rui. Diretivas Antecipadas de Vontade. Conselho Federal de Medicina. Faculdade de Medicina da Universidade do Porto, 2016. p. 99.

consequência natural do viver, e estando aquele que o elabora sem poder mais, por si, expressar sua vontade.

Já o Mandado Duradouro, conhecido em Portugal como um documento no qual há a designação de um procurador de cuidado de saúde, se resume, em linhas gerais, a nomear "um ou mais procuradores que deverão ser consultados pelos médicos em caso de incapacidade do paciente. O procurador de saúde decidirá tendo como base a vontade do paciente"[8], ou seja, "espera-se que a decisão seja tomada com base no quadro de valores da pessoa doente, e só quando este referencial axiológico é desconhecido é que se aplica o critério genérico do 'melhor interesse do doente'"[9].

Feitas estas conceituações iniciais, passemos aos requisitos e às especificidades das Diretivas Antecipadas de Vontade.

2. GENERALIDADES/ESPECIFICIDADES

No tocante ao Testamento Vital tem-se que a pessoa que o redige precisa ser capaz, ou seja, ter 18 (dezoito)[10] anos completos ou mais e possa, por si, exercer os atos da vida civil, sem nenhum comprometimento que as impeça de assim praticá-los[11].

---

8 DADALTO, Luciana. Testamento Vital. 4ª Edição. Indaiatuba: Editora Foco, 2018. p. 45.

9 NUNES, Rui. Diretivas Antecipadas de Vontade. Conselho Federal de Medicina. Faculdade de Medicina da Universidade do Porto, 2016. p. 112.

10 Tanto no Brasil quanto em Portugal, a maioridade é atingida aos 18 (dezoito) anos. BRASIL. Lei Federal nº 10.406, de 10 de janeiro de 2002. Artigo 5º, *caput*; PORTUGAL. D.L. 47344/66, de 25 de novembro, alterado pelo D.L. 329-A/95, de 12/12. Artigo 130.

11 Em Portugal, conforme abordaremos ao decorrer do trabalho, diferentemente do que acontece no Brasil, há legislação específica que regulamenta as diretivas antecipadas de vontade, designadamente sob a forma de testamento vital e a nomeação de procurador de cuidados de saúde (PORTUGAL. Lei Federal 25/12 de 16 de julho). Nesta legislação, os requisitos específicos são que aqueles que as elaboram sejam maiores de

Desta maneira, tem-se que é

> "um documento redigido por uma pessoa no pleno gozo de suas faculdades mentais, com o objetivo de dispor acerca dos cuidados, tratamentos e procedimentos que deseja ou não ser submetida quando estiver com uma doença ameaçadora da vida, fora das possibilidades terapêuticas e impossibilitado de manifestar livremente sua vontade"[12]

Nesta mesma toada entende o ordenamento português, que ao tratar sobre a disposição das próprias vontades para com os tratamentos e os cuidados em saúde, traz que

> "(...) as pessoas capazes para outorgar a declaração antecipada de vontade tem de ser maiores de idade e não se encontrarem interditos ou inabilitados por anomalia psíquica.
> (...) Este direito pressupõe o reconhecimento e tutela das faculdades pessoais para que o titular do direito possa actuar de forma livre na escolha do seu modo de vida, afastando imposições em função do que será o interesse objetivo da pessoa. Por isso, qualquer que seja o controlo da directiva, a mesma é feita em função do interesse da pessoa com vista a uma decisão autodeterminada e não heterodeterminada"[13].

---

idade, não se encontrem interditos ou inabilitados por anomalia psíquica e se encontrem capazes de dar o seu consentimento consciente, livre e esclarecido, sendo a pessoalidade o grande norteador de todas as decisões emanadas como diretivas prévias em vida, integridade física e saúde.

---

12 DADALTO, Luciana. Testamento Vital. 4ª Edição. Indaiatuba: Editora Foco, 2018. p. 48.

13 RIBEIRO, Geraldo Maciel Rocha Mendes. Direito à Autodeterminação e Directivas Antecipadas: o Caso Português. Coimbra Editora. Lex Medicinae, Ano 10, nº 19 (2013). p. 108.

A questão da capacidade para sua elaboração comporta inúmeras discussões, havendo a afirmativa de que "quanto ao requisito da capacidade de facto ou de discernimento, a sua referência é desnecessária, pois é da natureza do consentimento que ele seja prestado de forma consciente, livre e esclarecida"[14], bem como o entendimento de que "pode e deve ser estendido no futuro a menores de idade, desde que estes disponham de capacidade para efeito"[15].

O tema que abarca inúmeras discussões sobre quem, efetivamente, terá esta capacidade, o que mencionamos apenas a título de reflexão, por não ser este o tema central do presente trabalho.

Em sendo menor de idade, para decidir sobre o que deseja para si próprio, já não é estranho afirmar que adolescentes e jovens têm, cada vez mais cedo, demonstrado perfeita concatenação ao mundo e à realidade que os cerca, bem como que são titulares de um incontestável poder de escolha a respeito do que lhes parece melhor a cada situação que lhes é apresentada, seja em saúde ou não.

Na medida em que se vive mais e os anos passam, há ainda discussões a respeito de até quando pode se escolher o que é melhor para si em termos de cuidados em saúde, uma vez que o avançar dos anos e a chegada da velhice podem trazer consigo situações de fragilidade e de vulnerabilidade que inviabilizariam escolhas em situações muito mais corriqueiras do que pretender decidir sobre a própria saúde.

Ao dispor sobre o que deseja ou não para si, aquele que opta pelo Testamento Vital serve-se de um instrumento que

---

14 RIBEIRO, Geraldo Maciel Rocha Mendes. Direito à Autodeterminação e Directivas Antecipadas: o Caso Português. Coimbra Editora. Lex Medicinae, Ano 10, nº19 (2013). p. 108.

15 NUNES, Rui. Diretivas Antecipadas de Vontade. Conselho Federal de Medicina. Faculdade de Medicina da Universidade do Porto, 2016. p. 111.

objetiva amparar estas suas vontades em caso de situações irreversíveis em saúde e restando configurada uma incapacidade definitiva, servindo o documento como uma segurança ao profissional que irá cuidar do doente e ao paciente que opta pelos caminhos que lhes parecem mais confortáveis, dentro de tudo aquilo que acredita, conforme sua intrínseca e indissociável subjetividade.

Neste ponto é importante ponderar que ao médico compete executar suas condutas de forma humanizada, em respeito ao que foi eleito pelo paciente, e aos familiares e amigos próximos incumbem ter empatia e respeito ao que foi previamente estabelecido pelo doente em questão, uma vez que o documento "produz efeitos *erga omnes*, vinculando médicos, parentes do paciente e eventual procurador de saúde vinculado às suas disposições"[16].

Tem-se que "para nascer um dever jurídico de respeito quanto ao conteúdo da declaração antecipada de vontade na esfera jurídica do médico assistente é necessário que o documento tenha a forma legalmente prescrita"[17], o que no ordenamento jurídico brasileiro não encontra subsídio legislativo de grande conhecimento, considerando que o assunto não é regulamentado por uma lei, mas por uma norma do Conselho Federal de Medicina[18], contrariamente ao que ocorre em Portugal, que já tem legislação própria[19] para a questão, como veremos adiante.

16 DADALTO, Luciana. Testamento Vital. 4ª Edição. Indaiatuba: Editora Foco, 2018. p. 52.

17 RIBEIRO, Geraldo Maciel Rocha Mendes. Direito à Autodeterminação e Directivas Antecipadas: o Caso Português. Coimbra Editora. Lex Medicinae, Ano 10, nº19 (2013). p. 112

18 BRASIL. Conselho Federal de Medicina. Resolução nº 1.995, de 31 de agosto de 2012.

19 PORTUGAL. Lei Federal 25, de 16 de julho de 2012.

A ausência de legislação e de normas mais claras a respeito do assunto apresenta no Brasil alguns entendimentos sobre a temática.

Há no direito brasileiro a afirmativa de que há "imprescindibilidade da lavratura das DAV por escritura pública, perante um notário, a fim de garantir a segurança jurídica, tendo em vista que inexiste legislação específica no país sobre o tema"[20].

Há ainda entendimentos de que as DAV "podem ser expressas e formalizadas por escritura pública em cartório, declaração escrita em documento particular (de preferência com firma reconhecida) ou declaração feita ao médico, registrada em prontuário, com a assinatura do paciente"[21], representando em ambas as situações um ato de perfeita validade.

Segundo entendimento do Conselho Nacional de Justiça (CNJ) no ordenamento brasileiro as Diretivas Antecipadas de Vontade devem ser feitas preferencialmente por escrito, por instrumento particular, com duas testemunhas, ou público, sem prejuízo de outras formas inequívocas de manifestação admitidas em direito[22].

---

20 DADALTO, Luciana. Aspectos Registrais das Diretivas Antecipadas de Vontade. Civilistica.com. a.2, nº 4, 2013. p. 5. Disponível em https://testamentovital.com.br/wp-content/uploads/2018/05/Aspectos-registrais-das-diretivas-antecipadas-de-vontade.pdf. Consulta em 25 out. 2019.

21 VARALLI, Janaina Thais Daniel. A morte digna, direito fundamental. Tese de Doutorado em Direito. Pontifícia Universidade Católica de São Paulo, 2017. p. 129.
Sobre o registro das vontades do paciente, lembramos ainda o que dispõe o ordenamento brasileiro na Resolução 1995/2012 do CFM, em seu artigo 2º, parágrafo 4º, que diz: "o médico registrará, no prontuário, as diretivas antecipadas de vontade que lhes foram diretamente comunicadas pelo paciente".

22 Conselho Nacional de Justiça. Jornada em direito da saúde 2019. Enunciado 37.

As Diretivas Antecipadas de Vontade constituem "o acto jurídico (....) formal, sendo o documento de natureza autêntico"[23], valendo lembrar que "para que as mesmas sejam eficazes e vinculativas, (...) não se traduzam em meras indicações ou directrizes gerais. Quanto maior for o grau de determinação da vontade expressa, menos inequívoca e seguro será o consentimento"[24].

No tocante ao cumprimento das Diretivas Antecipadas de Vontade, ressalva-se ao médico o direito a agir de acordo com suas objeções de consciência[25], suas convicções de foro íntimo, seus valores pessoais e de acordo com o que determinam os protocolos médicos, como a proibição de praticar eutanásia prevista como crime em seu país[26] ou por estar o método elei-

---

23 RIBEIRO, Geraldo Maciel Rocha Mendes. Direito à Autodeterminação e Directivas Antecipadas: o Caso Português. Coimbra Editora. Lex Medicinae, Ano 10, nº 19 (2013). p. 111.

24 RIBEIRO, Geraldo Maciel Rocha Mendes. Direito à Autodeterminação e Directivas Antecipadas: o Caso Português. Coimbra Editora. Lex Medicinae, Ano 10, nº 19 (2013). p. 111.

25 No ordenamento brasileiro, de acordo com a Resolução do Conselho Federal de Medicina de nº 1.931, de 17 de setembro de 2009, Capítulo II, inciso IX, há como garantia aos médicos: "Recusar-se a realização de atos médicos que, embora permitidos por lei, sejam contrários aos ditames de consciência", valendo em Portugal a mesma regra, disposta em sua Constituição e avocada pelos profissionais, como ensina a doutrina portuguesa: "O direito à objeção de consciência consiste no direito de não cumprir obrigações ou não praticar atos que conflituem essencialmente com os ditames da consciência de cada um". VITAL MOREIRA; GOMES CANOTILHO Constituição da República Portuguesa Anotada, Vol. I, 4ª Ed. Revista, Coimbra Editora, Coimbra, 2014, pp. 616.

26 Tanto no Brasil quanto em Portugal, a Eutanásia, ainda que não prevista na legislação penal com este nome, é considerada Crime. No Brasil configura crime matar alguém, conforme figura típica prevista no artigo 121 do Código Penal (BRASIL. Decreto-Lei nº 2.848, de 07 de dezembro de 1940). Em Portugal a prática pode ser punida como homicídio privilegiado, (artigo 133, Código Penal), homicídio a pedido da vítima (artigo 134, Código Penal) ou crime de incitamento ou auxílio ao suicídio (artigo 135, Código Penal). (PORTUGAL. Lei nº 59, de 04 de setembro de 2007).

to pelo paciente já superado diante do avanço das tecnologias em saúde, o direito de não limitar-se ao que foi disposto pelo paciente.

Especificamente com relação ao Testamento Vital vale lembrar que o que nele estiver disposto será verificado nas situações em que aquele que é seu testador não puder mais, por si, exprimir suas vontades ao encontrar-se em uma situação de incapacidade definitiva, possibilitando que os anseios daquele que esta via elege, ainda que seja um paciente terminal, venham a ser efetivados da maneira mais humanamente condescendente às práticas médicas pelo profissional em saúde que atuará na amenização das dores daquele que as sofre e que escolheu o que melhor lhe parece para amenizá-las, como a negativa a qualquer tratamento ou procedimento diante de uma situação de iminente perigo de morte por ser esta a alternativa que melhor lhe toca.

Ainda assim, no ano de 2019 o Conselho Federal de Medicina expediu a Resolução nº 2232, que traz, entre outras questões, a disposição de que "em situações de urgência e emergência que caracterizarem iminente perigo de morte, o médico deve adotar todas as medidas necessárias e reconhecidas para preservar a vida do paciente, independentemente da recusa terapêutica".

Por ser uma questão emblemática e que demanda necessárias explanações por parte do órgão que a expediu ou ainda de uma intervenção judicial em eventuais situações para as quais o Poder Judiciário, apenas a citamos a título de reflexão, sem que nos alonguemos à insegurança jurídica que a nova disposição trouxe ao ordenamento jurídico brasileiro.

Situações de incapacidade definitiva e com doentes terminais, que convivem com uma realidade de cura impossível, são, por exemplo, nas hipóteses em que exista um câncer metastático que se apresenta cada vez mais agressivo, sem que nenhuma droga lhe surta efeitos de contenção ou de regressão ao tumor, na qual o paciente passa a ser considerado como em fase terminal já que nada se pode fazer para evitar a morte como caminho natural da vida, ou ainda na impossível reversibilidade de um quadro de melhoria de um paciente com patologia dita incurável ou irreversível, como, por exemplo, nos casos do estado vegetativo persistente e das demências.

A título de esclarecimentos, pondera-se que a terminalidade da vida revela-se nos casos em que se apresentam patologias graves e com diagnóstico de até 06 (seis) meses de vida, sendo que "o diagnóstico de terminalidade da vida está intimamente relacionado à impossibilidade de cura/recuperação aliada com a iminência da morte"[27].

Sobre o estado vegetativo persistente podemos compreendê-lo como

> "uma situação clínica de completa ausência da consciência de si e do ambiente circundante, com ciclos de sono-vigília e preservação completa ou parcial das funções hipotalâmicas e do tronco cerebral. E tem como critérios de definição: total ausência de consciência do eu ou do ambiente circundante, a impossibilidade de interação com o próximo; a ausência de respostas sustentadas, reproduzíveis, intencionais ou voluntárias a estímulos visuais, auditivos, tácteis ou nóxios; a ausência de compreensão ou expressão verbais, vigília intermitente, ciclos sono-vigília, preservação das funções hipotalâmicas e autonômicas suficientes para sobrevivência. Incontinência urinária e fecal; a preservação em grau variável dos reflexos dos nervos cranianos (pupilares, óculocefálicos, córneos, óculo-vestibulares, de deglutição) e espinomedulares"[28].

27 DADALTO, Luciana. Testamento Vital. 4ª Edição. Indaiatuba: Editora Foco, 2018. p. 52.

28 DADALTO, Luciana. Testamento Vital. 4ª Edição. Indaiatuba: Editora Foco, 2018. p. 53-54.

As demências são as doenças que comprometem a memória e as funções cognitivas, de maneira a impossibilitar o desempenho com êxito das tarefas diárias pessoais daqueles que por elas são acometidos, como os portadores de Alzheimer, muito comumente idosos.

Para que os desejos de pessoas nestas situações se concretizem é importante lembrar que

> "impõe-se, desde logo, que a declaração de vontade seja emitida de forma consciente e séria, livre de qualquer pressão ou constrangimento, nomeadamente em termos de erro ou coação e, portanto, não viciada. Desta forma, havendo concordância entre o declarado na disposição prévia e a vontade real, a disposição antecipada de paciente continuará, em princípio, um acto jurídico e eficaz"[29].

O Mandato Duradouro é elaborado para que tenha validade em situações de incapacidade temporária ou definitiva.

Sobre o gênero de DAV que é conhecido como procurador em saúde em Portugal entende-se que

> "é possível inferir que o mandato duradouro enquadra-se no modelo de julgamento substituto, no qual é necessário que 'a intimidade do decisor substituto com o paciente seja suficientemente profunda e relevante para que o julgamento reflita os objetivos e as opiniões do paciente'"[30].

29 SÁ, Filipa Almeno de Carvalho Patrão. Disposição Antecipada de Paciente Legitimação e Limites. Dissertação de Mestrado em Direito Civil. Faculdade de Direito da Universidade de Coimbra. Coimbra, 2012. p. 111.

30 DADALTO, Luciana. Testamento Vital. 4ª Edição. Indaiatuba: Editora Foco, 2018. p. 46, *apud* BEUCHAMP, Tom L; CHILDRES, James F. *Princípios de ética biomédica*. Trad. Luciana Pudenzi. São Paulo: Loyola, 2002. p. 197.

Ainda que represente uma certeza maior com relação a quem tem o poder de decidir por aquele que se encontra incapacitado de fazê-lo, por si, a grande problemática do Mandato Duradouro é a de que quem é a melhor pessoa a ser eleita como procurador.

Inúmeras são as discussões neste sentido, haja vista que inevitavelmente nas relações humanas é intrínseco o questionamento de quais são os interesses envolvidos em qualquer tomada de decisão, principalmente quando há latente caráter emocional sobre o que se decide, levando inexoravelmente à possibilidade de que, aquele que é nomeado a decidir pelo doente, venha a tomar decisões pautadas em suas próprias vontades e não da vontade daquele que adoeceu, entendendo que ao outro é melhor apenas e tão somente aquilo que o constituído a representá-lo entenda como bom e certo para si, sem ponderar valores e paradigmas que muitas vezes lhes foge a alçada.

Por estas razões, "a efectividade deste instituto dependerá de o paciente e o procurador terem previamente conversado sobre as opiniões do primeiro relativamente aos seus valores e às opções que tomaria numa determinada situação se estivesse capaz"[31]

Assim,

> "Quando for legalizada no Brasil (em Portugal já existe lei específica na matéria) a figura jurídica do procurador de cuidados de saúde, e se tiver sido nomeado pelo paciente no momento certo, aplica-se ao procurador a doutrina do 'julgamento substituto'. Ou seja, espera-se que a decisão seja tomada com base no quadro de valores da pessoa doente, e só quando este referencial axiológico é desconheci-

31 DADALTO, Luciana. Testamento Vital. 4ª Edição. Indaiatuba: Editora Foco, 2018. p. 46, *apud* PEREIRA, André Gonçalo Dias. *O consentimento informado na relação médico-paciente*. Coimbra: Coimbra Editora, 2004, p. 241.

> do é que se aplica o critério genérico do 'melhor interesse do doente'"[32].

Optando-se por um Testamento Vital ou por um Mandato Duradouro, espécies de Diretivas Antecipadas de Vontade, é importante entendermos a respeito do seu objeto, como veremos na sequência.

3. OBJETO

As Diretivas Antecipadas de Vontade têm como objeto central a saúde, mais especificamente a expressão de um desejo pessoal sobre os cuidados, os tratamentos e os procedimentos em saúde que aquele que as elabora gostaria lhe sejam ou não direcionados quando esta mesma pessoa já não puder mais, por si, expressar suas próprias vontades.

Desta forma,

> "O objecto destas diretivas pode por isso ser de conteúdo amplo, ainda que limitado ao âmbito dos cuidados médicos. Aqui o termo cuidado médico é mais amplo que acto médico, pelo que se incluem todos os tratamentos e cuidados básicos associados a um tratamento médico"[33]

Ao fazer uso de uma DAV é possível ainda deixar registradas as vontades para com eventuais providências pós-morte que sejam a expressão dos desejos daquele que opta por também deixar documentadas questões relacionadas à forma como

32 NUNES, Rui. Diretivas Antecipadas de Vontade. Conselho Federal de Medicina. Faculdade de Medicina da Universidade do Porto, 2016. p. 112.

33 RIBEIRO, Geraldo Maciel Rocha Mendes. Direito à Autodeterminação e Directivas Antecipadas: o Caso Português. Coimbra Editora. Lex Medicinae, Ano 10, nº 19 (2013). p. 111.

idealiza seu sepultamento ou sua cremação, a realização ou não de velório, como e onde realizá-lo, questões de cunho religioso, como missas ou não, dentre outras vontades atreladas ao assunto.

Com relação às escolhas para com a saúde, para que o paciente possa escolher com segurança, cabe ao médico esclarecer a cada doente a respeito do que existem como alternativas à tentativa de melhora ou de estabilização de cada quadro, bem como sobre as consequências de cada uma de suas escolhas.

Devidamente aclarado a respeito do que existe e das consequências do que se elege como melhor caminho, a materialização dos desejos daquele que opta por elaborar uma DAV é o reflexo da autonomia daquele que, diante de uma situação na qual não possa mais, pessoalmente, se expressar, clama ao médico que respeite sua vontade, de acordo com as especificidades previstas nos diplomas normativos de cada país.

Todavia, por ser um ato jurídico consubstanciado numa vontade do paciente, exteriorizada e consentida, de forma livre e esclarecida, para que o respeito médico seja considerado efetivo, necessário se faz ao médico "obter um consentimento actual, o que pressupõe um segundo momento interpretativo de natureza teleológica e com vista à qualificação do acto médico em concreto e a vontade manifestada"[34].

Pensemos, por exemplo, em um paciente que tenha escolhido não se submeter a nenhum tipo de ressuscitação no caso de estar acometido por uma doença incurável ou irreversível, mas que apresente uma parada cardiorrespiratória em decorrência de um acidente automobilístico e que queira, nesta última situação, ser sim reanimado, já que "ainda que possa parecer incomum, o paciente pode ter anteriormente externado sua vontade de não ser reanimado, documentado essa vontade

---

34 *Ibid.*, p. 113.

e tornado seus entes próximos cientes do desejo"[35], apenas e tão somente na situação imaginada, mas não efetiva e eventualmente vivenciada.

Por esta razão, "a actuação do médico na busca do sentido e vontade actual, face à vontade prospectiva, exige que este teste a actualidade da diretiva e que o objeto desta seja conforme a realidade da situação concreta"[36].

A vontade do paciente deve ser com base em seus valores e suas convicções pessoais, seja exteriorizada de maneira clara, precisa, objetiva, de forma que sobre ela não pairem dúvidas ou interpretações ambíguas, já que "será do seu conteúdo e da situação concreta que se determinará o grau de vinculação e operatividade da directiva"[37].

Às Diretivas Antecipadas de Vontade que observem a objetividade dos cuidados a serem prestados, salvaguarda-se um duplo efeito: além de ficar o profissional isento de qualquer penalização jurídica no tocante às condutas por ele adotadas e praticadas, valer-se-ão os desejos do paciente, aos quais serão destinados cuidados paliativos, evitar-se-á ou não a obstinação terapêutica, far-se-á ou não o uso de nutrição e hidratação artificiais, ainda que este ponto tenha grandes discussões a respeito da suspensão do que se descreve configurar morte por sede e por fome[38], bem como se utilizará ou não sedação e extubação paliativas, por exemplo, a depender de cada situação fática.

Vale lembrar que "caso haja um vício ou uma divergência entre a vontade e a declaração, ocorre uma falha na declaração

---

35 VALENTE, Sílvio Eduardo. Autorizações para Tratamentos no fim da vida: diretivas antecipadas de vontade. Prefácios de Janaína Paschoal e Roberto Campos. Rio de Janeiro: Lumen Juris, 2017. p. 84.

36 RIBEIRO, Geraldo Maciel Rocha Mendes. op. cit., p. 114.

37 *Ibid.*, p. 114.

38 DADALTO, Luciana. Testamento Vital. 4ª Edição. Indaiatuba: Editora Foco, 2018. p. 39.

que coloca em causa a validade e os respectivos efeitos"[39], razão pela qual quanto pode-se afirmar que quanto mais clara e objetiva for uma DAV, maiores são as chances de que seja cumprida com satisfatória efetividade.

Feitas estas considerações, relevante a compreensão acerca dos princípios que norteiam as Diretivas Antecipadas de Vontade, conforme passamos a dispor.

4. PRINCÍPIOS

A possibilidade de elaboração de uma Diretiva Antecipada de Vontade é o reflexo das evoluções do Biodireito, entendido como ciência que "ocupa-se a formular regras jurídicas em relação à problemática emergente do processo técnico-científico da Biomedicina. O Biodireito questiona os limites jurídicos da licitude da intervenção técnico-científica possível"[40].

Delimitar o que se deseja ou não se deseja para si próprio quando não se puder mais se expressar sozinho, consentindo de maneira clara e sem escolhas ambíguas a respeito do que se quer, nomeando ou não um procurador para representar esta vontade, é exatamente a estruturação desta chamada intervenção técnico-científica possível.

Esta delimitação nada mais é do que o um exercício efetivo da autonomia, princípio base fundamental de qualquer Diretiva Antecipada de Vontade, que leva a uma concretização da dignidade da pessoa humana daquele que escolhe.

---

39 RIBEIRO, Geraldo Maciel Rocha Mendes. Direito à Autodeterminação e Directivas Antecipadas: o Caso Português. Coimbra Editora. Lex Medicinae, Ano 10, nº 19 (2013). p. 116.

40 VARALLI, Janaina Thais Daniel. A morte digna, direito fundamental. Tese de Doutorado em Direito. Pontifícia Universidade Católica de São Paulo, 2017. p. 50.

A autonomia implica em fazer ou deixar de fazer algo, não apenas na esfera jurídica, mas em todas as relações sociais de que participa qualquer indivíduo, de forma a concretizar o que se deseja segundo os conceitos, valores e ditames subjetivos intrínsecos a cada ser humano.

Numa relação médico-paciente, na qual o paciente é cientificado de que tem uma patologia grave, incurável ou irreversível ou, imaginando-se viver uma destas situações, ninguém melhor do que a própria pessoa para saber o que é melhor para si, de acordo com suas crenças, suas convicções, seus valores e seu autoconceito de vida e de morte.

A escolha, dentro do que se acredita, de maneira livre, consciente e desimpedida de qualquer influência externa, pautada única e exclusivamente no que cada um, por si próprio, acredita ser o melhor a se realizar, é consequência de autogoverno e de autodeterminações que devem ser cumpridas, valendo a todo cidadão enquanto detentor de deveres e de direitos, mas acima de tudo, enquanto ser humano.

Por ser um reflexo da aptidão para decidir,

> "A autonomia não dispensa a capacidade para expressá-la. Há situações em que o paciente se torna incapaz de decidir, como nos estados de inconsciência em geral, o que justifica o surgimento dos testamentos vitais e das diretivas antecipadas, instrumentos de manifestação de vontade com a indicação negativa ou positiva de tratamentos e assistência médica futuras"[41].

41 VARALLI, Janaina Thais Daniel. A morte digna, direito fundamental. Tese de Doutorado em Direito. Pontifícia Universidade Católica de São Paulo, 2017. p. 56.

Prevista na Declaração Universal sobre Bioética e Direitos Humanos[42], a autonomia é princípio norteador das tomadas de decisões, possibilitando assumir-se a responsabilidade pelas próprias escolhas, de acordo com a liberdade individual de cada um, sem que isso interfira na liberdade de escolha do outro.

É princípio que torna efetivamente válido o que for escolhido desde que aquele que escolhe esteja devidamente esclarecido no tempo da escolha e aja livremente ao consentir ou vetar previamente sobre o que lhe é proposto.

Daí "a importância de se ouvir o paciente, dar-lhe atenção e, consequentemente, respeitá-lo"[43] dentro daquilo que ele próprio escolheu, de acordo com o que lhe foi explicado pelo profissional em saúde, agindo no exercício efetivo de sua autonomia.

Isto explica o entendimento de "atribuir-se relevo decisivo à autodeterminação do paciente, ainda que esta possa surgir aos olhos da maior parte da comunidade como irrazoável"[44], em anuência à realidade de que

> "o direito à recusa de tratamento tem ocupado invariavelmente lugar de destaque no âmbito dos múltiplos debates suscitados em torno da figura da disposição antecipada, revela-se indispensável acentuar de novo a ideia de que, se for absolutamente inequívoca a manifestação de vontade do doente, no sentido de recusa de tratamento, ela tem

42 ONU. Unesco. Declaração Universal sobre Bioética e Direitos Humanos, 2005. Disponível em http://unesdoc.unesco.org/images/0014/001461/146180por.pdf. Acesso em 15 de junho de 2018.

43 VARALLI, Janaina Thais Daniel. op. cit. p. 57.

44 SÁ, Filipa Almeno de Carvalho Patrão. Disposição Antecipada de Paciente Legitimação e Limites. Dissertação de Mestrado em Direito Civil. Faculdade de Direito da Universidade de Coimbra. Coimbra, 2012. p. 24, *apud* LOUREIRO, João Carlos. *"Metáfora do vegetal ou metáfora do pessoal?". Considerações jurídicas em torno do estado vegetativo crônico,* in Cadernos da Bioética, 2001. p. 36.

> de ser respeitada, devendo sair 'vencedora' de qualquer confronto com outros interesses e valores, incluindo o valor vida"[45].

A concretização da autonomia de vontade do paciente, respeitadas as vedações e de acordo com amparos legais ao seu acatamento, como já disposto, tem como seu reflexo imediato a concretização do princípio da dignidade da pessoa humana, a qual "deve acompanhar toda a vida da pessoa, incluindo seu término"[46].

A efetivação da dignidade humana se faz latente no respeito e no acatamento das vontades dispostas nas Diretivas Antecipadas de Vontade, ainda que aquele que se manifestou neste sentido esteja em fim de vida e já não possa mais se manifestar, por si, de forma autônoma.

Nesta toada, tem-se que "a principal emanação do conceito de dignidade humana é o princípio lapidar do respeito e tolerância pelo outro, especialmente na sua autonomia individual"[47].

Ensina-nos Kant que

> "Somente o homem considerado como pessoa, isto é, como sujeito de uma razão prático-moral eleva-se acima de qualquer preço; pois como tal (*homo noumenon*) tem de ser avaliado não meramente como meio para outros fins, nem mesmo para seus próprios fins, mas como fim em si mesmo, isto é, ele possui uma dignidade (um valor interno absoluto), pela qual ele constrange todos os ou-

45 *Ibid.*, p. 100-101.

46 VALENTE, Sílvio Eduardo. Autorizações para Tratamentos no fim da vida: diretivas antecipadas de vontade. Prefácios de Janaína Paschoal e Roberto Campos. Rio de Janeiro: Lumen Juris, 2017. p. 44.

47 NUNES, Rui. Diretivas Antecipadas de Vontade. Conselho Federal de Medicina. Faculdade de Medicina da Universidade do Porto, 2016. p. 33.

> tros seres racionais do mundo a ter respeito por ele e pode medir-se com qualquer outro dessa espécie e avaliado em pé de igualdade"[48].

Na mesma toada, observamos que

> "(...) após ter sido claramente definida como uma concepção biológica e antropológica da pessoa humana, a dignidade lhe confere o direito de ser sempre considerado como sujeito, em si mesmo, com uma finalidade própria, dotado de liberdade no plano ético, não podendo nunca ser considerado como um objeto do desejo ou da manipulação de terceiros. Essa liberdade ética fundamental implica que a ciência concorra sempre para melhorar as condições de existência da humanidade respeitando a identidade do sujeito e da espécie a que pertence. Essa linha de pensamento está na base da edificação daquilo que hoje conhecemos e valorizamos por direitos humanos fundamentais. Estes, mais não são do que o reconhecimento expresso de um marco axiológico fundamental que é o valor intrínseco e inquestionável da pessoa humana"[49].

Por esta razão "as diretivas antecipadas de vontade são necessárias e imprescindíveis como instrumento de respeito à dignidade humana, não como política pública no âmbito da saúde, não como meta governamental para diminuição de despesas públicas"[50], já que a dignidade humana é inerente ao ho-

---

48 KANT, Immanuel. Metafísica dos costumes. Tradução de Célia Aparecida Martins. Tradução da segunda parte de Bruno Nadai, Diogo Kosbiau e Monique Hulshof. Rio de Janeiro: Vozes, 2013. p. 197.

49 NUNES, Rui. Diretivas Antecipadas de Vontade. Conselho Federal de Medicina. Faculdade de Medicina da Universidade do Porto, 2016. p. 24.

50 DADALTO, Luciana. Testamento Vital. 4ª Edição. Indaiatuba: Editora Foco, 2018. p. 45.

mem e não pode ser-lhe atribuída ou tolhida por nenhum ente estatal.

As escolhas autônomas têm como norteador o princípio da razoabilidade, já que ele "dota a autonomia da capacidade de fazer avaliações objetivas no deparo com uma ou mais hipóteses"[51], principalmente se considerarmos que o paciente precisa ser aclarado a respeito do que lhe é apresentado no momento de fazer sua escolha, já que muitas vezes desconhece a tecnicidade do que tem à sua disposição e, consequentemente, de tudo que está relacionado à ela, como custos, causas e consequências, sendo-lhe plausível somente aquilo que pode ponderar e sopesar, desde que esclarecido para tanto.

Independentemente da escolha feita por cada um, necessária se faz também a observância do princípio da justiça, o qual "também chamado de princípio da imparcialidade (....) e que estabelece como condição fundamental a equidade: obrigação ética de tratar cada indivíduo conforme o que seja correto e adequado, de dar a cada um o que é devido"[52], ou seja, dar a cada pessoa o que foi por ela decidido em termos de Diretivas Antecipadas de Vontade, respeitando-se os desejos que por ela foram exteriorizados.

Desta forma, entende-se que

> "(...) a dignidade e a justiça impõem a prevalência da decisão soberana individual"[53].

---

51 VALENTE, Sílvio Eduardo. Autorizações para Tratamentos no fim da vida: diretivas antecipadas de vontade. Prefácios de Janaína Paschoal e Roberto Campos. Rio de Janeiro: Lumen Juris, 2017. p. 49, *apud* DOUBLE, Richard. *The non-realy of free will*. New York: Oxford University Press, 1991. p. 41.

52 VARALLI, Janaina Thais Daniel. A morte digna, direito fundamental. Tese de Doutorado em Direito. Pontifícia Universidade Católica de São Paulo, 2017. p. 63.

53 *Ibid.*, p. 119.

Na efetivação dos desejos exteriorizados, compete ainda, ao profissional em saúde na efetivação das Diretivas Antecipadas de Vontade, a observância dos princípios da não maleficência e da beneficência.

A doutrina nos explica que

> "o princípio da não maleficência designa a obrigação de não infligir dano ou mal e, também, de maneira positiva, fazer o que está indicado, pois a omissão também produziria dano. (...). o princípio da beneficência refere-se a realizar um bem, um benefício somente compreensível à luz dos valores do indivíduo e, portanto, vinculado ao princípio da autonomia, que aponta a capacidade do ser humano de, livremente, tomar decisões e que se torna efetivo habitualmente perante o consentimento informado. Somente assim nos distanciamos da visão paternalista de tomar decisões para o bem do outro sem considerá-lo"[54].

Assim, observados os princípios basilares e norteadores às Diretivas Antecipadas de Vontade, a observância à legislação é medida necessária à compreensão da efetividade do que propõem o instituto, de acordo com o que entendem Brasil e Portugal a respeito da temática.

5. PREVISÃO LEGISLATIVA

Há em Portugal legislação específica sobre o tema, o que não ocorre no Brasil, que norteia a questão com fundamento em Resolução emanada pelo Conselho Federal de Medicina.

54 VARALLI, Janaina Thais Daniel. A morte digna, direito fundamental. Tese de Doutorado em Direito. Pontifícia Universidade Católica de São Paulo, 2017. p. 59-60, *apud* GARCIA, Maria. *Limites da ciência: a dignidade da pessoa humana – a ética da responsabilidade.* São Paulo: RT, 2004, p. 157.

Em Portugal vigora a Lei nº 25, datada de 16 de julho de 2012, regulamentando as Diretivas Antecipadas de Vontade sob a forma de Testamento Vital e a nomeação de Procurador em Cuidados em Saúde, criando ainda o RENTEV – Registro Nacional de Testamento Vital.

Ao longo de seus vinte artigos, a lei apresenta ausência de clareza terminológica já no primeiro artigo quando dispõe:

> "a presente lei estabelece o regime das diretivas antecipadas de vontade (DAV) em matéria de cuidados de saúde, designadamente sob a forma de testamento vital (TV), regula a nomeação de procurador de cuidados de saúde e cria o Registro Nacional do Testamento Vital (RENTEV)"[55].

O diploma legal conceitua as Diretivas Antecipadas de Vontade também discorre sobre seu conteúdo, sua forma, os requisitos de capacidade para elaborá-las, seus limites, sua eficácia, seu prazo, as hipóteses de modificação ou de revogação do documento, prevê acerca da objeção de consciência aos profissionais em saúde que com elas se defronte, assegura a não discriminação, traz a respeito do procurador e da procuração de cuidados de saúde, seus efeitos e sua extinção e ainda prevê a respeito do RENTEV – Registro Nacional de Testamento Vital.

Por parte da doutrina a lei é vista sob a seguinte ótica:

> "a lei portuguesa tem algumas peculiaridades: estabelece, para que seja eficaz, a assinatura de um médico, dando respaldo e prévia informação às decisões expressas no documento pela pessoa maior e capaz; exige que haja registro em cartório; fixa a validade do documento como sendo de

55 PORTUGAL. Lei Federal 25, de 16 de julho de 2012.

cinco anos, a partir do momento da assinatura e, por fim, estabelece a nomeação de um procurador em saúde"[56].

Sobre a sua finalidade entende-se que

> "é impor um dever jurídico, de fonte legal, ao médico de respeitar o consentimento prospectivo do outorgante contra a indicação médica imposta pelo caso. Qualifica-se assim como norma de protecção da manifestação de autonomia prospectiva para prestação de consentimento para actos médicos. A lei surge como forma de reconhecer juridicamente efeitos vinculativos à vontade prospectiva do outorgante retirando da conduta do médico, em conformidade com a vontade expressa, qualquer ilicitude por actuar de acordo com o medicamente indicado"[57].

O RENTEV – Registro Nacional de Testamento Vital é visto sob a ótica da facilidade de condutas a serem adotadas pelos médicos, já que há um cadastro nacional de Directivas Antecipadas a ser consultado por eles e, consequentemente, um acesso às diretrizes pré-estabelecidas pelos pacientes que diante de si se apresentam.

O cadastro

> "entrou em funcionamento em 01.07.2014, portanto, mais de dois anos após a aprovação da lei que estabelecia sua criação. (...) Está a cargo do Ministério da Saúde português,

56 VALENTE, Sílvio Eduardo. Autorizações para Tratamentos no fim da vida: diretivas antecipadas de vontade. Prefácios de Janaína Paschoal e Roberto Campos. Rio de Janeiro: Lumen Juris, 2017. p. 49, *apud* DOUBLE, Richard. *The non-realy of free will*. New York: Oxford University Press, 1991. p. 108.

57 RIBEIRO, Geraldo Maciel Rocha Mendes. Direito à Autodeterminação e Directivas Antecipadas: o Caso Português. Coimbra Editora. Lex Medicinae, Ano 10, nº 19 (2013). p. 119.

> que disponibiliza em um portal na internet um modelo de DAV para que o outorgante preencha e entregue em um Agrupamento de Centros de Saúde ou em uma Unidade Local de Saúde, que registrará o documento em um software, chamado de RENTEV"[58].

Todavia, surgem questionamentos diante da praticidade almejada com a criação do cadastro, como por exemplo, que tipo de orientação teve e quais os conhecimentos de cada cidadão português que se senta em frente ao computador, ciente de sua finitude, e considera como alternativa aceitável a se fazer inserir em um documento público, no tocante àquilo que deseja ou não deseja para si, em termos de tratamentos e de cuidados em saúde, quando estiver diante de determinadas situações em que, pessoalmente, não possa expressar-se.

Talvez por isso, em algumas situações, em Portugal,

> "em situação de dúvida, e não se tratando de um caso urgente (artigo 6º, nº 4), a eficácia vertical e horizontal dos direitos, liberdades e garantias, impõe – existindo um conflito entre médico-representante-familiares-pessoas próximas – a intervenção do tribunal no âmbito do processo especial de tutela de direitos de personalidade (artigo 70, nº 2, do Código Civil) ou de acção, ao abrigo da garantia constitucional do artigo 20, nºs 1 e 4, da Constituição e artigo 2º do Código de Processo Civil"[59].

Já no ordenamento jurídico brasileiro inexiste legislação específica a regulamentar a respeito das Diretivas Antecipadas

58 DADALTO, Luciana. Testamento Vital. 4ª Edição. Indaiatuba: Editora Foco, 2018. p. 73.

59 RIBEIRO, Geraldo Maciel Rocha Mendes. Direito à Autodeterminação e Directivas Antecipadas: o Caso Português. Coimbra Editora. Lex Medicinae, Ano 10, nº 19 (2013). p. 120.

de Vontade e o assunto é consubstanciado na Resolução de nº 1995/2012, restando pendentes projetos de lei[60], ainda sem data para julgamento.

Sem possuir força de lei, a Resolução do Conselho Federal de Medicina com três artigos define a respeito das Diretivas Antecipadas, a consideração a seu respeito por parte dos médicos, a sua prevalência e ainda prevê a hipótese de

> "caso não sejam conhecidas as diretivas antecipadas de vontade do paciente, nem existir representante designado, familiares disponíveis ou se houver falta de consenso entre eles, o médico recorrerá ao Comitê de Ética Médica do Hospital ou ao Conselho Regional e Federal de Medicina para fundamentar sua decisão sobre conflitos éticos, quando entender esta medida necessária e conveniente"[61].

No Brasil, talvez pela inexistência de legislação, difunde-se o desejo de registro das Diretivas Antecipadas de Vontade em cartório, na medida em que aquele que por elas optar dirija-se até um Cartório de Notas e mediante escritura pública faça consignar suas vontades no tocante ao que quer ou não quer para si ao ver-se diante de situação em que não possa, pessoalmente, expressar-se, podendo ainda no mesmo documento nomear um procurador que o represente.

Todavia, assim como o cadastro do RENTEV nos faz questionar a respeito de como as diretrizes nele inseridas foram formuladas, no Brasil não é diferente.

Indaga-se a respeito dos conhecimentos daquele que lavra uma escritura pública e que nela faz constar o que entende ser

---

60 BRASIL. Projetos de Lei do Senado de nºs 149 de 2018 e 267 de 2018.

61 VARALLI, Janaina Thais Daniel. A morte digna, direito fundamental. Tese de Doutorado em Direito. Pontifícia Universidade Católica de São Paulo, 2017. p. 119.

medida justa e acertada a refletir sua autonomia em Diretivas Antecipadas de Vontade, principalmente se refletirmos acerca da ausência de busca de informações sólidas, junto a profissionais competentes, previamente ao lavrar o ato, o índice de analfabetos e analfabetos funcionais que existe na realidade brasileira[62] e por ser o Brasil que envelhece[63] atrelado a todos estes fatores.

A norma expedida pelo Conselho Federal de Medicina "respeita a vontade do paciente conforme conceito da ortotanásia e não possui qualquer relação com a prática de eutanásia"[64], mas ainda é pouco conhecida por grande parcela da população que, na grande maioria das vezes é metralhada diuturnamente com a divulgação de avanços médicos, técnicos e farmacológicos, relacionados à sua vida, saúde e integridade física, e desconhece a possibilidade de poder decidir sobre a própria saúde e a própria vida defronte às alternativas viáveis e disponíveis.

Isso acaba por refletir em uma sociedade muitas e muitas vezes guiada por obstinações terapêuticas e por uma supressão incalculável do que seria qualquer espécie de autonomia de vontade, bem como proporciona uma reflexão sobre a dificuldade em se caminhar para uma legalização sobre o tema e as razões que inviabilizam sua concretização de maneira mais célere e eficaz.

62 TAXA DE ANALFABETISMO NO BRASIL. Divulgado em 24 jul. 2019. Disponível em https://infograficos.gazetadopovo.com.br/educacao/taxa-de-analfabetismo-no-brasil/. Acesso em 28 out. 2019.

63 OMS DIVULGA METAS PARA 2019; DESAFIOS IMPACTAM A VIDA DE IDOSOS. Divulgado em 27 jan. 2019. Disponível em https://sbgg.org.br/oms-divulga-metas-para-2019-desafios-impactam-a-vida-de-idosos/. Acesso em 28 out. 2019.

64 DADALTO, Luciana. Testamento Vital. 4ª Edição. Indaiatuba: Editora Foco, 2018. p. 93.

CONSIDERAÇÕES FINAIS

Tratar das Diretivas Antecipadas de Vontade implica em refletir acerca de sua importância, já que se podemos escolher a forma como gostaríamos que se desse nossa finitude, ainda que não se saiba quando, como ou onde, não há como desatrelar deste instrumento a característica de serem medidas fundamentais a consubstanciar as nossas últimas vontades para com nossa própria finitude, uma vez que serão elas, caso precisemos de atuação médica diante de determinadas situações e não pudermos mais nos expressar sozinhos, a servir de norte ao que buscamos seja-nos garantido.

A concretização destas vontades prévias, independentemente de estarmos falando de Brasil ou de Portugal, depende inexoravelmente de uma série de fatores, já que o homem vive permeado por características que norteiam sua vida em sociedade, seja em países desenvolvidos ou ainda em desenvolvimento.

O conhecimento de cada ser humano, que age pautado em seus valores e de acordo com sua cultura, assim como o poder da indústria farmacêutica, a formação médica humanística quanto a ser satisfatória ou não, as políticas públicas de cada sociedade, dentre outros, são indissociáveis quando há de se pensar, decidir e concretizar a respeito do que se entende por certo em termos de desejos almejados para toda e única finitude de cada ser humano.

A realidade de dois países tratados no presente trabalho é infinitamente distante em muitos aspectos, mas inquestionavelmente única em um: são nações construídas e vividas por pessoas, e que sentem, cada uma à sua maneira, dores e vontades que precisam ser respeitadas.

A falta de amparo legislativo no ordenamento brasileiro e a legislação que abarca o tema em Portugal não afastam o desrespeito para com os seres humanos que emanam suas decisões e as pautam nas Diretivas Antecipadas de Vontade.

Tantas e tantas vezes as decisões tomadas não são exatamente o reflexo da autonomia daquele que, enquanto pessoa humana, seria amparado em sua dignidade se não fossem outros os valores envolvidos e não houvesse interferências externas; em outros muitos dos profissionais que se deparam com as DAV não se atêm ao que foi escolhido pelo paciente e agem de acordo com sua própria deliberação ou ainda em muitas outras familiares e amigos próximos não sabem praticar a empatia e o respeito àquele que sente dor e que por sentir dor, escolheu o que melhor lhe parece.

Ainda temos muito a caminhar e a discutir no tocante às Diretivas Antecipadas de Vontade, sem que nos olvidemos jamais de que atrás de tudo o que for decidido, legalizado e perseguido, há pessoas que devem ser a base de todas as tratativas, e, como tal, o alicerce de todas as condutas, a fim de que somente assim, todas as pessoas, enquanto idealizadoras de vontades ou enquanto suas realizadoras, mas sempre em condição de igualdade, possam ser então, chamadas de humanas.

Mais do que buscar fundamentos legais para justificar decisões proferidas e escolhas consignadas, ao ser qualquer DAV uma opção daquele que vive e que, porque vive, sabe-se finito, que a humanidade exerça a empatia.

Só assim, sabendo que o outro sofre e que podemos sim nos colocar em seu lugar, bem como entendendo que jamais poderemos dimensionar o que o outro sente, conseguiremos entender que Diretivas Antecipadas de Vontade servem, minimamente, para respeitar o direito básico de cada ser com vida: viver da forma como lhe melhor lhe convém, até seu último dia.

REFERÊNCIAS BIBLIOGRÁFICAS

BRASIL. Constituição Federal, de 08 de outubro de 1988.

BRASIL. Decreto-Lei nº 2.848, de 07 de dezembro de 1940.

BRASIL. Conselho Federal de Medicina. Resolução nº 1.995, de 31 de agosto de 2012.

BRASIL. Conselho Federal de Medicina. Resolução nº 2.232, de 17 de julho de 2019.

BRASIL. Lei Federal nº 10.406, de 10 de janeiro de 2002.

BRASIL. Projeto de Lei do Senado de nº 149 de 2018.

BRASIL. Projeto de Lei do Senado de nº 267 de 2018.

CNJ. Jornada em direito da saúde 2019. Enunciado 37.

DADALTO, Luciana. Aspectos Registrais das Diretivas Antecipadas de Vontade. Civilistica.com. a.2, nº 4, 2013.

DADALTO, Luciana. Testamento Vital. 4ª Edição. Indaiatuba: Editora Foco, 2018.

KANT, Immanuel. Metafísica dos costumes. Tradução de Célia Aparecida Martins. Tradução da segunda parte de Bruno Nadai, Diogo Kosbiau e Monique Hulshof. Rio de Janeiro: Vozes, 2013.

NUNES, Rui. Diretivas Antecipadas de Vontade. Conselho Federal de Medicina. Faculdade de Medicina da Universidade do Porto, 2016.

OMS DIVULGA METAS PARA 2019; DESAFIOS IMPACTAM A VIDA DE IDOSOS. Divulgado em 27 jan. 2019. Disponível em https://sbgg.org.br/oms-divulga-metas-para-2019-desafios-impactam-a-vida-de-idosos/. Acesso em 28 out. 2019.

ONU. Unesco. Declaração Universal sobre Bioética e Direitos Humanos, 2005.

PORTUGAL. D.L. 47344, de 25 de novembro de 1966, alterado pelo D.L. 329-A, de 12 de dezembro de 1995.

PORTUGAL. Lei nº 59, de 04 de setembro de 2007.

PORTUGAL. Lei Federal nº 25, de 16 de julho de 2012.

RIBEIRO, Geraldo Maciel Rocha Mendes. Direito à Autodeterminação e Directivas Antecipadas: o Caso Português. Coimbra Editora. Lex Medicinae, Ano 10, nº 19 (2013).

SÁ, Filipa Almeno de Carvalho Patrão. Disposição Antecipada de Paciente Legitimação e Limites. Dissertação de Mestrado em Direito Civil. Faculdade de Direito da Universidade de Coimbra. Coimbra, 2012.

TAXA DE ANALFABETISMO NO BRASIL. Divulgado em 24 jul. 2019. Disponível em https://infograficos.gazetadopovo.com.br/educacao/taxa-de-analfabetismo-no-brasil/. Acesso em 28 out. 2019.

VALENTE, Sílvio Eduardo. Autorizações para Tratamentos no fim da vida: diretivas antecipadas de vontade. Prefácios de Janaína Paschoal e Roberto Campos. Rio de Janeiro: Lumen Juris, 2017.

VARALLI, Janaina Thais Daniel. A morte digna, direito fundamental. Tese de Doutorado em Direito. Pontifícia Universidade Católica de São Paulo, 2017.

OS LIMITES DA RESPONSABILIDADE CIVIL MÉDICA POR ERRO MÉDICO E DANO IATROGÊNICO

Stéfano Cocenza Sternieri

SUMÁRIO: 1. Introdução; **2.** Evolução histórica da responsabilidade civil; **3.** Responsabilidade civil subjetiva e objetiva; **4.** Iatrogenia e o erro médico. **5.** Conclusão; Referências bibliográficas.

1. INTRODUÇÃO

Conforme abaixo será demonstrado, as ações desenfreadas contra os profissionais da saúde vêm aumentando, ao passo que a responsabilidade civil vem evoluindo desde a vingança privada até nos dias de hoje em que temos a responsabilidade civil objetiva e subjetiva.

Antigamente havia os médicos de família, que cuidavam de todas as patologias do doente e de seus familiares, hoje há o médico especialista que cuida de determinadas doenças e indica os tratamentos necessários.

Isso acontece por alguns fatores, dentre eles: i- profissionais despreparados; ii- acesso a informação; iii- busca por um enriquecimento;

Com essas novas crenças, temos o aumento da judicialização da saúde, uma vez que muitas vezes os pacientes buscam o enriquecimento em face do profissional da saúde por julgá-los abastados e não possuírem riscos processuais, pois conseguem os benefícios da assistência judiciária.

A judicialização da saúde aumentou de forma exponencial, conforme o trabalho publicado por Raul Canal sobre O Pensamento Jurisprudencial Brasileiro no Terceiro Milénio Sobre Erro Médico, em 10 anos houve um aumento na judicialização da saúde de 1.600%, em casos de erro médico.

Porém, este aumento se dá em ações contra os profissionais da saúde e muitas vezes infundadas, pois não observam a iatrogenia do tratamento.

O presente trabalho visa demonstrar a evolução histórica da responsabilidade civil, a diferenciação da responsabilidade objetiva e subjetiva, bem como demonstrar o papel da Iatrogenia como forma de exclusão da responsabilidade civil.

A conclusão, por sua vez, buscará determinar o melhor entendimento sobre a iatrogenia e o erro médico e os limites da responsabilidade civil.

2. EVOLUÇÃO HISTÓRICA DA RESPONSABILIDADE CIVIL

A teoria da responsabilidade civil está em constante evolução, pois atrelada à própria evolução da sociedade. Isso porque em qualquer época, considerando a função das condições sociais vigentes, a reparação civil deve assegurar o reestabelecimento do equilíbrio desfeito pelo dano (DIAS, 2006; PEREIRA, 2012)

A evolução histórica da responsabilidade civil vai desde a vingança privada até as divisões que conhecemos nos dias de hoje, para assim segregar a diferença da responsabilidade civil dos profissionais da saúde em caso de erro médico e danos decorrentes dos tratamentos.

A vida selvagem não dava margem a qualquer formalidade para que a vítima reagisse contra o agente causador do prejuízo, assim, o dano provocava reação brutal e imediata do ofendido, denominando a vingança privada.

Em seguida a vingança passou a ser regulamentada pelo Estado, conforme a Lei de Talião: "Olho por olho, dente por dente"(FRANCA, 2014), que eram as penas conforme a Bíblia no livro do Êxodo, capitulo XXI, 23-25: "se houver morte, então darás vida por vida. Olho por olho, dente por dente, mão por mão, pé por pé. Queimadura por queimadura, ferida por ferida, golpe por golpe"(MENDES, 2016).

Nesse período, o poder estatal servia para decidir quando e como a vingança teria cabimento, porém era executada pelas próprias mãos das vítimas, exemplificado pelo código de Hamurabi, que inclusive trata de erro médico, vejamos o que leciona Miguel Kfouri Neto (KFOURI NETO, 2001):

> "O primeiro documento histórico que trata do problema do erro médico é o Código de Hamurabi (1790-1770 a.C.), que também contém interessantes normas a respeito da profissão médica em geral. Basta dizer que alguns artigos dessa lei (215 e ss.) estabeleciam, para as operações difíceis, uma compensação pela empreitada, que cabia ao médico. Paralelamente, em artigos sucessivos, impunha-se ao cirurgião a máxima atenção e perícia no exercício da profissão; em caso contrário, desencadeavam-se severas penas que iam até a amputação da mão do médico imperito (ou desafortunado). Tais sanções eram aplicadas quando ocorria morte ou lesão ao paciente, por imperícia ou má prática, sendo previsto o ressarcimento do dano quando fosse mal curado um escravo ou animal."

Posteriormente a vingança foi aplacada pela compensação econômica, em substituição à dor que o agente deveria suportar pela produção do dano, surgindo a composição voluntária, onde o prejuízo da lugar ao recebimento de vantagens, ou seja, o ouro substitui o sangue (LIMA, 1999).

Com as dificuldades trazidas pela composição a critério único da vítima, chega-se a composição tarifada, regrada pelo poder público, nesse sentido temos a Lei das XII Tábuas, que fixava os valores das penas a serem pagas pelos ofensores(GUERRA; BENACCHIO, 2015).

Ingressando no período Romano, o Estado trouxe para si o dever de julgar e punir, iniciando a distinção entre a indenização cível e pena criminal, com a separação dos delitos privados e públicos(GUERRA; BENACCHIO, 2015).

Assim, com o passar do tempo, retirou-se da vítima o direito de vingança, conferindo ao Estado o direito de julgar(GUERRA; BENACCHIO, 2015).

Com a evolução do direito, surge a Lei Aquiliana, cuja importância se dá pela estrutura jurídica da responsabilidade extracontratual, originando a expressão responsabilidade aquiliana, alcançando a preocupação em estabelecer indenizações efetivas a vítima, ressarcindo seus prejuízos(GUERRA; BENACCHIO, 2015).

Dessa forma, a responsabilidade civil, que era quitada de forma "corporal" - pessoal - contra o causador do dano, passa a ser patrimonial, ou seja, o devedor deixou de responder com seu corpo pela falta de pagamento da dívida.

A evolução da responsabilidade civil se deu com a consagração da culpa como elemento de caracterização do ilícito que gera o dever de indenizar, deixando a era Romana para chegar aos tempos modernos.

Tal evolução se deu com o Código Civil Francês, mais conhecido como código napoleônico, trazendo evolução jurisprudencial ao direito atual conforme traz José de Aguiar Dias (DIAS, 2006):

> "A evolução do direito francês nos tempos modernos dispensa considerações mais longas. Basta recordar que se deu através da mais extraordinária obra de jurisprudência de todos os tempos. A tarefa dos tribunais franceses, atualizando os textos e criando um direito rejuvenescido, foi tão impressionante que não há quem a desconheça, na audácia fecunda que é um dos encantos do gênio francês."

No referido Código, ao lado dos pressupostos da conduta, do dano e do nexo causal, ainda há necessidade de outro requisito para que se possa falar em responsabilidade subjetiva: a culpa.

Outrossim, com o avanço jurisprudencial, iniciou o surgimento da teoria do risco que tanto o fato culposo quanto o não culposo impõem ao causador a reparação decorrente do dano causado, constatando a insuficiência da teoria subjetiva para solução de todos os infortúnios.

Tal insuficiência deu-se pela dificuldade da vítima em provar a culpa do agente causador, assim sugiram vários processos técnicos para atender ao problema, como a admissão fácil da existência da culpa, a aplicação da teoria do abuso de direito e da teoria da culpa negativa, o reconhecimento de presunções de culpa e a transformação da responsabilidade aquiliana em contratual, todas com o intuito de colocar as vítimas em situação processual mais favorável(GUERRA; BENACCHIO, 2015).

Mesmo com tais evoluções, a aplicação da teoria da culpa, persistia a dificuldade de se obter justa indenização da vítima.

Assim, começou a surgir a responsabilidade objetiva fundada na teoria do risco, ou seja, com o passar do tempo o homem começou a dominar a teoria das probabilidades, administrando melhor seu risco, sendo mais ousado em busca do progresso e do desenvolvimento (GUERRA; BENACCHIO, 2015).

Foi na França que essa teoria cresceu, conforme artigo 1.384 do Código Civil Francês de 1804, cuja tradução se faz:

> "Somos responsáveis não somente pelos danos provocados por nossa própria culpa, mas também por aqueles provocados pela culpa das pessoas pelas quais somos responsáveis ou pelas coisas que temos sob nossa guarda." Nota de rodapé (GUERRA; BENACCHIO, 2015)

Desse modo, com as revoluções industriais, a teoria da responsabilidade objetiva ganhou força nas ações de acidentes de trabalho, ocorrendo uma responsabilização sem culpa.

Nesse entendimento, Aguiar Dias deixa isenta qualquer dúvida a constatação de que foram os franceses os maiores divulgadores da teoria objetiva, a partir da segunda metade do século XIX, devendo-se ao seu trabalho de sistematização o impulso tomado pela doutrina do risco, sendo Salleiles e Josserand os percursores da matéria (DIAS, 2006).

Atualmente a teoria da responsabilidade civil pode ser dividida em objetiva e subjetiva. Pela teoria da responsabilidade civil objetiva o sujeito passivo da obrigação pratica ato ilícito e esta é a razão da sua responsabilização, por sua vez a teoria da responsabilidade civil subjetiva preceitua que o sujeito passivo pratica ato ou atos lícitos, mas se verifica sua responsabilidade em relação ao fato jurídico descrito na lei (COELHO, 2012).

3. RESPONSABILIDADE CIVIL SUBJETIVA E OBJETIVA

No Brasil é adotado o princípio da responsabilidade civil subjetiva, que é fundada na culpa, ou seja, é decorrente de dano causado em função de ato doloso ou culposo, conforme previsto nos artigos 186 e 927, caput do Código Civil (BRASIL, 2002), os quais determinam que vítima somente obterá o direito à indenização se provar que o dano sofrido ocorreu por culpa do agente causador do dano. Aqui a culpa referenciada é *lato sensu*, que inclui, além da culpa *stricto sensu* (imprudência, negligência e imperícia), também o dolo (MELO, 2014).

No artigo 186 do Código Civil (CC) é previsto claramente a vontade do legislador, que a regra é a aplicação da responsabilidade subjetiva, vejamos:

> "Artigo 186: Aquele que, por ação ou omissão voluntária, negligência ou imprudência, violar direito e causar dano a outrem, ainda que exclusivamente moral, comete ato ilícito."

Porém de acordo com Nehemias Domingos de Melo (MELO, 2014): "o legislador brasileiro não se preocupou a conceituar culpa, transferindo a tarefa para a doutrina".

Nessa linha José de Aguiar Dias (DIAS, 1995), assegurou: "A culpa é a falta de diligência na observação da norma de conduta, isto é, o desprezo, por parte do agente, do esforço necessário para observá-la, com resultado, não objetivado, mas previsível, desde que o agente se detivesse na consideração das consequências eventuais da sua atitude".

Assim, a vítima somente obtém a devida reparação do dano se provar, e isto é sua obrigação, que o agente teve uma conduta culposa. Portanto, a obrigação de indenizar se reflete no dever de não prejudicar ninguém e no senso de justiça presente na sociedade (MELO, 2014).

Acompanham esse entendimento Pablo Stolze Gagliano e Rodolfo Pamplona Filho (GAGLIANO, 2014): "verificamos que a obrigação de indenizar (reparar o dano) é a consequência juridicamente lógica do ato ilícito, conforme se infere também os arts. 1.518 a 1.532 do Código Civil de 1916.".

Nesse sentido José de Aguiar Dias leciona que "não pode haver responsabilidade sem a existência de um dano, e é verdadeiro truísmo sustentar esse princípio, porque, resultando a responsabilidade civil em obrigação de ressarcir, logicamente não pode concretizar-se onde não há que reparar" (DIAS, 1995).

Para Nestor Duarte, no Código Civil Comentado (GODOY et al., 2010), são elementos indispensáveis para obter indenização: "1) o dano causado a outrem, que é a diminuição patrimonial ou a dor, no caso de apenas dano moral; 2) nexo causal, que é a vinculação entre determinada ação ou omissão e o dano experimentado; 3) a culpa, que , genericamente, engloba o dolo (intencionalidade) e a culpa em sentido estrito (negligência, imprudência ou imperícia), correspondendo em qualquer caso à violação de um dever preexistente.".

Dessa forma, continua Nestor Duarte (GODOY et al., 2010): "Em regra, a exigibilidade da reparação subordina-se a um elemento subjetivo, o dolo ou a culpa, do causador do dano. Excepcionalmente, porém a culpa ou o dolo têm sua comprovação dispensada, nas hipóteses submetidas ao regime da responsabilidade objetiva, ou seja, nos casos especificados em lei, ou quando a atividade normalmente exercida pelo autor do dano implicar, por sua natureza, risco para os direitos de outrem".

Nesse sentido o artigo 927, parágrafo único do Código Civil, prevê:

> Art. 927. Aquele que, por ato ilícito (arts. 186 e 187), causar dano a outrem, fica obrigado a repará-lo.
> Parágrafo único. Haverá obrigação de reparar o dano, independentemente de culpa, nos casos especificados em lei, ou quando a atividade normalmente desenvolvida pelo autor do dano implicar, por sua natureza, risco para os direitos de outrem.

Quanto à responsabilidade objetiva, para Pablo Stolze Gagliano (GAGLIANO, 2014)"a responsabilidade objetiva, especialmente em função da atividade de risco desenvolvida pelo autor do dano (conceito jurídico indeterminado a ser verificado no caso concreto, pela atuação judicial) *ex vi* do disposto no artigo 927, parágrafo único.".

Assim, o parágrafo único do artigo supra mencionado inaugura uma nova concepção de responsabilidade, baseada na teoria do risco.

Para Claudio Luiz Bueno de Godoy (GODOY et al., 2010)"Grande inovação contém, toda via, o parágrafo do art. 927. Não propriamente por concernir a responsabilidade sem culpa, já constante de legislação especial ou, antes da própria Constituição Federal". " A novidade está numa previsão genérica ou numa cláusula geral da responsabilidade sem culpa, baseada na ideia do risco criado, e mitigado, ou não integral, dada a exigência de circunstância específica, além da causalidade entre conduta e o dano, que está na particular potencialidade lesiva da atividade desenvolvida".

Na Jornada de Direito Civil, realizada em setembro de 2002 no Superior Tribunal de Justiça, restou definido no enunciado nº 38: "configura-se quando a atividade normalmente desenvolvida pelo autor do dano causar a pessoa determinada um ônus maior do que aos demais membros da comunidade".(JUSTIÇA, 2002)

Quanto aos profissionais da saúde é importante esclarecer que, em regra, aplica-se o previsto no Código de Defesa do Consumidor (BRASIL, 1990) em seu artigo 14, §4º, igualando ao profissional liberal, vejamos:

> Art. 14. O fornecedor de serviços responde, independentemente da existência de culpa, pela reparação dos danos causados aos consumidores por defeitos relativos à prestação dos serviços, bem como por informações insuficientes ou inadequadas sobre sua fruição e riscos.
> § 4° A responsabilidade pessoal dos profissionais liberais será apurada mediante a verificação de culpa.

Ainda sobre aqueles profissionais, o artigo 951 do CC prevê sua responsabilidade de indenizar no exercício de sua atividade profissional, mas deverá ser comprovada sua negligência, imprudência e imperícia.

Outrossim Nehemias Domingos de Melo (MELO, 2014) continua:

> "O Código adota ainda que subsidiariamente, e em situações bem específicas, a culpa presumida, como no caso da responsabilidade pela ruína de edifício (art. 937). Por essa teoria, que não exclui a culpa, a novidade fica pela conta da posição privilegiada em que se coloca a vítima, no que diz respeito ao ônus probatório, que, nesta circunstância,

passará a ser dever do agente causador do dano. A culpa, que continua sendo requisito obrigatório, se inexistente, deverá ser provada pelo agente do ato que causou o dano. Se o agente não provar a inexistência de culpa pelo seu ato, arcará com as responsabilidades pelos danos que seu ato tenha causado".

Deste modo, para a responsabilidade civil subjetiva é necessária a presença de culpa ou dolo, quando na responsabilidade objetiva não é necessário a demonstração de culpa.

4. IATROGENIA E O ERRO MÉDICO

A medicina é uma ciência não exata, tendo limitações e sendo aplicadas por médicos, seres humanos, factíveis de erro ou ainda trabalhando com pessoas, cujos organismos reagem de forma diferenciada de pessoa a pessoa, mesmo realizando tratamentos semelhantes.

As lesões iatrogênicas são distúrbios causados pela atuação médica como, por exemplo, ação de medicamento ou tratamento.

Décio Policastro (POLICASTRO, 2013) entende que iatrogenia é a ideia de um resultado malogrado, sem conter necessariamente o significado de dano decorrido exclusivamente de uma prática médica equivocada. É um malefício inevitável ou consequência imprevisível manifestada, quer por causa de uma atuar médico realizado dentro das recomendações, quer pelo uso de um medicamento. Um remédio certo e na dosagem certa pode produzir reação indesejada e ser pior que doença (lesões iatrofarmacogênicas).

Elias Farah (FARAH, 2010) discorre sobre o tema: "Chamam-se de iatrogenia as consequências nocivas, psíquicas ou somáticas, decorrentes de um ato médico ou do seu comportamento ou de qualquer ação terapêutica, não punível por sua característica de não inculpável, e, portanto, isenta de responsabilidade profissional. São exemplos as mutilações inevitáveis, a despeito dos riscos, como a mastectomia na mulher, a quebra de costelas nas massagens em paradas cardíacas ou amputações em diabéticos. ...Subentende-se que tenha sido decorrentes de atos médicos tecnicamente adequados e de benéfica intenção de curar."

Deste modo, exceto o agir com culpa ou erro grosseiro, o médico nem sempre será responsável pelo mau resultado do tratamento quando defrontar com acontecimentos inevitáveis e imprevisíveis.

Outrossim, Melo (MELO, 2014) disserta sobre o tema: "Nesse quadro, erro escusável será aquele decorrente de falhas não inimputável ao médico e que dependam das contingências naturais e das limitações da medicina, bem como naqueles em que tudo foi feito corretamente, porém o doente havia omitido informações ou ainda quando ele não colaborou para o correto processo de diagnóstico ou de tratamento. Nesse caso o erro existe, porém será considerado intrínseco à profissão ou decorrente da natureza humana, não se pode atribuir culpa ao médico".

Continua: "Ademais, temos que partir da premissa de que o erro médico condenável é aquele que decorre de um desvio, fazendo supor uma falta de prudência ou diligência esperada para o caso concreto. Não se está com isso querendo dizer que o médico tem o direito de errar, mas que o erro será escusável desde que, conforme o caso concreto, for invencível à mediana cultura médica. Os médicos erram porque são pessoas. É o Preço que os seres humanos pagam pela habilidade de pensar e agir. O erro é possível de ocorrer em toda e qualquer profissão, o problema é que em se tratando do médico e considerando que lida com a visa humana e em situações muitas vezes imprevisíveis, o seu erro torna-se mais dramático, contudo não deve ser chamado indiscriminadamente a prestar contas à Justiça se, de sua atividade regular, vem a ocorrer um acidente funesto."

Assim, o resultado danoso, embora muitas vezes acarrete consequências negativas, não se restringe ao dever de indenizar, pois pode o profissional empregar correta técnica e as vezes o resultado não é o esperado, acarretando assim a iatrongenia.

Para José Carlos Maldonado Carvalho: a iatrogenia é uma síndrome não punível, caracterizada por um dano inculpável, no corpo ou na saúde do paciente, consequente de uma aplicação terapêutica isenta de reponsabilidade profissional (CARVALHO, 2005).

Ainda discorre: "iatrogenia e responsabilidade civil, dentro de um universo jurídico eminentemente conflitual, são termos inconciliáveis e excludentes. Inconciliáveis porque iatrogenia, ou 'erro escusável' - *faut du service* -, uma vez caracterizada, não gera a responsabilidade em qualquer uma das vertentes: civil, penal e administrativa. Aproxima-se de uma simples imperfeição de conhecimentos científicos, escudada na chamada falibilidade médica. Já a responsabilidade civil decorrente da violação consciente de um dever ou de uma falta do dever objetivo de cuidado impõe ao médico, além das sanções penais e administrativas a obrigação de reparar o dano. Por fim, são excludentes porque a simples caracterização de um desses resultados, na órbita jurídica ou profissional, exclui automaticamente o outro" (CARVALHO, 2005).

Para Genival Veloso de França, ao contrário da iatrogenia, a culpa no erro médico, "é uma forma de conduta profissional inadequada que supõe uma inobservância técnica, capaz de produzir um dano à vida ou à saúde do paciente. É o dano sofrido pelo paciente que possa ser caracterizado como imperícia, negligência ou imprudência do médico, no exercício de suas atividades profissionais. Levam-se em conta as condições do atendimento, a necessidade da ação e os meios empregados" (FRANCA, 2014).

Desse modo, a iatrogenia vem para demonstrar que mesmo sendo um resultado adverso, não é um erro médico, sendo o ato isento de culpa.

5. CONCLUSÃO

Atualmente para responsabilização civil do profissional da saúde podemos citar a reponsabilidade subjetiva, sendo necessária a comprovação de culpa ou dolo, seja pelo Código Civil(BRASIL, 2002), seja pelo Código de Defesa do Consumidor(BRASIL, 1990).

Isso porque o entendimento jurisprudencial e doutrinário é no sentido de que a responsabilidade por erro do médico é subjetiva. Sendo que a responsabilidade civil dos hospitais é objetiva para defeitos de hotelaria e subjetiva quando questionada a conduta do médico. Já nas cirurgias plásticas a responsabilidade continua subjetiva, porém existe a obrigação de resultado, todas aplicando o Código de Defesa do Consumidor.

Os limites da responsabilização sobre o erro médico vem atrelados ao ato que ocasionou o evento, ou seja, para constatar a falha na prestação de serviço deve ser apurada a conduta do profissional, se agiu com prudência, perícia e demonstrou os cuidados necessários com determinado caso.

A iatrogenia, que é o dano decorrente do procedimento médico ou odontológico, deve ser analisada caso a caso, pois cicatrizes, deformações, novas limitações podem e muitas vezes são consequências do procedimento submetido.

Assim, deve ser analisado até onde o dano foi decorrente de um erro médico/odontológico que causou mácula ao paciente ou se foi em decorrência do tratamento correto e necessário, como por exemplo uma cicatriz.

A doutrina e a jurisprudência vêm entendendo no sentido de que uma vez comprovada a iatrogenia escusável, ou seja, sem erro na atuação profissional, deve se afastar a responsabilidade civil do profissional, uma vez que inexiste o dever de indenizar, vejamos

Décio Policastro (POLICASTRO, 2013), cita em seu livro que: "o médico nem sempre será responsável pelo mau resultado do tratamento quando se defrontar com acontecimentos inevitáveis e imprevisíveis."

Já a jurisprudência do Tribunal de Justiça do Rio de Janeiro entende que quando há iatrogenia, afasta o erro médico:

> RESPONSABILIDADE CIVIL. MICROCIRUGIA, SURDEZ. PRÓTESE DE TEFLON. INTERCORRÊNCIA PÓS OPERATÓRIA (FÍSTULA). DANO. IATROGENIA. No exame do responsabilidade civil médica deve a abordagem ser feito sob um duplo enfoque o erro médico e a iatrogenia. A medicina moderna, ao conceituar a iatrogenia como todo dano causado ao paciente pela ação médica ou os males provocados pelo tratamento prescrito, estanca de forma direta o ingresso no campo da responsabilidade civil, já que os profissionais médicos, que cuidam da saúde alheia, assumem urna obrigação de meios com a finalidade de-aplicar a arte, perícia e zelo que detêm e que seus pacientes presumem, cuja aferição de eventual desvio não vai além da reparação terapêutica. Daí porque sob a ótica do Direito Civil, a distinção entre o dano iatrogênico e a responsabilidade civil torna tormentosa a tarefa imposta ao Judiciário, a quem cabe dizer o direito, fixando a responsabilidade. Afastado, pois, o erro médico, conclui-se que o dano suportado pela autora é iatrogênico, decorrente do atuar médico, não dando margem, portanto, à reparação civil. SENTENÇA CORRETA. APELO IMPROVIDO. (TJRJ – Apelação Cível, nº 16.581/2003 – 6 Câm. Cível – Rel. Des. Maldonado de Carvalho – j: 26.8.2003, VU).

Deste modo, resta límpido que quanto o dano é decorrente da iatrogenia, o erro médico é afastado.

REFERÊNCIAS BIBLIOGRÁFICAS

BRASIL. Lei Federal nº 8.078 de 11 de setembro de 1990. 1990. Disponível em: <http://www.planalto.gov.br/ccivil_03/leis/L8078.htm>. Acesso em: 14 maio. 2018.

BRASIL. Lei Federal nº 10.406, de 10 de janeiro de 2002. 2002. Disponível em: <http://www.planalto.gov.br/ccivil_03/Leis/2002/l10406.htm>. Acesso em: 26 jul. 2018.

CANAL, Raul. Erro Médico e Judicialização da Medicina. Brasília: Gráfica e Editora Saturno, 2014.

CARVALHO, José Carlos Maldonado De. Iatrogenia e o erro médico sob o enfoque da responsabilidade civil. Rio de Janeiro – RJ: Lumen Juris, 2005.

COELHO, Fabio Ulhoa. Curso de direito civil 2. 5ª ed. São Paulo – SP: Saraiva, 2012.

DIAS, José de Aguiar. Da responsabilidade Civil. 10ª ed. Rio de Janeiro – RJ.

DIAS, José de Aguiar. Da responsabilidade civil. 11ª ed. Rio de Janeiro – RJ: Renovar, 2006.

FARAH, Elias. Erro médico e iatrogenia: considerações sobre seus efeitos. Revista do IASP - Instituto dos Advogados de São Paulo, [s. l.], p. 75 e 78, 2010.

FRANCA, Genival Veloso De. Direito Medico – FRANCA, Genival Veloso de.pdfRio de Janeiro – RJEDITORA FORENSE LTDA, , 2014.

GAGLIANO, Pablo Stolze. Novo Curso de Direito Civil, volume 3 Responsabilidade Civil. 12ª ed. São Paulo – SP.

GODOY, Cláudio Luiz Bueno De et al. Código Civil Comentado Doutrina e Jurisprudência. 4ª Revisad ed. Barueri – SP: Manole, 2010.

GUERRA, Alexandre Darthan de Mello; BENACCHIO, Marcelo. Responsabilidade Civil. 1ª ed. São Paulo – SP: Escola Paulista da Magistratura, 2015.

JUSTIÇA, Superior Tribunal De. Jornada de Direito Civil. 2002. Disponível em: <https://ww2.stj.jus.br/publicacaoinstitucional///index.php/JDC/article/view/3532/3654>. Acesso em: 26 jul. 2018.

KFOURI NETO, Miguel. Responsabilidade Civil do Médico. 4ª ed. São Paulo – SP: Revista dos Tribunais, 2001.

LIMA, Alvino. Culpa e risco. 2ª ed. São Paulo – SP: Revista dos Tribunais, 1999.

MELO, Nehemias Domingos De. Responsabilidade Civil Por Erro Médico Doutrina e Jurisprudência. 3ª ed. São Paulo – SP: Editora Atlas, 2014.

MENDES, Marcos Antonio (ED.). Biblia Sagrada. 7ª ed. São Paulo – SP.

PEREIRA, Caio Mário da Silva. Responsabilidade civil. 10º ed. Rio de Janeiro – RJ: GZ Editora, 2012.

POLICASTRO, Décio. Erro médico e suas consequências jurídicas. 4ª Edição ed. Belo Honirzonte – MG: Del Rey, 2013.

Este livro foi impresso nas oficinas gráficas da Editora Vozes Ltda.,
Rua Frei Luís, 100 – Petrópolis, RJ.